# 実践につながる
# 新しい保育内容
# 「人間関係」

——共生を育む保育をめざして

山本陽子
大浦賢治 編著

Human relationships
for children
in early childhood education

ミネルヴァ書房

# は じ め に

　本書は，保育に興味があるすべてのみなさんに向けて書かれたものです。特に保育の5領域（健康・人間関係・環境・言葉・表現）のうち「人間関係」に焦点を当てた内容となっています。

　保育所保育指針の「人間関係」のねらいには「身近な人と親しみ，関わりを深め，……愛情や信頼感をもつ」というものがあります。人生の初めに乳幼児は，保護者などの身近な人とのコミュニケーションを介し，絆とも愛着ともいわれる人間関係の基礎を築いていきます。

　しかし家族間の閉ざされた関係だけでは，多くの仲間との育ち合いや協同関係を育てることはできません。少子化が取り沙汰される現代では，兄弟姉妹間での育ち合いも減っており，就学前保育施設において先生や多くの仲間と関わることが特に重要なのです。ここで以下の事例から，保育現場での子どもたちと他者との関係を読み解いてみましょう。

## 事例：S先生にプレゼント

　冬のある日，保育園の子どもたちがお散歩に行ったときのことです。その日は特に冷え込みがきつく公園の芝生には霜柱ができていて，冬の陽射しにキラキラと光っていました。子どもたちは何だろう？　と覗き込んでいます。「これはね，しもばしらっていうんだよ」と保育者が子どもたちに言いました。

　2歳男児Aくんは「（保育園でお留守番している）S先生に，あげるの」と小さな手のひらに霜柱をそっとのせました。10分ほど歩いて，保育園に帰園したときには，もう霜柱は溶けてしまっていました。

　この事例からは，Aくんの心にいつも大好きなS先生がいるんだなということや，一緒にお散歩に行きたかったなという気持ち，そしてきれいな霜柱を見つけたからS先生に見せたいという気持ちなど，いろいろなことを読み取ることができます。幼いAくんの心に「おもいやり」が育っていることを感じます。

　この事例のように，子どもは，毎日の保育を通じて多くのことを学んでいます。幼い子どもたちですが，大人が思うよりずっと美しい心をもっているのです。保育者はそうした子どもの気持ちに気づき，そして寄り添い「とってもきれいな霜柱見つけたんだよね，S先生に見せてあげたかったよね」とうまく説明できずにいる子どもの気持ちを代弁します。そうすることで，子どもたちの力を引き出すことができるのです。このような何気ない毎日が子どもの成長を促しているのだと考えましょう。

　保育に興味をもっているみなさんには，子どもたちのことだけでなく，子どもと保育者との関係，保育者同士の関係，また保護者や地域との関係にまで視野を広げて考える機会が必要です。

　そのため本書では，それらを多層的に学べるよう心理学の先生も参画し，専門的な内容を，わか

りやすい事例などを通して学べるようデザインしています。第Ⅰ部を講義編，第Ⅱ部を演習編としていますので，第Ⅰ部で基礎知識を得たうえで，演習編に臨むとよいでしょう。ぜひお手に取って読んでいただければと思います。

## 本書の5つの特徴

① 国際的な幼児教育の潮流と日本の現状が学べる。
② 文部科学省の示すコアカリキュラムを押えた内容になっている。
③ 第Ⅰ部で「保育内容人間関係」，第Ⅱ部で「人間関係指導法」が学べる。
④ 子どもの姿・ねらい・内容を踏まえた指導計画案について詳しく学べる。
⑤ これから育てたい子どもの姿や，これからあるべき保育の姿を学べる。

## 本書をご使用の先生がたへ

本書の目次のあとに，コアカリキュラムと本書の章立てについての対応表を付しています。授業計画を立てる際の指標になるでしょう。また第Ⅱ部演習編では，指導計画案で必要となる「ねらい」と「内容」の関係を集中的に学ぶための演習問題をつけているだけでなく，模擬保育についてもふれています。限られた授業内で指導案作成や模擬保育を行う場合，多くの授業数を要すると思います。その場合，たとえば5歳児の指導案を学生に書いてもらうとしたとき，演習編における0歳児，1～2歳児の章を事前学習課題として，授業で教える内容を3～5歳児の章に絞るなど，自由な使い方をしていただけます。

本書は特に「子ども主体」の保育をどのように展開していくのかを中心に据えて構成していますので，子どもの参画について深く学べる内容になっています。

OECD Learning Compass 2030 では，これから育てたい子どもの能力として，「自ら目標を設定し，振り返り，責任をもって行動する能力」[1]を提唱しています。不適切保育が取り沙汰されている今，私たち教員が学生に伝えるべきことは「国際基準に沿った目標をしっかりと意識しながら子どもたちを保育していくのだ」という高い志ではないかと思います。本書を通じて学生が自分自身を見つめること，他者を想い協同関係を構築すること，またそれにより各自が目指す保育を見つけることができればと，筆者一同，願っております。

**参考**
1) OECD Learning Compass 2030
https://www.oecd.org/education/2030-project/teaching-and-learning/learning/learning-compass-2030/OECD_LEARNING_COMPASS_2030_Concept_note_Japanese.pdf（2023年7月20日閲覧）

執筆者を代表して　山本　陽子

# 目　次

## 第8章　保育における現代的課題

# 第Ⅱ部　演習編

## 第9章　保育環境としての保育者のあるべき姿

## 第10章　事例からみる0歳児における人との関わり

「保育内容の指導法」における教職課程コアカリキュラムと本書の対応表

| 保育内容の指導法（情報機器及び教材の活用を含む） | | 本書の該当章 |
|---|---|---|
| 全体目標 | 幼稚園教育において育みたい資質能力を理解し，幼稚園教育要領に示された当該領域のねらい及び内容について背景となる専門領域と関連させて理解を深め，幼児の発達に即して，主体的・対話的で深い学びが実現する過程を踏まえて具体的な指導場面を想定して保育を構想する方法を身に付ける。 | 本書の該当章 |

| （1）各領域のねらい及び内容 | | |
|---|---|---|
| 一般目標 | 幼稚園教育要領に示された幼稚園教育の基本を踏まえ，各領域のねらい及び内容を理解する。 | |
| 到達目標 | 1）幼稚園教育要領に示された幼稚園教育の基本，各領域のねらい及び主な内容並びに全体構造を理解している。 | 第2章 |
| | 2）当該領域のねらい及び内容を踏まえ，幼児が経験し身に付けていく内容と指導上の留意点を理解している。 | 第3章，第4章，第5章，第6章 |
| | 3）幼稚園教育における評価の考え方を理解している。 | 第12章 |
| | 4）各領域で幼児が経験し身に付けていく内容の関連性及び小学校の教科等とのつながりを理解している。 | 第1章，第12章 |

| （2）保育内容の指導方法及び保育の構想 | | |
|---|---|---|
| 一般目標 | 幼児の発達や学びの過程を理解し，具体的な指導場面を想定した保育を構想する方法を身に付ける。 | |
| 到達目標 | 1）幼児の認識，思考及び動き等を視野に入れた保育構想の重要性を理解している。 | 第3章，第4章，第5章，第6章 |
| | 2）各領域の特性及び幼児の体験との関連を考慮した情報機器及び教材の活用法を理解し，保育構想に活用することができる。 | 第8章，第15章 |
| | 3）指導案の構造を理解し，具体的な保育を想定した指導案を作成することができる。 | 第10章，第11章，第12章，第14章 |
| | 4）模擬保育とその振り返りを通して，保育を改善する視点を身に付けている。 | 第14章 |
| | 5）各領域の特性に応じた保育実践の動向を知り，保育構想の向上に取り組むことができる。 | 第7章，終章 |

「保育内容の指導法」におけるモデルカリキュラムと本書の対応表

| 保育内容「人間関係」の指導法 （2単位） | |
|---|---|
| 全体目標 | 領域「人間関係」は，「他の人々と親しみ，支え合って生活するために，自立心を育て，人と関わる力を養う」ことを目指すものである。幼稚園教育において育みたい資質能力について理解し，幼稚園教育要領に示された領域「人間関係」のねらい及び内容について背景となる専門領域と関連させて理解を深め，幼児の発達に即して，主体的・対話的で深い学びが実現する過程を踏まえて具体的な指導場面を想定して保育を構想し実現する方法を身に付ける。 |

本書の該当章

### （1）領域「人間関係」のねらい及び内容

| 一般目標 | 幼稚園教育要領に示された幼稚園教育の基本を踏まえ，領域「人間関係」のねらい及び内容を理解する。 | |
|---|---|---|
| 到達目標 | 1）幼稚園教育要領における幼稚園教育の基本，領域「人間関係」のねらい及び内容並びに全体構造を理解している。 | 第10章，第11章，第12章 |
| | 2）領域「人間関係」のねらい及び内容を踏まえ，自立心を育て，人と関わる力を養うために必要な，幼児が経験し身に付けていく内容と指導上の留意点を理解している。 | 第10章，第11章，第12章，第13章 |
| | 3）幼稚園教育における評価の考え方を理解している。 | 第12章 |
| | 4）幼児期の集団生活を通して様々な人と関わる経験と，小学校以降の生活や教科等とのつながりについて理解している。 | 第12章 |

### （2）領域「人間関係」の指導方法及び保育の構想

| 一般目標 | 幼児の発達や学びの過程を理解し，領域「人間関係」に関わる具体的な指導場面を想定した保育を構想する方法を身に付ける。 | |
|---|---|---|
| 到達目標 | 1）幼児の心情，認識，思考及び動き等を踏まえた教材研究や環境の重要性を理解し，保育構想に活用することができる。 | 第9章，第14章 |
| | 2）領域「人間関係」の特性及び幼児の体験との関連を考慮した教材の効果的な活用法を理解し，保育構想に活用することができる。また，情報機器について，幼児の体験との関連を考慮しながら活用するなど留意点を理解している。 | 第15章，終章 |
| | 3）指導案の構造を理解し，具体的な保育を想定した指導案を作成することができる。 | 第14章 |
| | 4）模擬保育やロールプレイとその振り返りを通して，保育を改善する視点を身に付けている。 | 第14章 |
| | 5）領域「人間関係」の特性に応じた現代的課題や保育実践の動向を知り，保育構想の向上に取り組むことができる。 | 終章 |
| 留意事項 | 1）指導案作成や模擬保育では，必要に応じてICTの活用を試みる。<br>2）集団生活を通して，様々な感情や思いをもって人と関わる経験が学びの基盤となり，小学校以降の新たな出会いの中での育ちにつながることを理解できるようにする。<br>3）領域「人間関係」の背景となる学問的基盤及び幼児教育に関わる専門性を有する人材が担当するにふさわしい。 | 第15章，終章 |

# 第Ⅰ部

# 講義編

　子どもは誕生と同時に初めて他者と出会い，そして徐々に他者との関係を築いていきます。そして，そこには他者との間に実にさまざまなやりとりがあります。しかし，少子化，あそび場の減少など子どもをとりまく環境が大きく変化している現代社会において，子どもが他者との間に健やかな関係を築くにはどうすればよいでしょうか。そこで，この第Ⅰ部では保育内容「人間関係」を講義形式で学んでいきます。各章ではポイントがわかりやすく押さえられていますので，本書を読み進めて保育者として必要な心構え，子どもに接する場合の注意点などをしっかりと理解してください。

## おことわり

　児童福祉法では「保育所」が正式名称とされており，「保育園」の表記は通称として使用されています。しかしながら，一般的に保育所は公立，保育園は私立で使われることが多く，さらに規模の大小によっても名称の使い分けがなされています。そのために本書では解説をする場面や状況などに応じて両方の表記を使用しています。

# 子どもをとりまく現代社会の状況

●日本の子どもをとりまく状況を理解しましょう。
●子どもをとりまく国際的な状況を知りましょう。
●領域「人間関係」について学びましょう。

## 第**1**節 子どもをとりまく現代的課題と子どもの生活の変化

### ■1 保育所保育指針等の同時改定（訂）と保育の無償化

　日本における就学前保育・教育は，どのようなことが基本とされているでしょうか。2017年に幼稚園教育要領・保育所保育指針・認定こども園教育・保育要領の同時改訂（定）がなされ，3歳以降の記述内容が統一化されました。保育園や認定こども園も，幼稚園と同様の幼児教育を担う施設として明確に位置づけられたのです。就学前保育・教育施設であれば，どこであっても同じ質の幼児教育を受けられるのだ，ということを保障する意味合いがあります。以下，各施設の概要を示します。

> （保育園）児童福祉法には「全て児童は，児童の権利に関する条約の精神にのつとり，適切に養育されること」とあります。常に子どもの最善の利益を確保する「子ども中心主義」が保育の原理です。そのうえで保育現場では，保育所保育指針に基づいた養護と教育を一体化した保育が目指されています。3歳児以降については幼稚園教育要領と一致した内容で保育がなされます。

> （幼稚園）2006年に約60年ぶりに改正された教育基本法には，「幼児期の教育」が明記されました。幼児教育への関心の高さがその背景にあります。学校教育法第23条には，前条に掲げる幼稚園の目的を実現するための5つの目標が規定されており，幼稚園では毎日の教育活動の中で，これらの目標をバランスよく育てていくことが求められています。また2017年の改訂では幼児期の終わりまでに育ってほしい姿として，10項目が示されています。

> （認定こども園）2012年に認定こども園が誕生しました。幼保連携型認定こども園教育・保育要領（3歳未満児については保育所保育指針，3歳以上児

**5つの目標**
5つの目標は5領域と対応している。

**認定こども園**
認定こども園には4つの種類がある。
①幼保連携型
②幼稚園型
③保育所型
④地方裁量型

については幼稚園教育要領と同じ内容）をもとに保育がなされます。

　日本では2019年に幼児保育・教育の無償化が全面実施されました。手付かずなのは無園児です。2022年に厚生労働省が無園児について初めて調査をしたところ，約182万人いることがわかりました。そのうち3〜5歳児の数は5.4万人（全体の1.8％）です。子どもを園に通わせている保護者に比べ，そうでない子どもの保護者の育児不安が高いとの調査結果もあります。そこで政府は2023年度から保育所の空き定員を活用し，未就園児を週1〜2日程度預かるモデル事業を始めました。このような対策をどこまで拡大できるかが今後の課題といえるでしょう。

## 2　少子化と公的支援・若年層の意識変化

　子どもをとりまく環境は著しく変化しています。都市化，核家族化，少子化などの社会的問題や長く続いたデフレによる賃金低下などの経済的な問題が，子育て家庭における養育を難しくさせています。

　先進国の合計特殊出生率（2021）をみると，その8割は前年に比べて上昇しています。しかし日本ではさまざまな少子化対策をとっているにもかかわらず，この数十年少子化の流れに変化はありません。2022年の出生数は約77万人，合計特殊出生率1.26と，過去最少となりました。厚生労働省は少子化の理由として，15〜49歳の女性の人口減少と晩産化をあげていますが，それ以外にも原因はありそうです（図1-1）。

図1-1　出生数および合計特殊出生率の年次推移

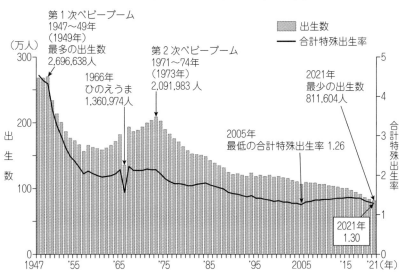

注：2021年の出生数，過去最少をさらに更新し81万1,604人。
出所：厚生労働省「令和3年人口動態統計月報年計（概数）の概況」
　　　https://resemom.jp/article/img/2022/06/06/67308/307419.html（2023年8月3日閲覧）

**ことば**

**無園児**
幼稚園や保育園に通っていない就学前の子ども（0〜5歳）を指す。

**ことば**

**デフレ**
デフレーションの略。物価が持続的に下落していく経済現象を指す。

婚姻数に注目すると，2022年の婚姻数は約52万組となっており，2016年と比較して10万組もの減少がみられます。日本においては税制上，法的な婚姻が重要となるため，婚姻数が出生数に直結する傾向にあります。ところが日本の少子化対策としての「エンゼルプラン」の内容は，仕事との両立や家庭支援などで，その多くは子どもを産んだあとの支援です。今後は婚姻数を促すような若年層への支援や，他国のような事実婚への法的支援など，実効的な対策が必要となってくるでしょう。

そして子どもを産んだあとにも問題は山積しています。夫婦が希望する子どもの数より実際の出生率が少ない原因は，教育費の高騰です。2021年の文部科学省の調査によると，子ども1人にかかる教育費は，幼稚園から大学まで公立（自宅通学）ならば約1,000万円，私立（自宅通学）ならば約2,600万円で，下宿の場合はさらに増加します。

デフレが30年間続き，2022年にようやくインフレ時代が到来しましたが，このインフレは堅調な内需によるものではないため，物価が上がったにもかかわらず賃金上昇につながっていません。そのため生活が苦しい家庭が増加してきています。2019年の国民生活基礎調査によると，子どもの貧困率は13.5％となっており，約7人に1人の子どもが「貧困ライン」であること，さらにひとり親家庭に絞ると約半数が貧困であることがわかりました。

そこで必要となってくるのは国からの支援です。日本の子ども・子育て支援に対する公的支出の現状はどうでしょうか。2017年の OECD の調査，各国の子ども・子育て支援に対する公的支出（図1-2）をみると，日本が GDP 比で1.79％となっており，OECD 平均の2.34％を下回っています。実効的な政策で出生率を引き上げたフランスの3.6％と比べると，半分の水準です。このように公的支出比率と出生率は正の相関がみられます。さらに2019年の調査では，日本の公的支出が2.8％と2年前

図1-2　子ども・子育て支援に対する公的支出（対 GDP 比）と出生率

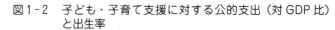
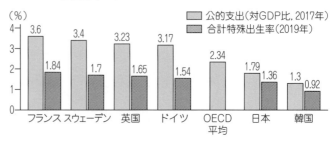

注：公的支出（対 GDP 比）は OECD のデータをもとに作成。現金給付，現物給付，税制を通じた給付の3つで構成。

より増加しているものの，OECD平均も4.1％と上昇しており，OECD各国の中でワースト2位です。

このような状況において，未婚男女は「結婚」や「出産」についてどのように感じているのでしょうか。2021年の出生動向基本調査において，未婚男女（18〜34歳）に結婚の意思を確認したところ，「一生結婚するつもりはない」と答えた男性は17.3％，そして女性は14.6％と，ともに過去最高となりました。

また同調査では，「結婚したら子どもをもつべきだ」と考える未婚男女も減少しています。特に女性は，2015年の前回調査では67.4％が子どもをもつべきだと回答していましたが，今回はほぼ半減（36.6％）しています。さらに「希望する子どもの人数」について聞いたところ，男性平均1.82人，女性平均1.79人となり，過去最低となりました。特に女性の希望人数として，2人未満となったのは初めてです。

未婚男女の傾向として，結婚や子どもをもつことを希望しないだけでなく，結婚後に希望する子どもの人数も下がっているのです。独身主義については多様性の尊重が浸透してきた結果だとポジティブに受け止めることもできますが，希望する子どもの人数の減少については，子育てをとりまく状況が厳しいため，消極的になっているととらえられます。

今や子育て世帯は，日本を構成する全世帯の約18％でしかなく，少数派となっています。そのうえ公的な子育て支援の脆弱さなども加わり，子育てが以前より困難に感じられる時代となっており，子育てに悩む保護者たちへの支援がますます重要となってきているのです。

## ■3 環境変化による子どもの現状と幸福度

このような少子化などの社会状況の変化による子どもへの影響を考えてみましょう。サンマ（三間）の減少という言葉を知っていますか。あそびに必要な3つの間（空間・時間・仲間）が，今の子どもたちにおいて

減少しているという意味を表す言葉です。

　子ども同士であそぶ「空間」としての公園に注目してみましょう。総務省行政評価局は2021年に東京都板橋区の公園を調査し、板橋区395か所の公園でボールあそびが可能な公園は、河川敷の都市緑地を除いて15か所と、公園全体の４％弱にとどまっていることを報告しました。少子化により地域で一緒にあそぶ「仲間」や兄弟姉妹が減り、子どもたち自身の多忙化であそぶ「時間」が確保できず、公園（空間）の使用ルールが厳しくなってあそびづらい、このような現状がみえてきます。

　ユニセフの行った OECD 加盟国を対象とした子どもの幸福度ランキング（ユニセフ，2020）では、①精神的幸福度、②身体的幸福度、③学習・社会的スキルの３つの観点のうち、日本は①の精神的幸福度においてワースト２位となりました。子どもの自殺率（小・中・高校生）も上昇の一途をたどっており、2022年には512人と過去最多となっています。大人は「子どもの幸福」についてどう考えていけばよいのでしょうか。

　児童の権利に関する条約をひもとくと、第31条には休む権利・あそぶ権利が明記されています。保護者や教師だけでなく周りの大人たちが全員で、子どもの権利を支えていく努力が必要です。

　そんな中、愛知県は2023年度に、ラーケーションの日を創設しました。年に３日ほど、平日に学校を休める制度です。この制度を使い、家族と一緒に博物館を訪れたり郊外学習をしたりするように働きかけていくということです。またアメリカのオレゴン州の学校では、「メンタルヘルスデー」が導入され、生徒の心が疲れたとき、学校を休んでもよい制度をつくりました。このように、「休む権利」を制度として掲げることも大切でしょう。

　では「あそぶ権利」についてはどうでしょうか。小学生の現状をみると、放課後に校庭が使えない学校も多く、公園でも思い切りあそべません。そのため、子どもたちには、児童館のような安心してあそべる場が必要です。しかし2021年の全国児童館実態調査によると、地域における児童館設置率は60％にとどまっています。学校の中だけではなく学校外でのケアを考えていかないと、子どもの幸福度は上がらないと自戒するべきでしょう。

### ■ 4　共働きの増加と家事・育児負担

　2021年の厚生労働省の国民生活基礎調査では、18歳未満の子どもがいる世帯で、母親が仕事をしている世帯が占める割合は75.9％と過去最高を更新したと報告されています。また同調査では、2021年の所得中央値

は440万円と，1996年の540万円から100万円も減少していることも報告されているため，世帯収入の減少が共働き率を押し上げていると考えられます。この数字から，子どもが小さいうちは母親が家にいて子育てをするといったイメージは，もう過去のものであることがわかります。

しかし男性の育休取得率は，雇用均等基本調査（2021）によると13.97％で，女性の81.6％と比較して大幅に少ない状況です。さらに，子どものいる世帯における夫の家事・育児分担率をみてみましょう。社会生活基本調査（2021）によると，夫の家事・育児分担率（未子が就学前の夫婦の平日のデータ）は全国平均13.6％にとどまっています。共働きが当たり前の時代であっても，日々の家事や育児は女性が主に担っていることがわかります。図1-3で他国との差をみてみましょう。男性の家事・育児分担割合と出生率が正の相関であることがわかります。

図1-3　3か国の家事・育児の男女分担割合と出生率
（2020）

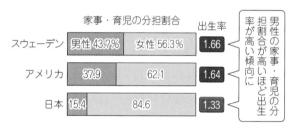

出所：OECDなどのデータをもとに作成

他国より日本の男性の家事・育児分担割合が低いのは，男性の長時間労働による弊害だけでなく，性別役割分担意識が払拭できていない現状を表しています。「ジェンダー・ギャップ指数2023」（世界経済フォーラム）からも，日本は世界146か国中125位と，そのギャップが大きい国であることがわかります。

さらに子育て中の保護者の結婚前における子どもとの接触経験の少なさも問題です。原田（2006）は，親の「（結婚前の）子どもとの接触経験の有無」とその親の子ども（10か月）の健診結果とをクロス調査しており，その結果，「子どもとの接触経験がある」と答えた親が育てている子どものほうが良好な発達を示しているとわかりました。その人の結婚前の子どもとの接触経験が，その後の子育てをスムーズにする要因となっているのです。

しかし2018年の横浜市の調査では，保護者への質問で「自分の子どもが生まれる前に赤ちゃんの世話をした経験の有無」を聞いたところ，「ない」と答えた人が約75％でした。子どもとの接触経験がないため，

**プラスα**

**男性の育休**
原則として子どもが1歳までに育児のための休暇をとる権利があることを指す。2022年からは新設された男性版産休として子どもが生後8週間までに4週間の休暇をとる権利が加わった。

**＊ことば**

**ジェンダー・ギャップ指数**
経済・教育・政治参加等の分野における男女間の不均衡を示す指数。

子育てについてのイメージをもてないままに子育てに挑んでいる保護者が多いのです。

### ■5　待機児童の増加と保育についての国連委員会勧告

　共働きの増加とともに，地域によっては待機児童が増えています。たとえば東京都内では，認可保育所への利用申し込み者数が増加し続けています。2010年と2020年の就学前児童全体の保育利用率を比較すると，60.3％から74.8％と約15％アップしています。

　待機児童を減らすためには，保育所整備など受け皿を増やすだけでなく，保育士不足の解消も必要となります。しかし保育士資格をもちながらも保育現場で働いていない，いわゆる潜在保育士が100万人以上存在することも事実です。このことから保育士不足というより早期離職が問題なのだといえるでしょう。離職の理由のトップは，仕事内容に給与が見合わないことですが，それだけでなく人員配置の薄さも問題です。

　保育士1人に対する子どもの数，いわゆる配置基準について国際比較をしてみましょう。たとえば3歳児に対する配置基準では，日本は保育士1人に対して20人ですが，ドイツは9人，ニュージーランドは10人です。また日本では4・5歳児は保育士1人に対して30人で，この基準は1948年に定められて以来75年間もの間，変更されていません。その一方でドイツは9人，ニュージーランドは10人となっています。このように配置基準の問題があり，きめ細やかな保育ができていない状況です。

　近年，子どもが散歩した先の公園や送迎バスの中などにとり残されたり，保育士による子ども虐待が発覚したりするなど，命に関わる重大事故・事件の多さが目立っています。保育現場の余裕のなさが招いた状況だといえるでしょう。2019年には国連子どもの権利委員会による報告審査がなされ，日本の乳幼児の問題として，以下の点について勧告されました。

　①保育，幼児教育の無償性を拡大すること

　②保育を質，量ともに向上させること

　③保育の施設と運営に関する最低基準を確立すること

　④これらの措置のために十分な予算を配分すること

　藤井（2021）は，「20年あまりのわが国の保育環境は改善どころか，待機児童解消に躍起になるあまり，保育環境基準の規制緩和策で乗り切ろうとしてきました」と指摘しています。①の保育の無償化だけは実現しましたが，その他②③④の勧告について，進めていくべきときがきているといえます。2023年に発足したこども家庭庁では，保育者1人あたりがみる子どもの数について，4・5歳児の人数を30人から25人にしよ

うと検討を始めていますが，配置基準の改定には至っていません。もう一歩踏み込んだ改革を求めたいところです。

## 第2節 新しい時代に求められる幼児教育効果としての非認知能力

### 1 ECEC をめぐる国際社会の動き

保育という言葉の成り立ちは，乳幼児を保護し育てることからきています。これまで保育という営みは，家庭や幼稚園・保育園等でも脈々と行われてきました。それでは，どうして近年「保育の質」がクローズアップされているのでしょうか。そこには国際的な動きが関係しています。

みなさんは ECEC という言葉を聞いたことがありますか。ECEC を日本語にすると「乳幼児期の教育とケア」となります。『OECD 保育の質向上白書』（p.100）には「ECEC は，子どもや親・社会全体に恩恵をもたらすことを明らかにした研究が増えている」と書かれています。

それらの研究結果を踏まえ，OECD 加盟国は2015年から ECEC の質の向上を目指し，OECD education 2030というプロジェクトを開始しています。今後どのような力をもった子どもを育成していくのか，このプロジェクトの目指す方向性を確認しましょう。OECD 教育スキル局長アンドレア・シュライヒャーはプロジェクト報告書である『教育とスキルの未来』序文において，これからの子どもには以下のような力が必要だと記しています。

○好奇心・創造性・強靭さ・自己調整の力
○他者のアイデアや見方・価値観を尊重し，その価値を認める力
○失敗や否定されることに対処する力，逆境に立ち向かう力
○単に自分の幸福を追求するというだけでなく，友人や家族・コミュニティや地球全体のウェルビーイング（身体的，精神的，社会的に良好な状態）を考えられる能力

OECD 加盟国は，2030年に向けてこのように一致した見解をもって子どもたちを育てていこうとしているのです。

### 2 ECEC の向上を目指した日本の動き

日本では OECD education 2030をめぐり，どのような動きが始まっているでしょうか。2018年施行の幼稚園教育要領にはいくつかの改訂のポイントがありますが，そのうちの1つ，3つの柱（図1-4）に注目し

**ことば**

ECEC
Early Childhood Education and Care の略。

**プラスα**

恩恵
⇨第1章第3節2参照

**OECD education 2030 プロジェクト報告書 序文**
https://www.oecd.org/education/2030-project/about/documents/OECD-Education-2030-Position-Paper_Japanese.pdf（2023年8月1日閲覧）

図1-4　幼稚園教育要領の資質・能力の3つの柱

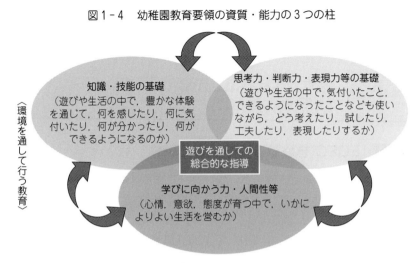

〈環境を通して行う教育〉

出所：文部科学省「新幼稚園教育要領のポイント」

てみましょう。

　環境を通して行う教育という考え方を堅持し，そのうえで「知識・技能」「思考力・判断力・表現力等」「学びに向かう力・人間性等」，これらを3つの柱としました。幼稚園における教育課程全体を通して，3つの柱を意識し子どもたちの能力を養っていくという方向性を示したのです。

　この3つの柱と，小学校の学習指導要領との関連性をみてみましょう。小学校で使われている2020年施行の学習指導要領において，学力・人間性・体力が「生きる力」を構成するとし，3つのポイントが示されました。それらを幼稚園教育要領の3つの柱と見比べるとほぼ同じ内容であり，就学前教育と小学校教育とのつながりを意識して記載されていることがわかります。図1-5をみてみましょう。

　この図をみると，5領域についても小学校との連携の強化が考えられていることがわかります。2018年施行の幼稚園教育要領には「幼児期の終わりまでに育ってほしい姿」（以下，10の姿）が初めて示されたわけですが，その10の姿が小学校におけるスタートカリキュラムと連動しているのです。

　また，スタートカリキュラムにおいては，10の姿をグラデーション的に生かした形で学びが続くように，各教科が合科的に関連的指導や弾力的な時間割が可能となりました。2017年の幼稚園教育要領等と学習指導要領（小・中学校）との同時改訂では，3つの柱や10の姿を小学校教育へと紐づけ，両者の連携を強く意識したものになっています。

　カリキュラムと同時に，小学校教員の指導も変わろうとしています。2022年，文部科学省は2010年に作成された教員向けの手引き「生徒指導

**プラスα**

3つのポイント
学習指導要領「生きる力」
・知識及び技能
・思考力，判断力，表現力など
・学びに向かう力，人間性など

図1-5　就学前教育から小学校教育までの学びの連続性

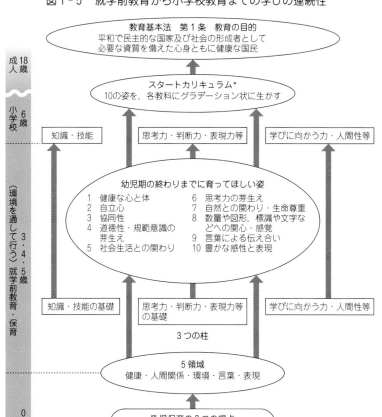

注：＊幼小接続をスムーズにするため，各教科の合科的・関連的指導や弾力的な時間割を可能
　　としたもの。
出所：山本陽子「子ども理解と保育実践」野津直樹ほか編著『保育・教職実践演習』萌文書林，
　　2023年，45頁

提要」を初めて改訂し，教員による不適切な言動を禁止する記述を新た
に盛り込みました。「自由に意見を表明できる」「差別されない」といっ
た子どもの権利を新たに明記するなど，個の尊重を求めています。頭ご
なしに規範を教え込んだり，命令して従わせたりするのではなく，子ど
もの自発的，主体的な発達を尊重して支えることを促しているのです。
　団体行動が多い小学校においても，子どもの主体性を大切にすること，
自由に意見を表明できること，そういった児童の権利に関する条約を意
識した国際スタンダードに合う教育が模索され始めています。アンドレ
ア・シュライヒャーの考える子ども像（9頁参照）にも通底しますが，
主体的・対話的で深い学びとなるような改訂となっているわけです。

第 3 節

# 領域「人間関係」の成り立ちと目指すもの

## 1　領域「人間関係」の成り立ち

　みなさんは約30年前まで保育所保育指針等に6領域が示されていたのを知っていますか。「人間関係」は、もとは「社会」として示されていました。6領域の内容は「健康・社会・言語・自然・音楽・造形」です。「社会」が「人間関係」へと変換され、「音楽」と「造形」が「表現」という1つの領域に統合され、「環境」は「社会」と「自然」を組み合わせた領域となりました。

　「社会」のねらいは、「個人生活における望ましい習慣や態度を身につける」「社会生活における望ましい習慣や態度を身につける」「身近な社会の事象に興味や関心をもつ」でした。最初の2つのねらいは「人間関係」として、そして最後の1つが「環境」として整理されました。

　保育という営みの中で、子どもたちを育てていくにあたり、小学校教科としての「社会」という大きなくくりではなく、人との関係が特に大切だとして、社会の中から「人間関係」を独立させたのだと考えられます。この点は第2章で深く学んでいきましょう。

## 2　非認知能力を育む保育とは

　経済学者ヘックマンは著書『幼児教育の経済学』（2015）の中で、幼児期の教育がIQだけでなく非認知能力を育てることを強調しました。その主張の根拠となる研究はいくつかありますが、その1つはペリー就学前教育プロジェクトです。この研究で、子どもの主体性を重んじる教育を受けた子どもたちとそうでない子どもたちを追跡調査した結果、前者は後者に比べてIQや学歴が高く生活保護受給率や逮捕率が低く、非認知能力に優れているということがわかりました。そのことから、ヘックマンは経済学の視点からみたとき、就学前教育への投資には効果があると主張したのです。

　それでは非認知能力を育てるには、どうしたらよいでしょうか。具体的には、自尊心や自己肯定感、自立心や社会性、道徳性などを育てるということです。ペリー就学前教育にならうなら、子どもの主体性を重んじた教育が必要です。たとえば、多くの仲間と触れ合い育ち合う経験や、主体性をもって行動することを推奨され認められるという経験を積み重ねていく必要があるでしょう。

**人　物**

**ヘックマン**
Heckman, J. J.（1944-　）アメリカの経済学者。2000年に労働経済学の分野でノーベル経済学賞を受賞。2015年、就学前の子どもへの教育投資について書いた『幼児教育の経済学』を上梓。

**ことば**

**非認知能力**
読み書き・計算などの数値では測れない能力を指す。自尊心、自己肯定感、自立心、自制心、自信などの「自分に関する力」や、社会性と呼ばれる協調性、共感する力、思いやり、社交性、道徳性などの「人と関わる力」のこと。

**ペリー就学前教育プロジェクト**
1962〜67年にかけて、アメリカの心理学者ワイカートらが、ミシガン州のペリー小学校付属幼稚園で行った就学前教育の社会実験。

では日本の現状はどうでしょうか。第2節で ECEC の質の向上を目指し，小学校とのつながりを意識したカリキュラム編成がなされてきたこと，主体性を重んじる方向に方針が変化してきたことを説明しました。それについて，実際の保育現場への反映がなされているかどうかを考えましょう。

筆者が，近年の幼稚園教育実習の巡回等で目にした園では，少しずつ保育内容に変化がでてきたと感じています。たとえば，運動会などの大きな行事を取りやめて，日々の保育の中でできることを重視し，子どもと向き合う時間を増やしている園もあります。あるいは子どもの発案を大切にし，準備していた保育内容を取りやめ，今，子どもがやりたいと思っていることに柔軟に対応する姿もあります。

以前から行っている行事や保育方法を，これまでやってきたからと踏襲するばかりではなく，なぜこの行事（保育内容）を行っているのか，一つひとつについて必要性やねらい等を問い直してみることが，主体性を重んじる保育を行うための第一歩なのかもしれません。

第14章では，学生の考えた子どもを主体とした責任実習について紹介しています。また。終章にはいろいろな保育アイデアを載せていますので参考にしてみてください。

**ことば**

**巡回**
保育者養成校における巡回とは，教育実習生の実習状況を確認するために，担当者が実習園を訪問することを指す。

**演習問題** •••••••••••••••••••••••••••••••••••••••••••••
1．なぜ ECEC の質の向上が目指されているのか考えてみましょう。
2．なぜ主体性を重んじる保育が必要なのか考えてみましょう。

【引用・参考文献】
『朝日新聞』2023年3月23日付「就労状況問わず保育所利用可能に　『異次元』少子化対策で　政府検討」
　https://www.asahi.com/articles/ASR3R0HNMR3QUTFL01X.html（2023年5月24日閲覧）
藤井伸生「コロナ禍と保育」『月刊　住民と自治』2021年1月号，16頁
原田正文『子育ての変貌と次世代育成支援』名古屋大学出版会，2006年
ヘックマン，ジェームズ・J. 著，古草秀子訳『幼児教育の経済学』東洋経済新報社，2015年
文部科学省 HP「令和3年度子供の学習費調査の結果 PDF 資料」2020年発表
　https://www.mext.go.jp/content/20221220-mxt_chousa01-000026656_1a.pdf（2023年5月24日閲覧）
文部科学省「新幼稚園教育要領のポイント」
　https://www.mext.go.jp/b_menu/shingi/chousa/shisetu/044/001/shiryo/__icsFiles/afieldfile/2017/08/28/1394385_003.pdf（2023年8月1日閲覧）
内閣府 HP『未就園児等の把握，支援のためのアウトリーチの在り方に関する調

査研究報告書』

https://www.cas.go.jp/jp/seisaku/mishuuenji_kentou_iinkai/index.html（2023年 5 月24日閲覧）

『日本経済新聞』2022年10月10日付「大卒女性，19年ぶり子ども数増　21年45〜49歳調査」

https://www.nikkei.com/article/DGXZQOUD222PV0S2A920C2000000/（2023年 5 月24日閲覧）

NPO 法人フローレンス HP「無園児家庭の孤独感と定期保育ニーズに関する全国調査」

https://florence.or.jp/news/2022/06/post52393/（2023年 5 月24日閲覧）

OECD 編著，秋田喜代美ほか訳『OECD 保育の質向上白書』明石書店，2019年

The Asahi Shimbun, SDGs ACTION! 2023年 6 月21日付「【ジェンダーギャップ指数】日本，2023年は世界125位で過去最低　政治・経済改善せず」

https://www.asahi.com/sdgs/article/14936739（2023年 9 月25日閲覧）

*The New York Times*, 2019.7.24 "Need a Mental Health Day? Some States Give Students the Option,"

https://www.nytimes.com/2019/07/24/health/need-a-mental-health-day-some-states-give-students-the-option.html（2023年 3 月30日閲覧）

『東京新聞』2023年 3 月 5 日付「日本と欧米は男性の家事・育児分担がこんなに違う『出生率アップの鍵』ハーバード大教授が分析」

https://sukusuku.tokyo-np.co.jp/birth/67468/（2023年 5 月19日閲覧）

山本陽子「子ども理解と保育実践」野津直樹ほか編著『保育・教職実践演習』萌文書林，2023年

『読売新聞』2022年10月 4 日付「教育機関への公的支出割合，日本はワースト 2 位…OECD が発表」

https://www.yomiuri.co.jp/kyoiku/kyoiku/news/20221004-OYT1T50131/（2023年 5 月24日閲覧）

# 第2章 領域「人間関係」

## この章のポイント

- 保育における領域「人間関係」のとらえ方について学びましょう。
- 子どもが人と関わる力を培っていくために求められる保育者の働きかけを学びましょう。

## 第1節　0歳児のねらいと内容における「人間関係」

### 1　養護と教育の一体性

　保育所保育指針の第1章「総則」には1「保育所保育に関する基本原則」が明示されており，保育所の役割が4点あげられています。その中の1つに保育所は，「子どもの状況や発達過程を踏まえ，保育所における環境を通して，養護及び教育を一体的に行うことを特性としている」と明記されています。保育における養護とは，子どもの「生命の保持及び情緒の安定」を図るための働きかけで，教育とは「発達の援助」を指します。発達が未熟・未分化の状態であっても，子どもが自ら生きようとする力を発揮できる生活やあそび，すなわち，子どもが主体的に環境に関わることができる保育を考えることが重要です。生命の保持と情緒が安定した生活は，安全基地が得られた環境であり，心置きなく探索活動ができます（鬼頭，2021）。子どもは探索活動を行いながら，あそびを通してさまざまなことを学んでいきます。つまり，ここでいう生活は養護の側面をもち，あそびは教育の側面をもち，生活習慣さえもあそびを通して身につけていきます。したがって，生活とあそびは切り離さず，一体となって保育を展開（図2-1）することが求められています。

　幼稚園教育要領においても，第1章「総則」第1で「幼児は安定した情緒の下で自己を十分に発揮することにより発達に必要な体験を得ていくものであることを考慮して，幼児の主体的な活動を促し，幼児期にふさわしい生活が展開されるようにすること」「幼児の自発的な活動としての遊びは，心身の調和のとれた発達の基礎を培う重要な学習であるこ

**安全基地**
ボウルビィが提唱したアタッチメント（第3章参照）は，危機的な状況に接したり，危機を予知したりし，不安や恐れの情動が喚起したときに，特定の大人にしっかりとくっつくことを通して，安全の感覚・回復を維持しようとする心理行動を指す。つまり，ここでいう安全基地とは，危機が生じた際に逃げ込み守ってもらえる場所，および負の情動が沈静化した際には，そこを拠点に探索するための場を指す（遠藤，2016）。ここでの安全基地は，その子どもにとって愛着形成がしっかり育まれた大人である。

図2-1　一体的な養護(生活)と教育(遊び)

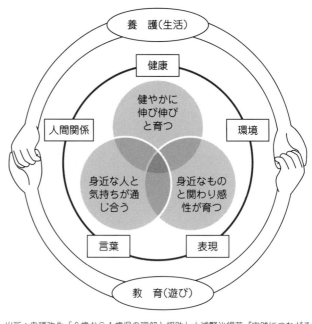

出所：鬼頭弥生「０歳から１歳児の理解と援助」大浦賢治編著『実践につながる
新しい子どもの理解と援助』ミネルヴァ書房，2021年，47頁

とを考慮して，遊びを通しての指導を中心」として保育内容のねらいが総合的に達成されるようにすることが明記されています。養護という文言は使われていませんが，幼児教育も養護と教育が一体となって展開されることが求められているととらえることができます。０歳児期から幼児期の終わりまで，養護と教育を一体的にとらえ保育を展開していきます。

### 2　０歳児保育における３つの視点

　乳児においては，環境に子どもが出合っていくというとらえ方ではなく，子どもから関わるという行為そのものが先にあり，子どもが関わることで対象化が始まるため，「領域」と呼ぶのではなく「関わりの視点」としています（無藤，2018）。心身のさまざまな機能が未熟，未分化な状態で乳児が周囲にどう関わるのか，関わりの中でどのようなことが生じるのかをとらえる視点が明示されています。したがって，０歳児は５領域（健康・人間関係・環境・言葉・表現）に分類するのではなく，「健やかに伸び伸びと育つ」「身近な人と気持ちが通じ合う」「身近なものと関わり感性が育つ」という３つの視点から保育内容がまとめられています。０歳児期は，心身のさまざまな機能が未熟であると同時に，発達の諸側面が互いに密接な関連をもち，未分化な状態であるゆえ，３つの視点で

とらえますが，３つの視点の背後には５領域が相互に関連し合ってつながっている（図２-１）という見通しをもって保育を行うことが必要です。

　以下では，(1)健やかに伸び伸びと育つ，(2)身近な人と気持ちが通じ合う，(3)身近なものと関わり感性が育つ，という３つの視点と人との関わりがどのように絡み合っているのか学びましょう。

### (1)　身体的発達と人との関わり

　ここでは身体的発達に関する視点を通して人との関わりをとらえます。

ア　健やかに伸び伸びと育つ
　　健康な心と体を育て，自ら健康で安全な生活をつくり出す力の基盤を培う。
　(ア)　ねらい
　　①　身体感覚が育ち，快適な環境に心地よさを感じる。
　　②　伸び伸びと体を動かし，はう，歩くなどの運動をしようとする。
　　③　食事，睡眠等の生活のリズムの感覚が芽生える。

（保育所保育指針第２章の１の(2)のアより）

　乳児が健やかに成長・発達していくには，とりわけ大人の援助が必要です。この時期の子どもは，身体の諸感覚が育つ中で子どもに対する働きかけを通して心地よい環境を味わう経験を重ねることが重要です（汐見，2018）。保育者は応答的な関わりをし，授乳やおむつ交換等を通して愛着を形成しながら子どもの生活リズムの感覚を育んでいくことが求められます。特に，「食べる」行為は単に栄養を取り込むことではなく，一緒に食べたい他者がいることで子どもが自らモノやヒトに関わろうとする力を育てる場（図２-２）であることを念頭におきましょう。食べることを通して隣に座って食べている友だちの存在にも気づいていき，他者と交わる役割も果たします（鬼頭，2021）。

図２-２　隣の子の食べ物が気になる
０歳児の食事の様子

　また，這う，歩くなどの育ちは，その時期になれば自然に這い出したり，歩き出したりするわけではありません。大人が子どもの発達を見通した働きかけをし，子どももその働きかけに応じることで，心身ともに

**応答的な関わり**
言葉に限らず子どもの表現（表情，行動，しぐさなど）から気持ちを読み取り，発達段階に沿った関わりや子どもの思いに応えていくこと。

成長・発達していきます。大好きな先生のところまで這っていく，他児のもっているものが欲しくなりつかみ取ろうとするなど，どの姿も人との関わりの中で湧き起こる意欲から生じる姿です。この意欲が生きる力の基礎となり，自ら健康で安全な生活をつくり出す力の基礎を培います。身体的発達に関する視点は，主に5領域の「健康」につながっています。

### (2)　社会的発達と人との関わり

ここでは社会的発達に関する視点を通して人との関わりをとらえます。

---

イ　身近な人と気持ちが通じ合う
　受容的・応答的な関わりの下で，何かを伝えようとする意欲や身近な大人との信頼関係を育て，人と関わる力の基盤を培う。
(ア)　ねらい
　①　安心できる関係の下で，身近な人と共に過ごす喜びを感じる。
　②　体の動きや表情，発声等により，保育士等と気持ちを通わせようとする。
　③　身近な人と親しみ，関わりを深め，愛情や信頼感が芽生える。
　　　　　　　　　　　　　　　　　（保育所保育指針第2章の1の(2)のイより）

---

「身近な人と気持ちが通じ合う」には，まずは特定の大人との愛着形成が欠かせません。愛着形成のある大人の存在によって人と関わることの楽しさを味わい，自分の存在を認められ大事にされることでその人と一緒にいたいという思いも生まれます。さらに，愛着形成のある大人の存在により，自分の思いを伝えたい，自分とともに世界を共有したいという思いが湧くことで，図2-3のように「あ！」と，言葉が出てきます。ゆえに，言葉は共感から生まれてくるといっても過言ではないでしょう。子どもが自ら「伝えたい」「聞いてほしい」という気持ちを抱く関わり方，すなわち応答的な関わりの質が重要です（鬼頭，2021）。社会的発達に関する視点は，主に5領域の「人間関係」と「言葉」につながっています。

**プラスα**

**共同注意**
相手の視線や指さす方向を追って，相手の注目しているモノに自分も視線を向けること。乳児は手段として指さしと発声で他者と対象物を共有しようとする。このとき，「わんわんね」などと言葉を添えながら共有することで言葉の獲得にもつながる。

**三項関係**
〈自己—対象物—他者〉という三角形の構造でコミュニケーションが行われる事態を意味する。ヒトにおけるシンボルや言語機能の認知的基盤であると考えられている。

図2-3　お母さんに犬を知らせる乳児
（共同注意・三項関係）

## (3) 精神的発達と人との関わり

ここでは精神的発達に関する視点を通して人との関わりをとらえます。

---

ウ 身近なものと関わり感性が育つ

身近な環境に興味や好奇心をもって関わり，感じたことや考えたことを表現する力の基盤を培う。

(ア) ねらい

① 身の回りのものに親しみ，様々なものに興味や関心をもつ。

② 見る，触れる，探索するなど，身近な環境に自分から関わろうとする。

③ 身体の諸感覚による認識が豊かになり，表情や手足，体の動き等で表現する。

（保育所保育指針第2章の1の(2)のウより）

---

子どもは，保育者との安定した関係を拠りどころとし，自分をとりまく環境にその体を通して触れ，さまざまな外界の刺激を驚きや喜びをもって受け止め，環境に関わることへの興味や関心を高めていきます（汐見，2018）。レイチェル・カーソン（1996）は，世界中の子どもに生涯消えることのないセンス・オブ・ワンダーを育むことを提唱しており，保育者は子どもが今，感じていることを心置きなく表現できるように援助することが求められています。乳児が体の諸感覚を十分に働かせながら，やりたいことをみつけ，あそび込める環境を整えることが大切です。

いうまでもなく，表現が豊かになっていくには，一緒に感じ取ったこと，自分の世界を共有してくれる人の存在が不可欠です。乳児は，共感してくれる人に支えられて自分の思いを表出し，実行しようとすることで生きる力の基礎が培われていきます。精神的発達の視点は，主に5領域の「環境」と「表現」につながっています。

**人物**

**カーソン**

*Carson, R. L.* (1907-1964)

アメリカの海洋生物学者で作家。1960年代に環境問題を告発した生物学者。アメリカ内務省魚類野生生物局の水産生物学者として自然科学を研究した。没後1965年に出版された『センス・オブ・ワンダー』は，幼少時から自然の不思議さ・素晴らしさに触れることの大切さを説き，自然環境教育のバイブルとなる。

**ことば**

**センス・オブ・ワンダー**

「神秘さや不思議さに目をみはる感性」と訳されている（カーソン，1996）。

---

## 第2節 領域「人間関係」における 1歳以上3歳未満児のねらいと内容

### ■1■ 「人間関係」における1歳以上3歳未満児のねらい

この時期の子どもは，特定の保育者を安全基地として，少しずつ自分の世界を広げていきます。安全基地を確保したうえで，自ら新しい環境に関わろうとする，すなわち「やってみよう」「行っても大丈夫かな」などというような意欲が湧き，実行に移すことができます。

> イ　人間関係
> 　他の人々と親しみ，支え合って生活するために，自立心を育て，人と関わる力を養う。
> (ア)　ねらい
> 　①　保育所での生活を楽しみ，身近な人と関わる心地よさを感じる。
> 　②　周囲の子ども等への興味や関心が高まり，関わりをもとうとする。
> 　③　保育所の生活の仕方に慣れ，きまりの大切さに気付く。
> 　　　　　　　　　　　　　（保育所保育指針第2章の2の(2)のイより）

　保育所保育指針のねらいで示しているように，人と関わる力を養うには，保育者との愛着形成を基盤に，集団の中で心地よく過ごせることが大切です。情緒が安定していることで周囲の子どもにも目を向けるようになります。上記のねらいをもって保育するには，保育者は他者と関わることの楽しさを子どもが実感できるよう働きかけることが大切です。

## ■2■　「人間関係」における1歳以上3歳未満児の「内容」

> (イ)　内容
> 　①　保育士等や周囲の子ども等との安定した関係の中で，共に過ごす心地よさを感じる。
> 　②　保育士等の受容的・応答的な関わりの中で，欲求を適切に満たし，安定感をもって過ごす。
> 　③　身の回りに様々な人がいることに気付き，徐々に他の子どもと関わりをもって遊ぶ。
> 　④　保育士等の仲立ちにより，他の子どもとの関わり方を少しずつ身につける。
> 　⑤　保育所の生活の仕方に慣れ，きまりがあることや，その大切さに気付く。
> 　⑥　生活や遊びの中で，年長児や保育士等の真似をしたり，ごっこ遊びを楽しんだりする。
> 　　　　　　　　　　　　　（保育所保育指針第2章の2の(2)のイより）

　①〜③のねらいに向けて実践するための保育内容には，上記の6点があげられています。

　周囲の子どもの存在に気づき，さらには他児がもっているおもちゃが欲しくなって取ってしまうなど，子ども同士の関わりにおいては，双方の思いがぶつかり合う場面も増えていきます。しかし，このようなぶつかり合いは，自分の思いを表出している姿ですから，大人が一方的に順番に使うように仕向けたり，一方的に謝らせたり，譲るようにしたりすることは好ましくありません。自己主張は，その子自身の主体性の芽が現れた姿ととらえましょう。自分の思いを安心して出せる環境および思

いを他者に伝えることができるような働きかけが大切です。さらに，気持ちを切り替えることができるようになるには，一緒に自分の要求を実現してくれる方途を探ってくれる保育者の存在，および選択できるだけ選択肢が子どもの中に育つような応答的な関わり（神田，1997）が必要です。

この時期は，つもり・見立てあそびが次第に盛んになっていきます。イメージの共有ができるようになると，他児とのごっこあそびに発展していきます。また，子ども同士で「いっしょ〜」を発見し，「いっしょ〜」を楽しみ始める時期でもあります。したがって，モノの貸し借りの体験を優先するのではなく，一人ひとりが十分堪能できるだけの数のモノを用意し，子ども同士の関わりがもてるような環境構成をすることも必要です。

**❀ことば**

**見立てあそび**
子どものあそびの中でみられる見立てとは，モノを本来あるべき姿でみるのではなく，別のモノとしてみていく見方のこと（久富，2011）。たとえば細長い積み木を電車に見立たり，砂場でカップに砂を入れて型抜きしたものをプリンに見立てたりしてあそぶ姿がみられる。

| 事例2-1 | 2歳児の戦隊ごっこあそび |
|---|---|

　クラスの子どもたちはテレビ番組の戦隊もののキャラクターにハマっています。そこで，担任の先生は子どもたちがもちやすいサイズに新聞紙を棒状に巻いて5〜6本，目につくところに置いておきました。翌日，いち早くみつけたKが新聞棒を左右に振っていると，その姿を見たH，I，J，Mも集まって来て新聞棒をもち始めました。先生が「外にそれをもって行ってもいいよ」と声をかけると，5人はうれしそうに新聞棒をもって園庭に飛び出していきました。5人はジャングルジムに向かって新聞棒を振りかざしています（図2-4）。どうやらジャングルジムが敵のようです。敵を倒して満足げに部屋に戻ってきた5人に話を聞いてみると，5人とも主役のレッドの役になりきって楽しんでいました。

（出所：筆者の観察記録より）

図2-4　ジャングルジムを敵に見立てて戦隊ごっこあそびを楽しむ2歳児

　事例2-1のように，2歳児のごっこあそびは自分のなりたい役になって，なりきりあそびを楽しみます。5歳児がごっこあそびを行う場合は，役割分担をしなければストーリーが成立しないことを理解できるので，じゃんけんなどで役を決めたり，順に交代できるよう話し合って

決めたりしますが，2歳児のごっこあそびは異なります。それぞれが描いているイメージが共有できれば，全員同じ役であっても問題にはなりません。自分がなりたい役を演じ，同じ世界を一緒に楽しむことができればごっこあそびの成立であり，家に帰って保護者に「今日，H君たちと○○ごっこしたよ」と報告します。子どもたちの興味・関心ごとを常にリサーチし，あそびが広がっていく保育を構想することで子ども同士の関わりも広がっていきます。

## 第3節　領域「人間関係」における 3〜5歳児のねらいと内容

　現行の保育所保育指針，幼稚園教育要領，幼保連携型認定こども園教育・保育要領において，いずれも3歳以上児に関する記載事項は共通です。本書では3歳以上児の領域「人間関係」に関しても保育所保育指針を取り上げます。

### ■1■ 「人間関係」における3〜5歳児のねらい

> イ　人間関係
> 　他の人々と親しみ，支え合って生活するために，自立心を育て，人と関わる力を養う。
> (ア)　ねらい
> 　① 保育所の生活を楽しみ，自分の力で行動することの充実感を味わう。
> 　② 身近な人と親しみ，関わりを深め，工夫したり，協力したりして一緒に活動する楽しさを味わい，愛情や信頼感をもつ。
> 　③ 社会生活における望ましい習慣や態度を身に付ける。
> 　　　　　　　　　　　　　　（保育所保育指針第2章の3の(2)のイより）

　人と関わる力の基礎は，自分をとりまく人々に温かく見守られているという安定感から生まれる人に対する信頼感をもつこと，さらに，その信頼感に支えられて自分自身の生活を確立していくことによって培われます（汐見，2018）。したがって，園生活においても保育者との信頼関係を築くことで安心して自己表出できるようになっていきます。そのうえで，子どもが自己発揮できるよう働きかけることが大切です。また，自分と同じ思いをもっている子ども，あるいは自分と異なる考えをもつ子どもなど，さまざまな人がいることに気づき，相手とどのように関わればよいのか，考え合うことができるよう保育を行うことが求められます。他者との関わりの中でルールや規範意識も育っていきます。

## ■ **2** ■ 「人間関係」における３〜５歳児の「内容」

　①〜③のねらいに向けて実践するための保育内容は，以下の13点があげられています。

---

（イ）内容
① 保育士等や友達と共に過ごすことの喜びを味わう。
② 自分で考え，自分で行動する。
③ 自分でできることは自分でする。
④ いろいろな遊びを楽しみながら物事をやり遂げようとする気持ちをもつ。
⑤ 友達と積極的に関わりながら喜びや悲しみを共感し合う。
⑥ 自分の思ったことを相手に伝え，相手の思っていることに気付く。
⑦ 友達のよさに気付き，一緒に活動する楽しさを味わう。
⑧ 友達と楽しく活動する中で，共通の目的を見いだし，工夫したり，協力したりなどする。
⑨ よいことや悪いことがあることに気付き，考えながら行動する。
⑩ 友達との関わりを深め，思いやりをもつ。
⑪ 友達と楽しく生活する中できまりの大切さに気付き，守ろうとする。
⑫ 共同の遊具や用具を大切にし，皆で使う。
⑬ 高齢者をはじめ地域の人々などの自分の生活に関係の深いいろいろな人に親しみをもつ。

（保育所保育指針第２章の３の(2)のイより）

---

　子どもはあそびを通してさまざまなことを学び取り，心身ともに成長・発達していきます。仲間とともに過ごす中で，一人より友だちと一緒にあそぶ方が楽しい，一人では思いつかなかったアイデアが生まれて一層面白くなる，という実感を積み重ねていくことで友だちのよさに気づき，互いに思いやったり，思いを出し合ったりしながら人と関わるうえで気持ちの折り合いをつける力も養われていきます。ただし，いつも子ども同士のみで折り合いをつけることができるわけではないため，保育者がそれぞれの思いに共感しながら，双方が相手の思いに気づき自分なりに考えることができるよう援助することが重要です。

　いざこざの要因は，友定（2009）が「取り合い」「不快な行為」「加入・仲間関係」「イメージのずれ」「遊び・生活のルール」「不快なことば」の６つに分類し，年齢による違いがあることを明らかにしています。友定（2009）によると，３歳児ではモノや場所などの「取り合い」で始まるいざこざが多く，５歳児では少なくなります。反対に，「遊び・生活のルール」によるいざこざは，３歳児では少なく５歳児になるにつれ増えていきます。ちなみに，３歳児は前述の順に多いです。

　友だちとうまくあそぶには，自己主張・自己実現と同時に自己抑制と

いう2つの対照的な自己調整が必要です。この2つの側面を「自己制御」機能と呼びます。自己主張・自己実現は，自分の欲求や意思を表現し行動として実現していく側面です。自己を主張する力は，3歳から4歳にかけて急激に発達するといわれています。一方の自己抑制は，自分の欲求や行動を抑制・制止する側面です。自己を抑制する力は，3歳から7歳にかけてゆっくりと発達します（柏木，1988）。ゆえに，保育者の役目は，子ども同士がいざこざを起こさないようにすることではなく，子どもの中に生じた葛藤を支えながら，それを乗り越えさせていくことです。

　また，園は育ち合いの場であるゆえ，それぞれの子どもが所属する集団が一人ひとりの子どもにとって居心地がよく，自己発揮できるように集団を形成していくことが求められます。幼児期は，意思が変わりやすく，双方の意見が一致しても必ずしも最終的な共同意思になるとは限らず，他者とのやりとりの「場」の中で揺らぎながら意思決定が生成されていきます（礪波・三好・麻生，2002）。それゆえ，協同で活動する過程において，子ども同士が試行錯誤しながら活動を展開していくよう，集団の育ちにも目を向ける必要があります。

---

**事例2-2　5歳児クラス**

　水族館に行ってきたO君が，自由あそびの時間に自由画帳を広げて魚の絵を描き始めました。体長がとても長い魚のようで，自由画帳の真ん中あたりに顔を描き出したため，全長が収まらなくなってどうしようか迷っています。すると，その横で興味津々にみていたY君は，自分の自由画帳を出してきて，O君の自由画帳の横にぴったりとくっつけて並べて「O君，これでどう？」といいました。O君は「うん」とうなずき魚の続きをY君の自由画帳に描いていきました。O君は「これ，ニセゴイシウツボだよ。すっごく体が長いの」とうれしそうにY君に話しました。Y君は「まるで電車みたいだね！」と答えると，O君は「ほんとだ。僕とY君のがつながったもんね」と。その後，二人はニセゴイシウツボの周りにさまざまな魚の絵を描き，水族館の世界を広げて楽しんでいました。二人の水族館の世界が翌日も続いていたので，保育者は魚づくりや水族館のイメージになりそうな材料を自由に使えるように置いておきました。これにより，クラスの子どもたちに波及し，それぞれがもっている水族館のイメージを再現し始め，必要な材料を探したり，要求したりしながら水族館活動が自発的に展開されていきました。自分たちの部屋が水族館に変身するとみんなにみてもらいたくて，他のクラスの子どもたちを招待することにしました。さらに，どんな水族館だったら小さいクラスの子どもも楽しめるか話し合って魚つりゲームも用意し始めました。

（出所：筆者の観察記録より）

事例2-2のように，子どもたちは自分のやりたいことを十分堪能でき，達成感や満足感を得ることができると自信をもち，共通の話題をきっかけにイメージを共有しながら，あそびをどんどん展開していきます。ただし，子どもたちの発想が実現できるよう環境を整えることが必要です。この事例は，自分たちであそびを展開していったからこそ自分たちでルールをつくり出し，クラスがまとまって活動するに至りました。クラスがまとまると自分のクラスを意識し出し，他のクラスにもクラスとしての関心が高まっていきます（中沢，2008）。これにより，子ども同士の関わりが広がっていき，人と関わる力が培われていきます。

保育者は，常に子どもたちが何に興味・関心をもっているのかリサーチしながら環境を構成しましょう。ここでの環境とは，人的環境・物的環境・空間的（場・空間）環境・時間的環境を指します。やりたいことが実現できる環境には，おのずと子どもたちが集まります。ただし，園は子どもにとって集団生活の始まりの場ですから，最初から一人ひとりの結びつきがあるわけではありません。それゆえ，興味が湧いたおもちゃ，場所，あそびに集まってくるだけの状態は，まだ集団とはいえず，「群れ」の状態です。この「群れ」の状態から「集団」へと導く働きかけが，人と関わる力を培います。保育者は，子どもたちが不安感や緊張感を抱くことなく自己主張し，ぶつかり合いながら他児の思いに気づき，どうやったら一緒に楽しく過ごせるのか考え合えるよう働きかけましょう。これにより，認め合いながら仲間関係が育まれていきます。

**演習問題** ●●●●●●●●●●●●●●●●●●●●●●●●●●●●●●●●●●●●●●●●●●●●●

1．人と関わる力の基礎を培うには，どのような働きかけが基盤になるのでしょうか。
2．育ち合いながら人と関わる力を育んでいくには，個々への働きかけの他にどのような働きかけが必要でしょうか。

**【引用・参考文献】**

カーソン，レイチェル・ルイーズ著，上遠恵子訳『センス・オブ・ワンダー』新潮社，1996年

遠藤利彦「子どもの社会性発達と子育て・保育の役割」秋田喜代美監修，山邉昭則・多賀厳太郎編『あらゆる学問は保育につながる』東京大学出版会，2016年，225-250頁

久富陽子「見立て」森上史郎・柏女霊峰編『保育用語辞典［第6版］』ミネルヴァ書房，2011年，287頁

神田英雄『0歳から3歳保育・子育てと発達研究をむすぶ』ひとなる書房，1997年

柏木惠子『幼児期における「自己」の発達』東京大学出版会，1988年

鬼頭弥生「0歳から1歳児の理解と援助」大浦賢治編著『実践につながる　新しい子どもの理解と援助──いま、ここに生きる子どもの育ちをみつめて』ミネルヴァ書房，2021年，27-57頁

無藤隆「幼児教育の基本」無藤隆監修，岩立京子編者『新訂〈領域〉人間関係』萌文書林，2018年，13-37頁

中沢和子『新訂　子どもと環境』萌文書林，2008年

汐見稔幸「保育所保育指針解説」汐見稔幸・無藤隆監修『〈平成30年施行〉保育所保育指針　幼稚園教育要領　幼保連携型認定こども園教育・保育要領　解説とポイント』ミネルヴァ書房，2018年

友定啓子『子ども同士のトラブルに保育者はどう関わっているか──「人間関係」の指導に関する研究』科学研究費補助金成果報告，2009年

礪波朋子・三好史・麻生武「幼児同士の共同意思決定場面における対話の構造」『発達心理学研究』第13巻第2号，2002年，158-167頁

# 第**3**章 0歳児における人間関係と援助

●乳幼児の心身について理解を深めましょう。
●乳児期における保育者の関わり方について理解しましょう。

## 第**1**節 0歳児の心身の育ちと人間関係

### ■**1** 出生から1歳にかけての身体の発達

　人間の乳児は一見すると何もできないようにみえます。しかし，最新の脳科学や心理学の研究によって実はさまざまな能力が備わっていることがわかってきました。本章では「人間関係」に主軸をおきながら特に0歳児の育ちをみていきます。

　ヒトの特性の1つである大脳の発達を支えるために，普通ならば22か月かかる出産を少しでも楽にするために10か月の妊娠期間で出産するという生理的早産説がポルトマンによってかつて提唱されました。これに関して最近の研究によれば，ヒトの肩の成長スピードは胎児期に減速し，出生後に一転して加速することがわかりました。ヒトがもつ幅広の肩は，二足歩行を安定させるために重要な役割を果たしますが，それは出産時に狭い産道に引っかかるなど難産の原因にもなります。そのためにこの成長の変化は，胎児の肩が産道に引っかかるリスクを緩和するためだと考えられています（京都新聞，2022）。

　この他にも乳児は男性と女性の声を聞き分けていることが知られており，胎内でも母親の声を聴いていると考えられています（内田，2017）。また，これとは別に乳児は母乳の匂いと他の匂いを比較して，母乳に接近したりします。また，母乳の匂いを嗅がせると，乳児が泣き止んだりする鎮静効果があります（福原，2010）。このように乳児と母親との関わりは，胎内にいるときからすでに始まっています。

　では，10か月の胎内生活を経て生まれてきた乳児には，身の周りの世界がどのように映っているのでしょうか。健常児の場合，その視力は概

人 物

**ポルトマン**
Portmann, A. (1897-1982)
スイスの動物学者，人類学者であり，比較発生学などを研究して人間の出産に関する特殊性を主張した。

プラスα

**離巣性と就巣性**
生理的早産説に関して，サルやウマのように生後すぐに親と同じ行動を取る形態を離巣性といい，ネズミなどのように生後親の保護を必要とする形態を就巣性という。これらに対して人間の場合は，二次的就巣性という。

ね0.02程度であり，その後，1歳で0.2程度，2歳で0.5程度，3歳から4歳で1.0になります。また，生後3～5か月で立体視が認められ，4歳までには両眼視差が正常成人と同程度になります（八子，2019）。このように乳児の視力，両眼視機能は生後急激に発達して周りの環境になじんでいきます。

## ■ 2　出生から1歳にかけての心の発達

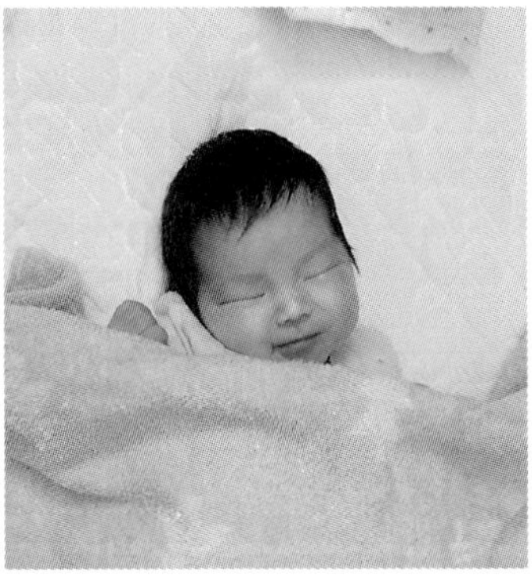

生後4週間くらいまでの乳児には，ときおりにっこりする顔がみられます。これは生理的微笑（写真3-1）といわれるものであり，本人にはその自覚がありません。しかし，その笑顔をみた大人には愛おしさが込み上げてきます。そして，それが互いの関係性の強化につながります。メルツォフとムーアの研究では，大人が舌を出すと，乳児もそれを真似して舌を出すという現象がみられました。これを新生児模倣といいます。内田（2017）によれば，乳児が母親の真似をして舌を出すと母親は喜んでわが子をあやすようになり，そのことから授乳ホルモンの分泌も盛んになります。このようにして，母子はお互いの心と心を次第に寄せ合うようになっていきます。

写真3-1　生理的微笑

写真3-2　人見知り

生後約8か月を過ぎると，乳児は知らない人をみて怖がります。これは人見知り（写真3-2）として知られる現象です。そして，これは養育者（主に母親）と子どもの間に確固たる絆が結ばれたことを意味するものです。これに関してボウルビィは，乳幼児と母親（あるいは母親の役割を果たす人物）との人間関係が幸福感に満たされているような状態が，子どもの精神衛生にとって重要であることを主張しました。そして，たとえば大きなイヌに吠えられたときのような場面で母親にしがみつくことのように，子どもが自分の保護を求めて取る行動のことを愛着（アタッチメント）と名づけました。この場合，母親は子どもの安全基地としての役割を果たしています（第4章第2節参照）。

**人　物**

ボウルビィ
Bowlby, J. (1907-1990)
WHO の調査を通じて母子関係の重要を主張したイギリスの児童精神医学者である。

図3-1　ストレンジシチュエーション法

① 実験者が母子を室内に案内。母親は子どもを抱いて入室。実験者は母親に子どもを降ろす位置を指示して退室。（30秒）

② 母親は椅子にすわり、子どもはおもちゃで遊んでいる。（3分）

③ ストレンジャーが入室。母親とストレンジャーはそれぞれの椅子にすわる。（3分）

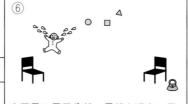

④ 1回目の母子分離。母親は退室。ストレンジャーは遊んでいる子どもにやや近づき、はたらきかける。（3分）

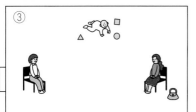

⑤ 1回目の母子再会。母親が入室。ストレンジャーは退室。（3分）

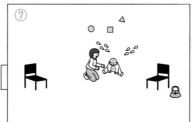

⑥ 2回目の母子分離。母親も退室。子どもはひとり残される。（3分）

⑦ ストレンジャーが入室。子どもを慰める。（3分）

⑧ 2回目の母子再会。母親が入室しストレンジャーは退室。（3分）

出所：繁多進『愛着の発達──母と子の心の結びつき』大日本図書，1987年を参考にして作図

　その後，エインズワースは母子の関係性をみる実験を行いました。これをストレンジシチュエーション法といいます（図3-1）。その結果，後から行われた実験も含めてアタッチメントには，以下の4種類があることがわかりました。このことから大人には子どもに対する適切な関わり方が求められています。

人　物

エインズワース
Ainsworth, M. D. S.
(1913-1999)
ストレンジシチュエーション法を考案してアタッチメントに違いがあることを明らかにしたアメリカの発達心理学者である。

○Ａタイプ（回避型）

養育者との分離に際しても泣いたり混乱したりすることがほとんどみられず，養育者を安全基地とした探索行動もほとんどない。

○Ｂタイプ（安定型）

分離時に多少の混乱がみられるものの，養育者との再会時には身体的な接触を求めて容易に鎮静化する。

○Ｃタイプ（アンビバレント型）

分離時に非常に強い不安や混乱を示し，再会時には養育者に身体的接触を求める一方で，同時に怒りをぶつける傾向がある。

○Ｄタイプ（無秩序・無方向型）

接近と回避という本来両立しない行動が同時に，もしくは継時的にみられる。また不自然な動きをすることがある。

## ■3　大人との関わりの必要性

ヒトの赤ちゃんは，サルやウマなどの哺乳類と比較して一見何もできないように思われがちですが，これまでみてきたように実は出生前から胎内で母親と何らかのやりとりを行っており，出生後はそれがさらに顕著になっていくわけです。では，赤ちゃんとの関わりが適切に行われなかった場合には，どのようなことが起こるのでしょうか。これに関する調査がスピッツによってなされました。

**スピッツ**
Spitz, R.（1887-1974）
ホスピタリズムの研究をして乳幼児期の関わり方の重要性を指摘した児童精神分析医である。

> **事例3-1　乳児院での事例**
>
> アメリカで生後3か月まで母親の母乳で育てられた乳児が91人いましたが，その後乳児院で看護師によって育てられることになりました。そこは栄養面や衛生面がよく行き届いており，施設自体には全く問題がありませんでした。しかし，看護師は10人の子どもを担当しており，十分に子どもと関わることができませんでした。すると死亡者数が多いなど，心身の発達にさまざまな問題が生じることが明らかとなりました。
>
> （出所：スピッツ，R.著，古賀行義訳『母—子関係の成りたち』同文書院，1965年，136-139頁の記事より抜粋して要約）

**ハーロウ**
Harlow, H.（1905-1981）
アメリカの心理学者であり，アカゲザルを用いた動物実験から精神衛生を保つためには単に栄養物を与えるだけでは不十分であることを明らかにした。

事例3-1から単にミルクなどの栄養を与えるだけでは不十分であり，子どもとスキンシップを取ったり，話しかけたりすることが大切であることがわかりました。事例3-1のような症状のことをホスピタリズム（施設病）といいます。これとは別にハーロウが行ったアカゲザルの動物実験でも親から引き離された子ザルには，悪影響が現れました。これらの研究から，子ども，特に乳幼児の健全な発育にとって周りの環境の一部である大人からの適切な関わりが重要であることがわかります。

これまではボウルビィの愛着理論の影響が強く，3歳までは実母が子どもの世話をしなければ，その子どもにさまざまな心身の問題が生じるという3歳児神話が広く社会で信じられていました。近年ではそれを示す合理的な根拠は見当たらないとして，子どもの世話をするのは実母に限る必要はないとされています。重要なのは，実母が養育に関わるにしても実母の代わりに保育者が養育するにしても，子どもと心の通い合いがあるような質の高い関係性を構築することです。たとえば最近では，スマートフォンなどを弄りながら新生児と目を合わさないで母乳を与える母親をみかけますが，これは子どもの成長にとって好ましくないことを内田（2017）などが指摘しています（第8章第1節3参照）。

　母親的な存在が必要な理由としては，この他にアイデンティティ（自我同一性）の問題があります。これは，ヒトが青年期の終わりに成人としての役割を身につけるために，それ以前のすべての経験から獲得していなければならない統括的な一定の成果のことを意味しています。エリクソンは，乳児期から老年期までの発達段階をライフサイクルと呼び，それを8つに分類しました（図3-2）。

　ヒトがアイデンティティを確立する際には，数々の選択をします。しかし，それはうまくいかない場合があります。これを危機といいます。乳幼児期に克服されるべき危機には「基本的信頼 対 不信」があります。これは，周りのヒトを受け入れることができるかどうかというものです。

人　物

**エリクソン**
Erikson, E. H. (1902-1994)
フロイトの影響を受けて自我の形成に関する研究をしたアメリカの心理学者である。

図3-2　アイデンティティに関する8つの発達段階（ライフサイクル）

| | 1 | 2 | 3 | 4 | 5 | 6 | 7 | 8 |
|---|---|---|---|---|---|---|---|---|
| Ⅷ　円熟期 | | | | | | | | 自我の統合<br>対<br>絶望 |
| Ⅶ　成年期 | | | | | | | 生殖性<br>対<br>停滞 | |
| Ⅵ　若い成年期 | | | | | | 親密さ<br>対<br>孤独 | | |
| Ⅴ　思春期と<br>青年期 | | | | | 同一性<br>対<br>役割混乱 | | | |
| Ⅳ　潜在期 | | | | 勤勉<br>対<br>劣等感 | | | | |
| Ⅲ　移動性器期 | | | 自発性<br>対<br>罪悪感 | | | | | |
| Ⅱ　筋肉肛門期 | | 自律<br>対<br>恥と疑惑 | | | | | | |
| Ⅰ　口唇感覚期 | 基本的信頼<br>対<br>不信 | | | | | | | |

出所：エリクソン，E. H. 著，仁科弥生訳『幼児期と社会1』みすず書房，1977年を参考にして作図

したがって，この時期の子どもに関わる大人は，子どもがその危機を乗り越えられるような関わり方をしていく必要があります。そのためには子どもに受容的に接していくことが大切でしょう。このことに関して保育所保育指針には以下の記載があります。

---

（1）　基本的事項

　ア　乳児期の発達については，視覚，聴覚などの感覚や，座る，はう，歩くなどの運動機能が著しく発達し，特定の大人との応答的な関わりを通じて，情緒的な絆（きずな）が形成されるといった特徴がある。これらの発達の特徴を踏まえて，乳児保育は，愛情豊かに，応答的に行われることが特に必要である。　　　　　　　　　（保育所保育指針第2章の1の(1)より）

---

このように保育者には，保護者と同様に子どもを慈しむ心持ちが常に求められています。

## 第2節　人との関わりを育むあそび

### ■1　子どもにとってのあそびの意義

あそびは，子どもの生活と連続しています。あそびを通して子どもは運動能力や言語を獲得し，知的好奇心を満たし，さらにいざこざや共感によって周りの人々との関係性を築いていきます。そこで，ここではまず子どもにとってのあそびの種類やその意義についてみていきましょう。

あそびについてカイヨワ（1970, p.7）は「参加するように強制されれば，遊びは，遊びであることをやめてしまう。それは，そこから急いで解放されたい拘束，苦役になってしまう。義務として課され，あるいは単に勧められただけでも，遊びは，その根本的特徴の一つを失ってしまう」と述べています。このようにあそびとは，元来自由で任意の活動です。あそびにはさまざまなものがありますが，それらは視点の違いによっていくつかの種類に区分されています。たとえば，カイヨワはあそびを次の4つに分類しています。では，事例3-2は何に該当するでしょうか。

○アゴーン（競争）：サッカーやボクシングなど。

○アレア（機会）：相手よりも運に勝つことが求められる双六など。

○ミミクリー（模擬）：人形あそび，変装，ままごとなど。

○イリンクス（眩暈）：回転木馬，ブランコ，ぐるぐるまわしなど。

**人　物**

**カイヨワ**
Caillois, R.（1913-1978）
フランスの社会学者であり，神話やあそびについて研究した。著書として『遊びと人間』がある。

> **事例3-2 赤ちゃんの運動──発声とキック動作の同期**
>
> 〔おっぱいを飲んで，いい気分。うれしいな。なんだか力がわいてくる。あれ？　なにかが動いてる……〕
>
> 「アッアッアーッ！　アッアッアーッ」
>
> タっくんは，足で宙をキックしながら，頭の上でくるくる回るモビールを見上げて，ご機嫌です。
>
> （出所：内田伸子『子どもの見ている世界』春秋社，2017年，15頁より引用）

カイヨワの分類によれば，事例3-2はイリンクスに該当するでしょう。年齢が上がるにつれて，ミミクリー，アレア，アゴーンとあそびの種類も増えていきます。この他にもたとえばビューラーは体の感覚や運動機能を使う機能あそび，身近なヒトのしぐさや行動を真似て再現する虚構あそび，お話や紙芝居などをみたり聞いたりする受容あそび，積み木やブロックなどを楽しむ構成あそびの4つにあそびの種類を分類しています。

しかし，運動機能がまだ十分に発達していない新生児の場合，日中はほとんど寝て過ごすことが多いです。それが，次第に首がすわるようになり，ハイハイができるようになって10か月を過ぎる頃には，指さしや指で小さな豆を摘まむことができるようになります。こうしてあそびの種類が増えていき，それとともにヒトとの関わりも広がります。

## ■2 人との関わりの中でのあそび

ここではあそびをめぐる子どもと他者との関わりについて考えていきます。主に0歳児は，あそびの中からどのように人間関係を培うのでしょうか。たとえば「いないいないばあ」を考えてみましょう（第10章第2節参照）。生後8か月頃に乳児にはモノの永続性が理解できるようになります。これは目の前にあるボールをハンカチで隠してもボールが消滅してしまったわけではなくて，その下にはボールがあることがわかる能力です。そして10か月頃には，目の前にないものを頭の中でイメージすることができるようになります。それが可能になれば，親しい大人との間で「いないいないばあ」を楽しく遊ぶことができます。この場合，乳児は信頼する母親や保育者の顔が隠れている「間」に自分の心を相手の心に寄せ合い，他者との関係性を構築していきます（鬼頭，2023）。

0歳児はまだ歩行ができませんので活動範囲は限られていますが，クーイングや喃語によって次第に大人と言葉のやりとりをし，マテマテあそび（イラスト参照）のように大人がスキンシップを促すあそびを通して認知能力や身体能力を向上させます。そして，人間関係の構築だけ

**人　物**

ビューラー
Bühler, K. (1879-1963)
ナチスから逃れてアメリカなどで活躍した哲学者・心理学者である。

**モノの永続性**
目の前にある物体をハンカチなどで隠してもその下には変わらず物体が存在していることをいう。

**クーイング**
生後2，3か月頃から乳児が喉を鳴らすように母音を発する現象のこと。

**喃語**
生後7か月頃から始まる子音や母音を合わせたリズミカルな発声のこと。

出所：大場幸夫監修『保育所保育指針ハンド
ブック2008年告示版』学研教育出版，2008
年を参考にして作画

ではなく，身の回りのモノにも興味を示してそれらに積極的に関わろう
とします。さらに，生後10か月を過ぎたあたりから大人─モノ─自分の
三者間の関係を認識する共同注意が備わるようになります。こうして子
どもは他者との間で心の関係性を深めていきます。

### 3 主体性を育む援助

　「指定保育士養成施設の指定及び運営の基準について」の中で，人間
関係の内容について「他の人々と親しみ，支え合って生活するために，
自立心を育て，人とかかわる力を養う」ことと明記されています。これ
に関して佐伯（2007）は，共感とは「他」（者でも，物でも，事でも）との
関係を見出して，関係をつくり，そして関係の中に生きることだとして
います。そして，現代社会には共感が欠如していることを指摘していま
す。たしかにヒトとヒトとが互いに共感し合うことによってよい関係性
が構築されていきますが，子どもの主体性を育むために大人はどのよう
に子どもと関われはよいのでしょうか。

　これに関しては，マズローの自己実現理論が参考になります。これは
図3-3のように，ヒトの欲求を5つの階層からなる三角形に見立てて
説明したものです。ヒトは生まれながらに生きる意欲をもっています。

　乳幼児期の欲求としては，主に生理的欲求と安全の欲求があげられる
でしょう。したがって，大人はこうした欲求に寄り添う形で関わってい
けばよいでしょう。そうすることで不安が取り除かれて次第に子どもと
の間で愛着形成がなされ，この時期に特有の前述した危機も乗り越える
ことができるでしょう。これに関して子どもが自分と他者の心が違うと
いうことに気がつくのは，これまで概ね4歳以降であると考えられてき
ました。しかし，レディ（2015）は自分が実際に子育てをしてみて，他
者が心をもつ存在であることを乳幼児でも認識していることに気づきま
した。目前にいる対象を「ワタシ」と切り離さないで，親密に関わる存

人　物

マズロー
Maslow, A. H.（1908-1970）
人間がもつさまざまな欲求に
ついて研究したアメリカの心
理学者である。

図3-3　マズローの自己実現理論

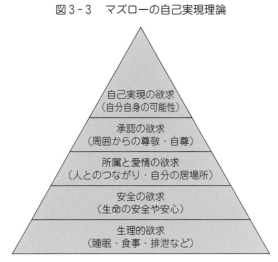

出所：マズロー，A.H. 著，小口忠彦訳『人間性の心理学──モチベーションとパーソナリティ（改訂新版）』産業能率大学出版部，1987年を参考にして作図

在とみなし，欲求の奥にある何らかの訴えに聴き入り，それに応じようとする姿勢のことを二人称的関わりといいます。そして，ある欲求を訴える乳幼児に対して二人称的関わりをもとうとする，まさにそのありさまを互いの「応答性」に注意を向けながら深く知ろうとする営みのことを二人称的アプローチといいます（佐伯，2017）。このように大人が子どもに対して第三者的に関わるのではなく，互いに「横並びのまなざし」で向かい合うことによって，お互いの間に豊かな人間関係が形成されていきます。

　本章では，「人間関係」という視点から，主に0歳児の心身の発達を眺めてきました。以上のことから，この時期は生涯にわたる人間関係の土台づくりとしてとても重要であるといえるでしょう。

**演習問題** ●●●●●●●●●●●●●●●●●●●●●●●●●●●●●●●●●●●●●●●●●●●●●

1．保育所保育指針から乳児期の「人間関係」に関する記述にあたり，ポイントをまとめてみましょう。
2．自分の乳幼児期はどのような人との関わりがあったのか，振り返ってみましょう。

【引用・参考文献】
ボウルビィ，J. 著，黒田実郎訳『乳幼児の精神衛生』岩崎学術出版社，1967年
カイヨワ，R. 著，清水幾太郎・霧生和夫訳『遊びと人間』岩波書店，1970年
エリクソン，E. H. 著，仁科弥生訳『幼児期と社会1』みすず書房，1977年
福原里恵「新生児の知覚，嗅覚の発達─初期研修に向けて：新生児の潜在適応

能力はすごい―」『周産期医学』Vol. 40，No. 12，2010年，1743-1746頁

岩立京子編『新訂　事例で学ぶ保育内容　〈領域〉人間関係』萌文書林，2018年

数井みゆき・遠藤利彦編著『アタッチメント――生涯にわたる絆』ミネルヴァ
　　書房，2005年

鬼頭弥生「０歳から１歳児の理解と援助」大浦賢治編著『実践につながる　新し
　　い子どもの理解と援助――いま，ここに生きる子どもの育ちをみつめて』ミ
　　ネルヴァ書房，2021年，27-57頁

鬼頭弥生「０歳児保育後半」大浦賢治編著『実践につながる　新しい乳児保育
　　――ともに育ち合う保育の原点がここに』ミネルヴァ書房，2023年，50-59頁

久保隆志・岩本健一「遊びの分類および遊び環境と遊び方法の関係についての
　　研究――『おもしろさ』を求める子どもの視点から」『沖縄大学人文学部紀
　　要』第16号，１-14頁

『京都新聞』2022年４月12日付「胎児期に鎖骨の成長減速，難産のリスク回避か
　　京大発表，人類進化の過程一端」（ネット記事からの引用，2023年４月19日閲
　　覧）

マズロー，A. H. 著，小口忠彦訳『人間性の心理学――モチベーションとパーソ
　　ナリティ（改訂新版）』産業能率大学出版部，1987年

大場幸夫監修『保育所保育指針ハンドブック2008年告示版』学研教育出版，
　　2008年

大浦賢治編著『実践につながる　新しい保育の心理学』ミネルヴァ書房，2019年

レディ，ヴァスデヴィ著，佐伯胖訳『驚くべき乳幼児の心の世界――「二人称
　　的アプローチ」から見えてくること』ミネルヴァ書房，2015年

佐伯胖編『共感――育ち合う保育のなかで』ミネルヴァ書房，2007年

佐伯胖編著『「子どもがケアする世界」をケアする』ミネルヴァ書房，2017年

繁多進『愛着の発達――母と子の心の結びつき』大日本図書，1987年

汐見稔幸・無藤隆監修『〈平成30年施行〉保育所保育指針　幼稚園教育要領　幼
　　保連携型認定こども園教育・保育要領　解説とポイント』ミネルヴァ書房，
　　2018年

汐見稔幸・大豆生田啓友監修，大豆生田啓友・岩田恵子・久保健太編著『保育
　　内容「人間関係」』（アクティベート保育学８）ミネルヴァ書房，2022年

スピッツ，R. 著，古賀行義訳『母―子関係の成りたち――生後１年間における
　　乳児の直接観察』同文書院，1965年

内田伸子『子どもの見ている世界――誕生から６歳までの「子育て・親育ち」』
　　春秋社，2017年

八子恵子「視力の発達とその評価」『チャイルドヘルス』Vol. 22，No. 6，2019
　　年，６-８頁

# 第4章 1〜2歳児における人間関係と援助

## この章のポイント

● 1〜2歳児における心身の発達を理解しましょう。
● 1〜2歳児における社会性の発達と人との関わりについて考えましょう。

## 第1節 1〜2歳児の心身の育ちと人間関係

### 1 1歳から2歳にかけての身体の発達

　乳児期における子どもの身体の発達は目まぐるしく，運動機能の獲得とともに手先の巧緻性の発達により動きが活発になってきます。

　1歳児の身体の発達は，出生時に比べ身長はおおよそ1.5倍の75cmになり，体重は3倍の9kgとなります。

　また，運動機能の発達は，原始反射が消滅するとともに，随意運動の発達がみられるようになります。随意運動（図4-1）は，体の体幹部を中心とした粗大運動と指先などを中心とした微細運動（図4-2）に分けられます。1歳を過ぎた頃からつかまり立ち，階段を登るなどができるようになり，1歳半頃にはひとり歩きができるようになります。

　微細運動とは，ボタンはめや箸を使うといった手先や指先の運動で，初めは反射に基づく動きから次第に随意運動が可能となり，多様な動きがみられるようになります。

　このように，身体の発達とともに運動機能が発達することで，行動範囲が広がり，今まで目にしていた環境だけでなく自らが動き，手を伸ばすことで興味関心がさらに広がっていきます。

### 2 1歳から2歳にかけての心の発達

　1歳を過ぎると身体の成長とともに心の成長も著しくみられます。特に自立移動の獲得に伴い自らが動くことができ，欲しいものに手を伸ばすことができるようになります。そして，「行きたい」「欲しい」といった思いと，思い通りに動かない保護者との食い違いから自己を意識し，

**ことば**

**随意運動**
自分の意思や意図によって行う運動。

**粗大運動**
座ったり歩いたり立ったりといった全身運動。

**微細運動**
手指を使った細やかな調整を必要とする運動。

図4-1　粗大運動の発達の様子（12か月以降）

12か月

家具につかまって立ち上がる

1歳1か月

階段を登る

1歳2か月

ひとりで立つ

1歳3か月

ひとりで歩く

図4-2　微細運動の発達の様子（手掌把握反射）

生後6か月

生後7～9か月

生後10～11か月

生後12～14か月

**ことば**

**自我の芽生え**
主体としての自分を認知する
ようになる過程のこと。

**自己主張**
自己を押し出すこと。

他者とは異なる自分を認識し始めることで自分の欲求に気がつくようになります。自分の要求が受け入れられないと，激しく泣き大きな声を出すなどかんしゃくを起こすようになり，そのような姿は「自我の芽生え」といわれます。また，自分の要求を主張する「自己主張」もみられるようになり，この時期の子どもたちは，自分の要求を言葉で思い通りに伝えられないため，ときには嚙んだり，引っかいたりすることもあります。

　さらに，1歳半から2歳頃になると，自分でやりたい気持ちが大きくなり，できるできないにかかわらず「やりたい」と行動を起こし，保護者の提案には「イヤ」と抵抗を示したりします。これは，子どもの欲求

と他者の意図をうまく調整することができず，大人の意に沿わない行動が目立つため，この時期は反抗期（第一次反抗期）と呼ばれています。

　この時期の子どもとの関わりの中で，保護者は関わりに戸惑い思うようにならないことが増えるため，育児不安につながる可能性もあります。自我の芽生えから自己主張，そして反抗期は子どもにとって発達の過程であり，自己を認識する機会でもあります。そのため，保育者は子どもの気持ちを汲み取り，言葉にして伝えるなど丁寧な関わりが求められます。また，そのような子どもの姿から保護者が不安やストレスを感じるケースも少なくありません。倉林ら（2005）は，2歳児の自由気ままな行動や態度に振り回されることになり，ストレスは多重的に付加される可能性が高く，精神的な負担は想像以上に大きいと指摘しています。自治体は，育児相談を行ったり必要に応じて地域の子育て支援サポートを活用できるよう子育て支援メニューを充実させたりする責務があります。

### 3　1歳から2歳にかけての認識・言語の発達

　この時期は言葉の獲得やコミュニケーション能力も飛躍的に獲得していきます。三項関係が成立し，発語が増え，一語文，二語文が表出していきます。そして，3歳頃までに文章らしい形へと発話が整う多語文になります。1歳から2歳にかけては「ママはどこかな？」と聞くと指をさし，「車を持ってきてね」と言うと，車を持ってくる姿がみられます。これは，言葉の意味と物が一致する言語理解力が発達している姿であり，それらの言語理解が基礎となり，言語表出につながっていきます。言語の獲得は，人間の思考にも大きく関わっており，ピアジェやヴィゴツキーらの研究もその重要性を明らかにしています。

　ピアジェは，言語の発達を「自己中心的言語」（コミュニケーションを目的としない言葉）から「社会的言語」（他者との関わりの中での言葉）への移行期としています。彼はこれを，幼い子どもが独り言をいう姿はものを認識するその認識の仕方が自分本位であるからであると考えました。しかし，この考えは検証時に同じ結果が得られず，支持はされませんでし

**🍀ことば**

**反抗期（第一次反抗期）**
自己意識の発達によって他者とは異なる自分を認識し始めた子どもたちは，自分がやりたいこと，自分が欲しいものといった自身の欲求をもち，自分自身で物事を決め行動することを求める。この時期の子どもの姿は大人からすると反抗期とみなされる。

**🍀ことば**

**一語文**
1つの語で言いたいことを伝えようとする。

**二語文**
2つの語を組み合わせて伝えようとする。

**ピアジェ**
Piaget, J. (1896-1980)
スイスの心理学者。子どもの認知発達について研究した。

**ヴィゴツキー**
Vygotsky, L. S. (1896-1934)
ソビエトの心理学者。最近接発達領域やあそび論を提唱した。

第4章　1〜2歳児における人間関係と援助

た。

その後，ヴィゴツキーは，ピアジェの「自己中心性」の現れという解釈に対して，「内言」と「外言」により一つの言語からほかの言語への言語的変形であるとしています。「内言」とは，音声を伴わない心の中の発話で思考や行動調整の機能をもち，「外言」は音声を伴う発話でコミュニケーションの機能をもちます。つまり，「独り言」は，子どもが言葉を使って考えようとしている姿なのです。このように，言語の発達は子どもの思考に大きく関わるため，保育者や養育者は応答的で丁寧な関わりが求められます。

さらに，1歳頃は物をイメージし，今ここにないものもイメージすることができるようになります。このような，表象機能の発達により，ごっこあそびやまねっこあそびが可能となります。また「目の前にないもの」を表現する能力は，さらなる言葉の獲得が発達に重要な役割を果たしています。

### ■4　1歳から2歳における社会性の発達

社会性とは，人が社会化の過程を通して形成される適切な人間関係を形成・維持するといった，社会生活において欠かすことのできない能力です。その能力を身につけるためには，それぞれの発達段階に応じた自己形成と環境が大切であり，乳児は運動や知覚，認知の発達に伴い社会性を身につけていきます。1歳から2歳の子どもたちは，自己主張をし，友だちとの関わりを通して人間関係を築いていきます。

たとえば，一人で型はめパズルで黙々とあそび，ループ通しに木の輪を通すといった一人あそびから，友だちの様子を見る傍観的あそびがあります。また自分は線路をつなげて電車を走らせており，隣であそんでいる子も同じようにあそんでいるがお互いにあそびは交わることなく，それぞれのあそびを展開する平行あそびなどがみられるようになります。このような子どものあそびにおける人との関わりについて，パーテンは行動を分類し，発達の流れを明らかにしました（表4-1）。

パーテン
Parten, M. B.（1902-1970）
1930年代に活躍した発達心理学者。子ども同士の社会的相互交渉を6つの種類に分類した。

表4-1 パーテンのあそびの分類

| 特別に何もしない行動 | 興味・関心が視線に現れる |
|---|---|
| 一人あそび | 他児との関わりはほとんどなく，一人であそぶ |
| 傍観的あそび | 他児のあそびを見ているが，そのあそびには参加しない |
| 平行あそび | 他児と同じ空間で同じあそびをしているが，関わりなどはなく，個々が中心となってあそんでいる |
| 連合あそび | 同じ空間で同じあそびをしているが役割分担などはない |
| 協同あそび | あそびのイメージが共有され役割分担もある |

出所：片桐正敏・藤本愉・川口めぐみ『保育の心理学——育ってほしい10の姿』中山書店，2022年，163頁より一部改変

　子どもが，あそびを通して人との関わりを育んでいることが表4-1からわかります。保育施設では，保育者をはじめ同年齢の子どもとの関わりを通してさまざまな経験をします。

## 第2節 人との関わりを育むあそび（保育者による支援）

### 1 大人との愛着関係を育む

　「愛着（アタッチメント，attachment）」とは，イギリスの心理学者ボウルビィの理論に基づくもので，愛着行動の第三段階では識別された特定の対象に対して，発信・動作による接近をすることです。いわゆる「人見知り」もこの頃に観察されるとしています。また，愛着対象との具体的な関わりが，将来，自己意識の内容や対人関係の形成に影響を及ぼします。この心の中のイメージが「内的ワーキングモデル」と呼ばれ，子どもの自己効力感や人間関係の構築などに重要な役割を果たします。

　また，アメリカの発達心理学者エリクソンは人の一生を8つの発達段階に分け，人は生涯にわたり発達を続けるとしています。このことをライフサイクル論とし，特にこの時期には「自律性 vs 恥・疑惑」があります。この時期は，心身の発達に伴い自分の意思で動くことができるようになり，感情をコントロールすることで自律性を獲得していきます。そして，その経験の中で，ときには失敗をしたりその失敗を他人に知られたくないという思いをもったりするようになります。そのため，保護者の援助により自律性を獲得し，自分を肯定的にとらえられるようにすることが重要です。このことは，保育施設でも同様で，保育時間における子どもの生活やあそびの場面でもみられます。保育者は子どもの心の発達を理解しながら，言葉かけをしたり誘ったりすることでさらに子どもの心身の成長につなげていきたいですね。

**ことば**

**愛着（アタッチメント）**
恐れや不安など感情状態が崩れた際に，ある特定の個体に近づくことで感情状態の崩れを回復しようとする傾向性のこと。

**人物**

**ボウルビィ**
⇨第3章第1節2参照

**エリクソン**
⇨第3章第1節3参照

> **事例4-1　トイレトレーニングにみられる事例**
>
> 　排泄の間隔が一定の時間空くようになり，午睡後にオマルに座る機会を設けるようにしました。オマルに座り，すぐに排泄ができる子，そうでない子とさまざまです。ときには，タイミングが合わず，オマルから戻ったときに出てしまうということもあります。しかし，この時期は，失敗に対する恥ずかしい思いも出てくるので，失敗に対して恥ずかしい気持ちや嫌な気持ちにならないよう，「大丈夫だよ」「きれいにしようね」など言葉をかけ，またやってみたいという意欲につながるようにすることで，排泄の自律につなげていきます。

　この事例のように，保護者との協力関係のほか，保育者と子どもとの人間関係，信頼関係が重要であり生活の場面でも丁寧な関わりが求められます。

　1～2歳児は発達の個人差が大きいため，一人ひとりとの関わりを大切にし，安心・安定する場の確保や特定の大人との関わりがもてる時間，さらにゆっくりじっくりあそびこめるような環境，保育者を介した友だち同士の関わりも必要となります。

　また，保育の時間が長くなることからの問題もあり，子どもたちが安心して過ごすためには，家庭的な雰囲気づくりや情緒の安定が重要となります。

## ■2　対話的応答的な関わり

　言語を獲得し始めた1歳児では，一語文や二語文が出始め，相手の言っていることを理解し，動こうとする姿もみられます。そのため，保育者からの働きかけが重要となります。子どもの気持ちや欲求を汲み取り，それをやさしい言葉で返してくれる保育者の応答的な関わりを通して，子どもたちは安心し，少しずつ世界が広がり理解が深まっていきます。

　このように，保育者からの一方的な愛情だけでなく，子どもが主体として受け止められ，その欲求が保育者に共感的に受容されることで信頼関係が育まれます。そして，その信頼関係を基盤に，世界を広げ言葉の理解を獲得していくことができるのです。たとえば，絵本を読む際，ただ文字を読むのではなく「これは何かな」と問いかけながら応答的な語りかけをするとよいでしょう。

## ■3　イメージの共有・友だちとの関わり

　表象機能の発達により，物をイメージすることやないものをイメージ

**表象機能**
事物や事象を，記号などの別のものによって認識する働きを示す。「意味するもの」と「意味されるもの」との間には何らかの類似性があることが多いが，必ずしも共通ではない。

することができるようになり，あそびが楽しめるようになります。1歳児クラスでは，ままごとあそびの中で机にお皿と食べ物を並べ，エプロンとバンダナを身につけて「パーティーごっこ」をすると，「私も」「僕も」と子どもたちがエプロンとバンダナを身につけたくて集まってきます。一人ひとりエプロンとバンダナを身につけると，互いを見合いながら笑顔になり，食べ物が並んでいる机を囲みます。このようにごっこあそびを通してイメージを共有し友だちの姿にも興味関心を抱き，「やってみたい」「同じがいい」といった姿がみられます。

この背景には，保育者の支援があります。子どもたちが「パーティーごっこ」を楽しめるように机やお皿，食べ物，そして身につけられるもの（エプロンやバンダナを複数枚）を用意し環境を整えているのです。このように「やりたい」という要望に丁寧に対応することで，イメージが共有され，友だちが参加し同じ行動をしたり，言葉を交わしたり，同じ場で過ごしたりするなど関わりが出てきます。この時期のままごとあそびは，まだ本物を使ったままごとあそびですが，発達に伴い，葉っぱや石といった本物ではないものを使ったままごとあそびができるようになっていきます。

2歳児クラスでは，友だちとあそびをともにすることが増えてきます。言葉のやりとりも出始め，あそびでは子ども同士でも進めていく姿もみられるようになります。ごっこあそびや電車あそび，ブロックあそびなど1歳児のときと比べ具体的かつ複雑なあそび方も楽しめるようになってきます。個々のイメージが明確になっており，思いを強く主張するため思いのぶつかり合いやトラブルも多発しますが，折り合いがつかずあそびが止まってしまったり，泣いてしまったりする気持ちが切り替わらない姿もみられます。このようなときに保育者は，思いを受け止め気持ちを落ち着かせゆったりと関わり，再びあそび出すきっかけをつくっていきます。

### ■4　社会性を育む援助

　子どもをとりまく人との関わりは，母子関係，父親・きょうだい・祖父母，仲間関係へと広がっていきます。保育施設における1歳児クラスでは，保育者との関係のみならず，友だちとの関わりもみられるようになっていきます。

　春頃には一人ひとりが好きなあそびを楽しむ姿や保育者と1対1であそぶ姿がありますが，夏から秋にかけては線路をつなげ電車を走らせている友だちの横で同じように電車を走らせる姿もみられます。そして，ときにあそびが交わり，一緒に電車を走らせ，線路を組み替えるなど友だちがあそびに参加しても嫌がることなく楽しむ姿がみられるようになっていきます。パーテンのあそびの分類にもあるように，発達の流れとともに，人との関わりも広がりをみせるのです。

　たとえば，友だちが登園時に泣いていると，心配そうな表情で覗きこむ姿や午睡前の時間に絵本を保育者に読んでもらっていると，子どもたちが集まりみんなで見る姿もみられます。このようにあそびの場面だけでなく生活の場面でも子ども同士の関わりがみられます。

　ときにはおもちゃや座る場所について自己主張をするようになり，取り合いやトラブルが出てくるようになります。特に1歳児では言語の獲得に個人差があるため，手が出てしまったり噛みついたりすることもあります。そのような場合は，保育者が子どもの気持ちに寄り添い，相手の気持ちを代弁するなどしながら，手を出すことや噛むことはよくないことを知らせていきます。できる限り，このようなことが起こらないよう，子どもの様子をしっかり見守り，必要に応じて保育者が子どもと一緒に要望を言葉で表現し，おもちゃの数を増やすなど気持ちを切り替える対応をしていきます。

　このように，子どもは子どもを取り巻く人や物事に多く関わることで社会性を身につけていきます。保育施設では，子どもが自ら関われるような環境づくりが求められます。また，ときにはトラブルにつながる

**プラスα**

パーテンのあそび
⇨本章第1節4　表4-1参照

ケースもみられますが，トラブルを通して相手の気持ちに気づけるよう保育者が思いを汲み取り代弁をし，橋渡しをすることで子どもは関わり方を学ぶようになります。

　このように，1〜2歳児における人間関係と援助は，子ども一人ひとりの発達や成長に合わせての対応が重要となります。

**演習問題**●●●●●●●●●●●●●●●●●●●●●●●●●●●●●●●●●●●●●●●●●●

1．1〜2歳の心の発達にみられる「自己主張」にはどのように対応していくとよいでしょうか。
2．1〜2歳児における友だちとの関わりでの保育者の援助とは何でしょうか。

【引用・参考文献】
青木紀久代編『保育の心理学』（シリーズ・知のゆりかご）みらい，2019年
片桐正敏・藤本愉・川口めぐみ『保育の心理学――育ってほしい10の姿』中山書店，2022年。
倉林しのぶ・太田晶子・松岡治子・常磐洋子・竹内和夫「乳幼児健診に来所した母親のメンタルヘルスに及ぼす因子の検討――対象児の年齢との関連」『日本女性心身医学会雑誌』Vol. 10，2005年，181-186頁
松本博雄・常田美穂・川田学・赤木和重『0123 発達と保育――年齢から読み解く子どもの世界』ミネルヴァ書房，2012年
宮原和子・宮原英種『乳幼児心理学を愉しむ』ナカニシヤ出版，1996年
無藤隆・岡本祐子・大坪治彦編『よくわかる発達心理学』ミネルヴァ書房，2004年
中坪史典・山下文一・松井剛太・伊藤嘉余子・立花直樹編集委員『保育・幼児教育・子ども家庭福祉辞典』ミネルヴァ書房，2021年
成田朋子『子どもは成長する，保育者も成長する――ひととかかわる力を育む保育と成長し続ける保育者』あいり出版，2008年
成田朋子『子どもは成長する，保育者も成長するII――子どもとともに，保護者とともに，成長し続ける保育者』あいり出版，2016年
大浦賢治編著『実践につながる 新しい乳児保育――ともに育ち合う保育の原点がここに』ミネルヴァ書房，2023年
内田伸子『発達心理学キーワード』有斐閣双書，2006年
内田照彦・増田公男『発達・学習・教育臨床の心理学』北大路書房，2000年
谷田貝公昭『改定新版 保育用語辞典』一藝社，2016年

# 第5章 3～5歳児における 人間関係と援助

この章のポイント

● 3歳児，4歳児，5歳児それぞれの心身の育ちについて理解を深めましょう。
● 幼児期において，人との関わりによって積み上げられていく社会性について理解しましょう。

## 第1節 3～5歳児の心身の育ちと人間関係

　3歳児以上の保育においては，子どもたちが園生活を通して，保育者や友だち，地域の人々などと出会い，社会性を身につける大切な時期といえます。子どもたちが人と関わり，育っていく，その発達をみる視点が領域「人間関係」です。

### 1　人間関係を育む3歳児の姿

　新年度に，集団生活の経験に差はあるものの，進級・入園し，新しい園生活がスタートします。乳幼児期から園生活を過ごしてきた子どももいれば，始めて家庭から新しい環境に一歩をふみだす子どももいます。環境の変化や自分の置かれた状況に対して，子どもたちは期待や不安，戸惑いを感じることでしょう。そうした子どもと向き合う保育者の役割とは，子ども一人ひとりが安心感をもって園生活を過ごせるよう援助することです。子どもたちは園生活に慣れ，保育者や友だちとの信頼関係が生まれ，心が安定することにより，自分以外の他者についても目を向けられるようになります。

**プラスα**

**幼稚園教育要領**
文部科学省が告示する教育基準を具体的に示したもの。幼稚園における教育課程の基準。

| 事例5-1 | 3歳児4月の姿 |
| --- | --- |

　入園してから，毎朝，登園時に泣いているＡちゃんにＢくんは「この子なんで泣いてるの？」と保育者に話しかけます。保育者は「Ａちゃんはお母さんと一緒にいたかったのかな」とこたえ，Ａちゃんに「お母さんはおやつを食べたら迎えに来てくれるよ」と話しました。すると，Ｂくんは「ぼくの母さんも迎えに来てくれる？」と言い，保育者は「来るよ，みんな一緒に帰ろうね」と，ＡちゃんとＢくんと3人で保育室の廊下にすわり，園庭から空を見上げました。そして，空をおよいでいる"こいのぼり"をみながら「やねよりたかい〜♪こいのぼり〜」を一緒に歌いました。

　まだまだ自他があいまいな部分も多くありますが，保育者との信頼関係が築かれることにより安心できる居場所が確保され，自他の違いがわかり，自我が形成されていくと，人との関わりも広がっていきます。

　3歳児になると個人差はありますが，食事や排泄も自立し始め，自分の気持ちを言葉にし，基礎的な運動能力を身につけて，活動範囲が広がっていきます。子どもたちは友だちとのあそびを通してコミュニケーションをとりながら，多くのことを学んでいきます。

　初めは一人あそびをしていた子どもが友だちと交わり，好きな友だちができることにより，平行あそびからごっこあそびへと変化していきます（写真5-1）。

**ことば**

**平行あそび**
パーテンのあそびの分類の1つ。複数の幼児が同じ場所で同じあそびをしていても，互いに関わりをもたずにあそぶ様子で，2〜3歳児ぐらいに多くみられるあそび方。

写真5-1　砂場あそび

出所：写真はすべて神戸華僑幼稚園提供

　子どもたちは友だちとのあそびの中で，言葉のやりとりなどの相互作用を通して自分の気持ちを相手に伝えたり，また，ときには自分の気持ちをおさえたりして，人間関係を築いていきます。自分の気持ちを友だちに伝えることの喜びは，ともにあそぶ楽しさにつながり，その経験が友だちの思いに気づくきっかけとなります。

　あそびの中では「いっしょだね」「おなじだね」「やったね」などの言葉が聞こえる場面も増え，この共感が子どもの心を満たしていきます。

そのほか，子ども同士の会話には「いれて」「かして」「じゅんばん」などの言葉が交わされることも多くなります。そこで，あそびに加わるとき，遊具を順番に使うときなど，仲間とのあそびには"きまり"があることを学びます。あそびのイメージが違うことによってトラブルが起こったり，1つしかない遊具を取り合ったりするなど，友だちとの関わりには葛藤，つまずきがつきものです。これらの経験が道徳性や規範意識の育ちを支える重要な要素となるのです。

友だちや周りの人にも自分と同じような気持ちがあることに気づき，相手を思いやり，尊重する心情を育むことが求められます。

**ことば**

**道徳**
人々が正しい行動をするために守らなければならないルール。

### 2　人間関係を育む4歳児の姿

4歳児は3歳児に比べて手先も器用になり，身体的にもできることが増えてきます。ほかにも，集団の中の自分というものに気づき，集団づくりのための自分の位置づけについて意識が向き始めます。また，言葉に関しても，日常的に使われる言葉はほぼ獲得できているため，生活するのに十分な言葉を使って会話をすることができます。そして，みえない世界に対するイメージを思い描くことができるようになり，それが言葉の発達にも関わるため，自己表現することにつながっていきます。

**ことば**

**自己表現**
自己を認識し，自ら選択し，自分の内にあるものを別の形にして外部化すること。

さらに，自分の想像したイメージを実現したい，それを形にしたいという姿がみられ，集中して物事に取り組もうとします。しかし，現実は自分の思い描くように進むとは限らず，そのもどかしさゆえに，友だちとトラブルになることが多いのも，4歳児の特徴です。

---

**事例5-2　みずでっぽうであそぶ**

保育者が準備した「みずでっぽう」に子どもたちが集まります。Cくんは「しってる，前に使ったことあるから」とDくんに話しかけると，DくんはCくんに「水はこれくらいいれる？」と聞き，「うん，そうそう」とこたえ，「ようし！　かけるぞー」と保育者にねらいをさだめて，水をかけました。それをみたDくんはCくんのまねをして，保育者に水をかけ，「キャー」という保育者の反応に喜びます。「2人で悪者をやっつけるぞ！」とヒーローになったつもりで，より活発になっていきました。

**写真5-2　みずあそび**

---

事例5-2のように，子どもたちは自分の経験を通して，今，目の前

にあるものと関連させて人と関わり，自分の感覚や世界を広げていきます。自身の実体験を友だちに知ってほしいだけではなく，試行錯誤し，自分の感じたこと，やってみたいことを表現するようになります。

事例 5 - 3　みて！　できた！

　プールあそびの中で，以前保育室で，経験したことがある身体を使ったバランス運動をしました。保育者は「水の中で友だちの足と自分の足を合わせてみて」と声かけをしました。「できない」というEちゃんを保育者が手伝う様子をみながら，Fちゃんも「先生こう？　こう？　こうするの？」と話し，自分もやってみようとします。そのそばで，Gくんは「できるかな…」と少し不安そうな様子をみせながら，「こうするのか」と動きの確認をし，慎重に自分のペースを保ちつつ，活動に取り組んでいます。

写真 5 - 3　プールあそび

　事例 5 - 3 では子どもたちが身体を使って表現し，思いを伝え合い，あそびを共有しようとする姿がみられます。その中で，やってみたいけれど，「なんだかうまくいかないな…」と人と関わってみて，思うようにいかなかったときの子ども自身の心の揺らぎと不安定さも感じられます。さらに幼児期では仲間と過ごし，いわゆる「けんか」や「トラブル」など，日々の対人関係による葛藤を通して，自分以外の存在を知り，他者の視点を理解していきます。以下の事例をみてみましょう。

事例 5 - 4　どこにすわる？

　昼食の準備のため，子どもたちは準備された机に合わせて椅子をもっていきます。Hちゃんは椅子をもってうろうろし，Iちゃんの後をずっと追いかけています。Iちゃんは「わたし，今日はJちゃんと食べるの！」とHちゃんに言いますが，HちゃんはあきらめずにIちゃんのとなりに座ろうとします。Jちゃんは困った様子で，その出来事をながめていました。

　事例 5 - 4 では，最終的に，保育者が机の配置を工夫し，Iちゃんをはさんで，HちゃんとJちゃんが座り，落ち着くことができましたが，子どもたちの行動には，子どもそれぞれの「自分のこうしたい」思いが他者の気持ちと食い違うことによって起こる心の葛藤があります。つまり，自分の考えや思いと相手の考えや思いは違うということに気づいていくのです。それは社会性を育てるうえで，多くの葛藤場面の解決に向

けた自己調整能力として，子どもの発達の土台となります（山本，1995）。

　保育において，4歳児は3歳児と5歳児にはさまれて，うもれてしまうような，とらえにくいと感じられる一面もあります。一方で，心地よい人間関係づくりに向けての3歳児と5歳児の間をつなぐ大切な時期ともいえます。それを踏まえて，保育者は丁寧な保育をしていく必要があります。

### ■ 3　人間関係を育む5歳児の姿

　5歳児は乳幼児期に積み上げてきた個の育ちを発揮して，仲間と共通の目的をもって，工夫したり，協力したりして活動を進めていく姿がみられます。子ども同士が共通の目標をつくり出し，互いに協力し合い，継続していく活動を「協同的な活動」と呼びます（齋藤・武藤，2009）。みんなで活動する際に，相手の気持ちを考えつつ，自分の役割を意識し，自分の気持ちを調整し，目的を達成するためにはどうすればよいのかを考えて行動することです。5歳児は，日々の生活，あそび，園行事などを通して協力し合うことによる共感や認め合う喜びを感じ，協同的な活動が展開されることが求められます。

　5歳児担当の保育者は，子どもたちに自分たちで考えて行動することができるよう，生活やあそびの中で，充実感をもてるよう支えていく必要があります。さらに，子どもたちが，自分たちでできることは自分たちでしようとする中で，子ども一人ひとりが集団においての自分の役割に気づけるように子どもの個性や成長段階を把握し，クラス全体の人的環境を整えることが大切です。

　同時に，年長組として，5歳児は，周りから感じられる期待に対して，どうにかして応えようと意識するあまり，自身の内側に葛藤が生じることも多くなります。いわゆる自分の気持ちを抑えて，他者の思いをどのように，どれくらい受け入れていくのかという心の葛藤は，自分と相手との要求の食い違いから生まれ，それを解決するにはお互いの要求を調整する必要があります（山本，1995）。

　5歳児の場合，その年齢の発達を考えると，保育者は集団活動のトラブルについて話し合いで解決できるような援助をするとよいでしょう。しかし，それには子どもにとって難しい行動制御が必要になります。言い換えると，コミュニケーション能力の獲得には，集団や個々の人との関係の間で，自分の欲求や行動を制御・制止する自己制御と，自分の欲求や意志を明確に表現したり，主張したり，行動として実現することができる自己主張の2つの面が必要であるため（柏木，1986），これらの相互作用が子どもの仲間づくりにつながると考えられるからです。

**ことば**

**協同**
複数の人または団体がともに心と力を合わせて，役割分担などをしながら，同じ目標に向かって物事を行うこと。

幼稚園教育要領解説（第1章の第1節の5の②）には「幼児期は自我が
芽生える時期であり，友達との間で物をめぐる対立や思いの相違による
葛藤が起こりやすい。幼児は，それらの経験を通して，相手の気持ちに
気付いたり自分の思いを相手に分かってもらうために伝えることの大切
さを学んだりしていく。また，自分の感情を抑え，相手のことを思いや
る気持ちも学んでいく。この意味で，友達との葛藤が起こることは，幼
児の発達にとって大切な学びの機会であるといえる」とあり，子どもは
人との関わりの中で起こる葛藤をへて，自分の気持ちを調整しつつ，自
己主張や自己制御をしながら自己を形成していきます。

## 第 2 節 人との関わりを育むための子ども理解

### 1 生態学的モデルを通した人間関係の発達

　人間の発達を生態学的にとらえたブロンフェンブレンナーは，子ども
の発達が周囲からの影響だけではなく，社会の中にいる一人として，社
会との相互的な関わりによって影響し合い，成り立っていることを生態
学的システムとして示しています（図5-1）。

　私たちは，保育の中で，このシステムのように，個々の子どもの発達
を継続的にみたり，また，その環境や生活の背景を踏まえて成長を支え
ていくための理解につなげたり，子どもたちの行動や人との関わりが生
活環境との相互関係によって生まれていると気づくことができます。

　ブロンフェンブレンナーは「生態学的環境は，ロシア人形のようにい
くつもが次々と内部に抱き合わされている入れ子構造のように考えられ

図5-1　事例をもとにした生態学的システムの環境図

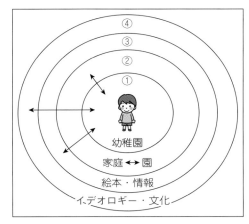

①マイクロシステム
　園生活

②メゾシステム
　「ニンジン」が苦手

③エクソシステム
　「ニンジン」を知る

④マクロシステム
　食べると身体が強くなる
　→栽培して食べてみる？

出所：筆者作成

**プラスα**

**幼稚園教育要領解説**
「教師の役割」の②「集団生活と教師の役割」において，保育者は，集団の中で個々が生かされ，幼児同士が関わり合うことのできる環境を構成する必要があると述べている。

**人　物**

**ブロンフェンブレンナー**
Bronfenbrenner, U. (1917-2005)
旧ソビエト連邦出身，アメリカの発達心理学者。子どもの発達に関する生態学的システム理論を提唱した。

**ことば**

**生態学的システム**
ブロンフェンブレンナーによると，中心から，マイクロシステム（子どもにとって身近な場：幼稚園など），メゾシステム（マイクロシステムをつなぐもの），エクソシステム（直接関わりがないとしても影響を与える事柄・場），マクロシステム（生活や教育観などに影響する考え方）に分けられる。

**ことば**

**イデオロギー**
人間の行動を左右する根本的なものの考え方の体系。政治や社会に対する考え方や思想，観念形態。

る」と述べています。わかりやすくロシアのマトリョーシカをイメージ
した図5-1と，具体的な事例をもとに相互関係による子どもの発達と
学びの広がりをみていきたいと思います。

---

**事例5-5　ニンジンの種まいたよ！**

グループに分かれてニンジンの種をまきます。保育者が「やさしく土をか
ぶせようね」と話し，種をまきながらＫくんは「ニンジンさん大きくなあ
れ」とニンジンの種に話しか
けました。「ニンジンさんが大
きくなったら，クッキングし
て食べる？」という保育者の
問いかけに，Ｋくんは「食べ
よう！」と言いますが，Ｌく
んは「……」と返事をしませ
ん。Ｍくんは「何をつくる？」
などと周りの友だちに話しか
け，Ｋくんは「カレーにいれ
る？」と少しずつ子どもたち
の間でアイデアがでてきまし
た。

写真5-4　栽培活動

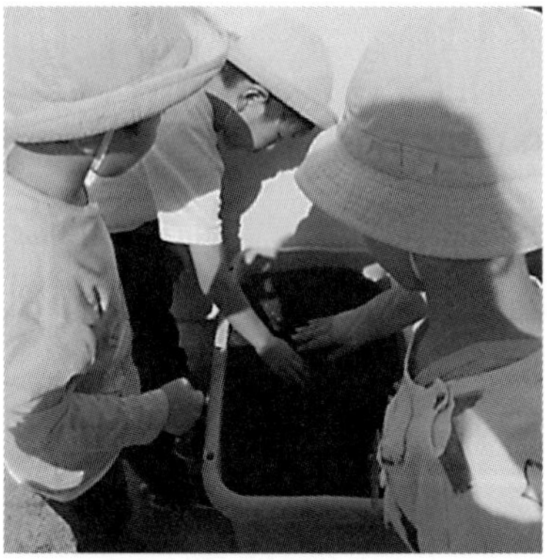

---

幼稚園で友だちや保育者との栽培活動として「ニンジン」の種まきの
事例から考えてみましょう。保育者は子どもの食事の様子や保護者から
子どもの「ニンジン」嫌いについて聞いていたため，保育において「ニ
ンジン」に興味をもって，身近に感じられるように「ニンジン」にちな
んだ絵本を用いたり，あそび（栽培）に取り入れたりする活動をしてい
ます。食べ物に対して，健康な身体をつくるためには好き嫌いせず食べ
ようという期待や周囲の思いもあり，栽培活動を通して，食育へとつな
げていく保育の内容がみえてきます。これらをブロンフェンブレンナー
の環境図として表してみると，図5-1に示すことができます。

つまり，子どもが成長していくうえで，多くの相互的な関わりが子ど
もの発達や育ちにとって重要です。ブロンフェンブレンナーのシステム
を参考に，客観的に人との関わりについて整理する視点をもつことがで
きます。

## ■２■　園生活を通した子どもの育ち

保育において，子どもたちはさまざまな経験を通して，人と関わり，
わくわくする気持ちをもったり，日々の園生活に変化や穏やかさを感じ

たりして過ごしています。その中で，人間関係を豊かにし，集団としてのつながりを十分にもつには，どのような心の育ちが必要なのでしょうか。具体的な活動から，子どもの心の動きや人と関わるうえでの基礎となる心身の育ちについて考えてみましょう。

## ◯ 誕生日会

　幼稚園・保育所（園）・認定こども園等では，その月に誕生日を迎える子どもの保護者も参加し，毎月「誕生日会」が行われます。園によって内容はさまざまですが，子どもたちはその1年に1回の「誕生日会」をとても楽しみにしている姿があります。それは保護者からの誕生児に対するお祝いの言葉かけや保護者とのふれあいプログラム等によるものが大きく影響しているのかもしれません。保育者は「誕生日会」を通して，子どもたちとともに，一人ひとりのその命の大切さと，一人ひとりがかけがえのない存在であること，「生まれてきてよかった」と気づけるよう，全園児でその喜びを共有する機会としています。

　自分の存在に対する確かな安心感を得ることによって，育まれる感情が自尊感情です。自尊感情を育むには，ありのままの自分を「これでよい」と実感できる環境が必要なのです（八重津，2018）。そのために「誕生日会」について，保育者が自尊感情を育てるという意味をもつことで，その育ちを確かなものにすることが重要です。

## ◯ 当番活動

　当番活動は日常的な保育活動の中にあり，朝のあいさつ，飼育物の世話，食事・おやつの配膳，掃除，行事の司会進行などがあります。保育者の援助が必要な場合もありますが，自分でできることは自分でしようとする気持ちを育て，また，自分たちで「できた」という誇らしい感覚をもてることが大切です。子どもたちが当番活動について，責任を果たす役割であることを意識し，やり遂げることにより，周りの人が喜び，感謝された経験が自己有用感につながります。

## ◯ 運動会

　一年間の中でも「運動会」は大きな行事であるといえますが，どの行事も保育から切り取ったイベントとしてとらえるのではなく，子どもの育ちの道筋にある，日常の保育の延長であることを意識することが大切です。9～10月に行われることの多い「運動会」を例にあげ，その発達段階にある3～5歳児の年齢に合った特徴をいかしたプログラムを通して，以下の活動を手がかりに子どもの育ちをみていきたいと思います。

### 〈3歳児〉玉入れ

　「運動会」の多い時期（9～10月）の3歳児の姿は，友だちとの関わり

ことば

**自尊感情**
心理学用語 Self Esteem の訳語として定着した概念。一般的には，「自己肯定感」「自己存在感」「自己効力感」等と，ほぼ同じ意味合いで用いられている。

ことば

**自己有用感**
他者の役に立った，他者に喜んでもらえた等，相手の存在なしには生まれてこない点で，「自尊感情」や「自己肯定感」等の語とは異なり，自尊感情が育つ基盤となると考えられる。

が増え，自らいきいきと活動に取り組み，クラスの仲間と一緒に過ごすことを楽しむ姿がみられます。しかし，まだまだ勝ち負けについてはぼんやりとした理解であり，人と比べて「できた」「勝った」という感覚よりも，「わたし，できた！」という自分に対しての満足感が中心です。そのため，競技としての「玉入れ」はみんなと一緒にいながら，それぞれが自分に集中し，自由な感覚で参加できるあそびとして，3歳児の人と関わる発達段階になじみやすいあそびといえます。

### 〈4歳児〉つなひき

年中になると，集団の中の自分について意識し始め，みんなで一緒に何かをすることの楽しさがわかってきます。そのため，みんなと同じことをすることで，一体感をもち，それが共通の喜びにつながることも多くなります。競技の勝ち負けの意味も理解できることから，競技がたいへん盛り上がります（写真5-5）。

写真5-5　つなひき

### 〈5歳児〉リレー競技

5歳児は順番にバトンをわたすリレー形式において，仲間の中で自分の役割を理解しつつ，作戦を立てるなど，どのようにして競争に勝てるかを話し合い，みんなと共通の目的をもって取り組むことができます。ただ，話し合いではそれぞれ意見を出し合いつつも，方向性が決まらなかったり，まとまらなかったり，その際にさまざまなトラブルも起きます。それを乗り越えていくことで大きく成長できるのです。

このように行事や日々の生活を通して，保育の中で子どもたちは人間関係について学んでいきます。幼児期は子どもたちが自ら周囲と関わり，仲間との関係づくりの基盤がつくられていきます。そして，それらは子どもの社会性を身につける大きな役割を担っているのです。

幼児期の終わりまでに育ってほしい
姿と小学校への接続

## 1 小1プロブレム

　就学後の問題としてしばしば取り上げられるのが，小1プロブレムです。期待をもって入学したにもかかわらず，画一的な学校生活にとまどい，適応できずに起こる小学1年生をめぐる問題行動のことです。それが長期化することで，不登校という深刻な問題につながる可能性もあります。その課題と原因として，学習システムの違い，幼保小連携の不足，生活習慣のルールの変化などが考えられています。

　そのため，文部科学省は「幼児期の教育と小学校教育の円滑な接続の在り方に関する調査研究協力者会議」を設置し，「幼児期の教育と小学校教育の円滑な接続の在り方についての報告」（2010）を示しました。つまり，各園において，幼稚園・保育所（園）・認定こども園の教育課程と小学校教育課程との関係を明確にし，それらの接続を踏まえた教育方法を実践する必要があるのです。次で詳しくみていきましょう。

## 2 幼児期からつながる学びの連続性

　幼保小連携活動として，これまでは園児が小学校を訪問したり，小学生が園を訪問したりして，子ども同士の交流が行われてきました。2017年の幼稚園教育要領の改訂において，幼稚園教育における育みたい資質・能力として「知識及び技能の基礎」「思考力，判断力，表現力等の基礎」「学びに向かう力，人間性等」の3つが明確化され，「幼児期の終わりまでに育ってほしい姿」をもとに小学校教育への円滑な接続をはかることについて明記されました。「幼児期の終わりまでに育ってほしい姿」は具体的に10の姿として示され，幼児教育での学びの姿を小学校と共有するための工夫や改善がなされています。

　就学により，幼児期の生活とあそびを中心としたカリキュラムから，小学校教育の教科で学ぶ学習を中心としたカリキュラムへと変化します。それは，小学生になった喜びとともに，幼児にとって不安や困難さといったストレスを抱かせるものとなる可能性があります。そのため，幼児期から小学校以降の学びの連続性を意識し，目指す方向性を整え，子どもたち自身が学びやすい環境をつくろうとしているのです。

　表5-1は，子どもの日々の具体的な活動を通してみえてくる姿であり，保育者が保育を考えていくための目安です。そのため，目の前にい

**プラスα**

**幼稚園教育要領**
第1章の第2の1の(1)(2)(3)に示されている。

第 **5** 章

3〜5歳児における人間関係と援助

表5-1　幼児期の終わりまでに育ってほしい姿

| (1)健康な心と体 | 幼稚園生活の中で，充実感をもって自分のやりたいことに向かって心と体を十分に働かせ，見通しをもって行動し，自ら健康で安全な生活をつくり出すようになる。 |
|---|---|
| (2)自立心 | 身近な環境に主体的に関わり様々な活動を楽しむ中で，しなければならないことを自覚し，自分の力で行うために考えたり，工夫したりしながら，諦めずにやり遂げることで達成感を味わい，自信をもって行動するようになる。 |
| (3)協同性 | 友達と関わる中で，互いの思いや考えなどを共有し，共通の目的の実現に向けて，考えたり，工夫したり，協力したりし，充実感をもってやり遂げるようになる。 |
| (4)道徳性・規範意識の芽生え | 友達と様々な体験を重ねる中で，してよいことや悪いことが分かり，自分の行動を振り返ったり，友達の気持ちに共感したりし，相手の立場に立って行動するようになる。また，きまりを守る必要性が分かり，自分の気持ちを調整し，友達と折り合いを付けながら，きまりをつくったり，守ったりするようになる。 |
| (5)社会生活との関わり | 家族を大切にしようとする気持ちをもつとともに，地域の身近な人と触れ合う中で，人との様々な関わり方に気付き，相手の気持ちを考えて関わり，自分が役に立つ喜びを感じ，地域に親しみをもつようになる。また，幼稚園内外の様々な環境に関わる中で，遊びや生活に必要な情報を取り入れ，情報に基づき判断したり，情報を伝え合ったり，活用したりするなど，情報を役立てながら活動するようになるとともに，公共の施設を大切に利用するなどして，社会とのつながりなどを意識するようになる。 |
| (6)思考力の芽生え | 身近な事象に積極的に関わる中で，物の性質や仕組みなどを感じ取ったり，気付いたりし，考えたり，予想したり，工夫したりするなど，多様な関わりを楽しむようになる。また，友達の様々な考えに触れる中で，自分と異なる考えがあることに気付き，自ら判断したり，考え直したりするなど，新しい考えを生み出す喜びを味わいながら，自分の考えをよりよいものにするようになる。 |
| (7)自然との関わり・生命尊重 | 自然に触れて感動する体験を通して，自然の変化などを感じ取り，好奇心や探究心をもって考え言葉などで表現しながら，身近な事象への関心が高まるとともに，自然への愛情や畏敬の念をもつようになる。また，身近な動植物に心を動かされる中で，生命の不思議さや尊さに気付き，身近な動植物への接し方を考え，命あるものとしていたわり，大切にする気持ちをもって関わるようになる。 |
| (8)数量や図形，標識や文字などへの関心・感覚 | 遊びや生活の中で，数量や図形，標識や文字などに親しむ体験を重ねたり，標識や文字の役割に気付いたりし，自らの必要感に基づきこれらを活用し，興味や関心，感覚をもつようになる。 |
| (9)言葉による伝え合い | 先生や友達と心を通わせる中で，絵本や物語などに親しみながら，豊かな言葉や表現を身に付け，経験したことや考えたことなどを言葉で伝えたり，相手の話を注意して聞いたりし，言葉による伝え合いを楽しむようになる。 |
| (10)豊かな感性と表現 | 心を動かす出来事などに触れ感性を働かせる中で，様々な素材の特徴や表現の仕方などに気付き，感じたことや考えたことを自分で表現したり，友達同士で表現する過程を楽しんだりし，表現する喜びを味わい，意欲をもつようになる。 |

出所：幼稚園教育要領第1章の第2の3より

る子どもの発達段階を考慮し，今，必要な関わりは何かを子どもの姿から読み取ることが大切です。

　そして，10の姿とは，5歳児の姿だけではなく，乳幼児期からつながって成長していく姿だということを理解しておきましょう。

1．子どもの姿を観察したエピソードを記録し，「幼児期の終わりまで
　　に育ってほしい姿」につながる子どもの育ちを考えてみましょう。そ
　　の中で，特に領域「人間関係」に関する部分に注目してみましょう。

2．小1プロブレムの原因として考えられるものを3つあげましょう。

**【引用・参考文献】**

ブロンフェンブレンナー，ユリー著，磯貝芳郎・福富護訳『人間発達の生態学』
　　川島書店，1996年

柏木惠子「自己制御（self-regulation）の発達」『心理学評論』第29巻第1号，
　　1986年，3-24頁

文部科学省「幼児期の教育と小学校教育の円滑な接続の在り方についての報告」
　　2010年

文部科学省『幼稚園教育要領解説』2018年

文部科学省国立教育政策研究所『「自尊感情」？それとも，「自己有用感」？』Leaf.
　　18，2015年

森田麗子「幼児教育における『環境』の価値について──保育内容指導法『領
　　域環境』の視点から（実践報告）」『頌栄短期大学保育者養成実践論叢』第8
　　号，2021年，10-19頁

小田豊・奥野正義編著『保育内容 人間関係』北大路書房，2009年

齋藤久美子・無藤隆「幼稚園5歳児クラスにおける協同的な活動の分析──保
　　育者の支援を中心に」『湘北紀要』第30号，2009年，1-13頁

汐見稔幸・大豆生田啓友監修，大豆生田啓友・岩田恵子・久保健太編著『保育
　　内容「人間関係」』（アクティベート保育学8）ミネルヴァ書房，2022年

八重津史子「幼児期における自尊感情を育てる取り組み──保育・教育現場に
　　おける行事や活動を通して」『大阪総合保育大学紀要』第12号，2018年，97-
　　110頁

山本愛子「幼児の自己調整能力に関する発達研究──幼児の対人葛藤場面にお
　　ける自己主張解決方略について」『教育心理学研究』第43巻第1号，1995年，
　　42-51頁

# 第**6**章 人との関わりが難しい子どもへの支援

この章のポイント

●多様な子どもの理解と関わりについて学びましょう。
●インクルーシブな保育について学びましょう。

## 第**1**節 集団生活に困難が伴う子どもとは

### 1 障害のある子どもの理解

　世界保健機関（WHO）は，1980年に障害に関する世界共通の理解を促し，科学的アプローチを可能にすることを目的に作成した「国際障害分類（ICIDH）」を発表しました。これは，障害のレベルを，①機能障害，②能力障害，③社会的不利の３つに分類し，疾病等によって生じた機能障害は，生活上の能力障害（能力低下）や社会的不利を伴うという考え方でした。しかし，心身機能の不全や欠損が生活能力に影響し，それが社会的不利をもたらすという考え方だけでは不十分であるということから，2001年「国際生活機能分類（ICF）」に改められました（厚生労働省，2002）。

　国際生活機能分類では，図6-1で示すように障害の発生には個人のもつ心身の特徴だけではなく，環境の影響が大きいことにも着目し，環

**ことば**

**世界保健機関（World Health Organization：WHO）**
1948年４月７日に，すべての人々の健康を増進し保護するため互いに他の国々と協力する目的で設立された。WHO憲章において，健康の定義として，病気の有無ではなく，肉体的，精神的，社会的に満たされた状態にあることを掲げ，人種，宗教，政治信条や経済的・社会的条件によって差別されることなく，最高水準の健康に恵まれることが基本的人権であると謳った（公益社団法人日本WHO協会HPより）。

図6-1　ICFの構成要素間の相互作用

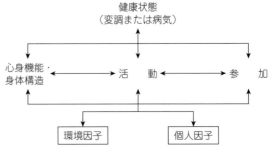

出所：厚生労働省「国際生活機能分類—国際障害分類改訂版」2002年

境は生活機能と生活能力のすべての構成要素に影響をおよぼす背景因子として，「個人因子」と「環境因子」とも相互に作用し合っているととらえます（厚生労働省, 2002）。これは，障害前提ではなく，社会生活において生じる困難や問題および制約を感じる状況や現象に着目し，障害のある人の生活をまるごととらえ，相互作用として生じる環境を重視しましょうという意味です。

　これを保育の場においてとらえると，障害のある子どもに対して，みんなと同じ場所でなんとか一緒に参加できるようにすることや，みんなと同じことをできるようにしていくことが援助ではない，という意味になります。これは，クラス活動に参加できないのは障害のある子どもに問題があるからではない，というとらえ方です。当該児のみを問題視するのではなく，当該児が所属する集団全体をとらえ，子ども同士の相互作用を重視した働きかけが必要だということです。仲間としての「みんなと一緒」は，多数の健常児に合わせることでもなく，必ずしも同じ役割を分け隔てなく割り振ることでもありません（鬼頭, 2023）。

　ところで障害は，知的障害，身体障害，発達障害として大きく3つに分類されています。発達障害については次項で述べますので，ここでは知的障害と身体障害について取り上げます。まず，知的障害とは，論理的思考，問題解決，計画，抽象的思考，判断，学校や経験での学習などの全般的な精神機能の支障によって特徴づけられる発達障害の一つであり，発達期に発症し，概念的，社会的，実用的な領域における知的機能と適応機能両面の欠陥を含む障害のことです（厚生労働省, 2020, e-ヘルスネット）。知的障害の要因には，染色体異常（ダウン症候群など），中枢神経系（小頭症など），代謝性疾患（フェニルケトン尿症など），てんかんなどがあります（小柳津, 2018）。身体障害には，肢体不自由，視覚障害，聴覚障害，言語障害が含まれます。

　では，みなさんは「障害」についてどのようにとらえていますか。WHOが発行している「障害に関する世界報告書」において，「障害とは，疾患（脳性麻痺やダウン症候群や鬱など）のある個人と，個人因子と環境因子（否定的態度，アクセスすることができない輸送機関や公共施設，限定的な社会支援など）の間の相互作用の否定的な側面を指す」と示されています。これは，障害＝疾患という意味のみではなく，その人が抱える障害によって，置かれた環境で過ごすには社会的不利が生じ，障害のない人と同じ権利をもっているにもかかわらず，その権利が保障されず，人として生活していく中で生じる問題点も含むことを意味します。

　ところが，私たちは障害のある子どもをみると「〜ができない子」

**ことば**

**適応機能**
日常生活でその人に期待される要求に対していかに効率よく適切に対処し，自立しているのかを表す機能のこと。

「〜が難しい子」というとらえ方をしがちです。障害の特性を理解し，障害の特性に合わせた関わりをすることは大切なことですが，障害の名称は同じであっても，個々によって状態や抱いている困り感は同じではありません。したがって，障害の特性にばかり固執したり，注目し過ぎたりしてしまうと，その子どもが抱いている真の思いを見失うことになりかねません。子どもの行為をとらえる視座において「障害の特性によるものだ」という色眼鏡を外すことで，その子どもが秘めている力を引き出す関わりがみえてきます。

障害のある子どもも障害のない子どもも発達の道すじは基本的に同じです。ただ，身体機能に支障があって困難な事柄があったり，１つやり遂げるのに時間がかかったりするなど，状態によって発達の道すじの現れ方が異なるだけです。人が育つということは，何かがわかるようになることや何かができるようになることだけではなく，その子どもにとって意味ある文化や他者と関わり合うことを通して，その子らしさがくっきりと浮き彫りになってくることも含んでいます（庄井，2022）。したがって，誰にでも得意不得意があることを踏まえ，子ども同士が互いに補いながら関わり合える働きかけが保育者には求められます。人として対等に向き合う関係を育み，子ども同士が育ち合える視点が必要です。

## 2　「気になる子」と発達障害のある子どもの理解

みなさんは，発達障害のある子どもというと，どのような子どもをイメージしますか。発達障害とは，発達障害者支援法において，「自閉症，アスペルガー症候群その他の広汎性発達障害，学習障害，注意欠陥多動性障害その他これに類する脳機能の障害であってその症状が通常低年齢において発現するものとして政令で定めるもの」（第２条第１項）と定義されています。つまり，発達障害という言葉は，１つの診断名ではありません。診断名については，用語の見直しから「障害」は「症」へ，注意欠陥多動性障害は注意欠如・多動症が用いられるなど，統一されていない現状があります。ここではDSM-5病名・用語翻訳ガイドライン（2014）で示されている診断名を用います。発達障害とは注意欠如・多動症（ADHD），限局性学習症／学習障害（LD），自閉スペクトラム症（ASD）および類する状態を総称して示す言葉です。なお，学習障害の子どもは集中力や対人関係，集団活動などでの困難はなく，文字の読み書き，計算などの学習面での困難が主となります（榊原，2020）。

では，「気になる子」とはどのような子どもを指すのでしょうか。この言葉は，診断名はついていないけれども，保育者にとって発達の遅れ

**発達障害の代表的な特性**
・自閉症，アスペルガー症候群を含む広汎性発達障害（自閉スペクトラム症）：見通しの立たない状況では不安が強いが，見通しが立つときはきっちりしている。大勢の人がいる所や気温の変化などの感覚刺激への敏感さで苦労しているが，それが芸術的な才能につながることもある。また，自分の気持ちを伝えたり，相手の気持ちを読み取ったりすることが苦手である。
・注意欠陥多動性障害（注意欠如・多動症（ADHD））：次々と周囲のものに関心をもち，周囲のペースよりもエネルギッシュにさまざまなことに取り組むことが多い。
・その他の発達障害：体の動かし方の不器用さ，我慢していても声が出たり体が動いてしまったりするチック，一般的に吃音といわれるような話し方なども，発達障害に含まれる（厚生労働省HP参照）。

が気になる子どもを指して使われる表現です。1980年代以後，障害のある子どもだけでなく，キレやすい子ども，身体の動きがぎこちない子ども，それまで障害の分類としてとらえられていなかった発達障害や発達に困難を抱える子ども等，配慮を必要とする子どもの増加に伴い，保育者のとらえる「気になる子」が増えていきました。

さらに，発達検査を主体とした巡回相談の普及により発達障害という視点だけが保育者に広がり，発達検査のような「できる／できない」という指標が保育の中に一層取り込まれることになりました。これにより，保育者にとって「気になる子」がどこのクラスにも存在する現状となっていった背景があります。

年齢が低い子どもの場合，発達の遅れによって困難を抱えているのか，発達過程での特性なのか，専門家でも判断がつきにくいため，保育者にとって「気になる子」という表現が現場ではなされる傾向があります。しかし，障害のない子どもまで障害のある子どもに仕立ててしまうことのないよう，保育者が色眼鏡で安易に「気になる子」ととらえることは控えたいものです。

## 3 困難を抱える子どもの保護者理解

保育者は，障害のある子どもを育てる保護者とどう向き合っていくとよいでしょうか。障害には，誰がみてもわかる障害と，障害者手帳を所持していても，「見えづらい障害」があります。ここでは，「生まれたときから左目が見えず，知的障害のあるＡちゃん」のエピソード（鬼頭，2022a）を通して，保護者とどう向き合っていくとよいのか考えていきましょう。なお，母親の語りの文章は，筆者が直接聞き取りをした際の文言に最小限の説明を加えたものです。

### 母親の語り①

障害者手帳を保持するＡは，保育園の入園手続きの際に加配保育士がつくことになりました。でも，行事等で保育園に行くと，ほとんど動かず，言葉もほとんど発しないため，手がかからない子と保育士にとらえられていました。そのため加配保育士はグレーで動く問題児（発達がグレーゾーンの多動の子ども）につき，私がいつも見る光景はＡが放置されている姿でした。

この光景を見て，母親はたびたび，左目が見えないことによる動きや見え方の特徴等を細かく説明しましたが，理解してもらえず，他の園児と同じ関わり方であったと語っています。ここで，保護者が「グレーで動く問題児」という言葉を使っていることに違和感はありませんか。この言葉は，診断名はついていないが何らかの障害の疑いはあるだろうと

<aside>
**こ　とば**

**限局性学習症／学習障害（LD）**

読み書き能力や計算力などの算数機能に関する，特異的な発達障害の一つ。学習障害には，読字の障害を伴うタイプ，書字表出の障害を伴うタイプ，算数の障害を伴うタイプの3つがある（厚生労働省，2020，e-ヘルスネット）。

**プラスα**

**発達障害者支援法での保育に関する記載**

「保育所における保育を行う場合又は同条第二項の規定による必要な保育を確保するための措置を講じる場合は，発達障害児の健全な発達が他の児童と共に生活することを通じて図られるよう適切な配慮をするものとする」（文部科学省，2016より）。
</aside>

第6章　人との関わりが難しい子どもへの支援

61

いう，保育現場における独特の表現です。この言葉が保護者の口から自然に出るということは，この園では問題行動のある子どもはグレーと呼ばれ問題児扱いをされるという空気が漂っていることが読み取れます。また，Aちゃんは，見えづらい障害のため，保育士が手のかからない子ととらえていることからもわかるように，他の保護者からAちゃんの育ちに関して理解されず，加配保育士がつくことで「Aちゃんだけひいきされている」と思われ，このことでも母親はつらい思いをしていました。

**ことば**

**加配保育士**
厚生労働省の支援施策として，障害のある子どもについて保育所での受入れを促進するため，保護者の申請のもと，保育所に保育士を加配し，個別の配慮を行い園生活が送れるよう通常の配置基準に追加して配置される保育士のこと。

### 母親の語り②

　年長児クラスに進級した際の保育参観では，ひらがなの練習時間でみんなと同じ教材を渡されているだけでした。何をするのか理解できるような声かけも全くされていないので，参観中，Aは訳がわからず固まって座っているだけだったんです。加配保育士は，わが子につくのではなく，できる子の質問やチェックに忙しそうでした。Aは，ほったらかしにされているので，じっとしているしかないのに，配慮も全くなく，加配保育士は誰のためにいるんだろうと，悲しかったです。

②の語りでは，年長児になってもAちゃんの障害の特性を園側が全く理解していないことが読み取れますね。さらに残念なことは，Aちゃんのお母さんが，加配保育士のことを「できる子」の対応で忙しそうにしていたと語っていることです。このことから「どうせできないわが子に構っても仕方がない」という扱いを受け，悲しい思いを抱いている保護者の心情が読み取れます。

　次は，母親が「よく保育士に言われて嫌だったこと」の語りです。

### 母親の語り③

　よく先生から「Aちゃんのおかげで，みんなが優しくなれます」と言われ，とても嫌でした。登園のときに少し様子をみていると，いつもみんながAに寄って来て，立っているだけですべてお世話を焼いてくれるんです。自分で靴をしまったり，カバンから荷物を出したりするなど，全く何もしなくてよかったんです。そのせいもあって，家でもなかなか自分でやろうとしませんでした。

③の語りからAちゃんの母親が，何をそんなにも嫌だったのかわかりますか。「全く何もしなくてよかったんです」という言葉の通り，立っているだけですべてが終わってしまうということは，Aちゃんの育つ権利が剥奪されていることを意味しています。さらに，この語りには続きがあります。

その後，担任に，「Ａちゃんもゆっくりだけど自分でできるんだよってみんなに言って，お世話を止めさせてください」と再三お願いをしたのですが，「でもね〜，みんなのＡちゃんを助けてあげたいという気持ちを大事にしてあげたいし〜」て笑って言うだけで，取り合ってもらえませんでした。うちの子の発達よりも優しさの押しつけが優先なのかと，悲しかったです。

　もちろん，このような対応がどの園でも行われているわけではありません。いずれにしても，保護者ができる子，できない子という思いを抱かざるを得ない状況は除去する必要があります。集団の中で障害のある子どもをどのように位置づけ関わっていくのか，この視点と保護者の思いが重なることを意識しましょう。

　さて，このエピソードにはもう１つ大きな課題が潜んでいます。次節では，特別な配慮が必要な子どもがクラスの一員として存在するにはどのような保育を構想するとよいのか考えましょう。

## 第 2 節 インクルーシブな保育に向けて

### 1 インクルーシブな保育とは

　みなさんは，「インクルージョン，インクルーシブ」という言葉を聞いたことはありますか。インクルージョン，インクルーシブ教育とは，1994年にユネスコとスペイン政府がスペインのサラマンカで開催した「特別ニーズ教育世界会議」において採択された「サラマンカ宣言」によって世界的に提唱された理念です。さらに，2006年，国連での「障害者の権利に関する条約」では共生社会の実現を目指し，インクルーシブで質の高い教育（保育）制度の確保が明示されたことにより，日本においてもインクルーシブ保育・教育が求められるようになりました（鬼頭，2023）。

　では，インクルーシブな保育とはどのようにとらえるとよいでしょうか。筆者は，ユネスコが2005年に発行した "Guidelines for Inclusion" に明記されているインクルージョンの定義を保育に置き換え，以下のようにとらえています。インクルーシブな保育とは，あらゆる子どもの多様性が生かされる保育を探求していく過程を指し，その過程でそれぞれの子どもにとって障壁となっていることを見極め取り除き，すべての子どもが互いの存在価値を認め合いながら発達していくことを保障することです（鬼頭，2022b）。つまり，一人ひとりのニーズが尊重され，どの子

**ことば**

**サラマンカ宣言**
1994年６月７〜10日にかけ，スペインのサラマンカで92か国の政府および25の国際組織を代表する300名以上の参加者が，インクルーシブ教育のアプローチを促進するために必要な基本政策の転換を検討することによって，「万人のための教育」の目的を前進させるために「特別なニーズ教育における原則，政策，実践に関するサラマンカ宣言ならびに行動の枠組」を採択した（訳：独立行政法人国立特別支援教育総合研究所）。

**障害者の権利に関する条約**
2006年12月13日，国連の第61回総会において採択され，2008年５月３日に発効された。日本は2007年９月28日に署名し，2013年12月４日，本条約締結のための国会承認を経て2014年１月20日に批准へと至った。なお，この時点で本条約の締結国は世界139か国およびEUであり，日本は140番目の締結国となった。第24条では次のように明記されている。「障害者が障害を理由として教育制度一般から排除されないこと」「学問的及び社会的な発達を最大にする環境において，完全な包容という目標に合致する効果的で個別化された支援措置がとられることを確保すること」。

どもも育ち合う仲間の一員としてその場に存在できる保育実践を意味します。多様な子どもたちが、子ども集団の中でともに育ち合える実践を行っていくこと（堀、2017；岡本、2017）です。

では、もう一度、第1節のAちゃんのエピソードを読み返してみてください。Aちゃんは、育ち合う仲間の一員としてクラスに存在できていたでしょうか。また、Aちゃんのエピソードから、排除されていなければよいということではないことが読み取れたでしょうか。どちらか一方がやってもらうという一方向的な関係では、ともに育ち合う関係とはいえません。野島（2014）が「子どもの障害の有無にかかわらずお互いにできるところを伸ばし、苦手なところを改め合える子ども同士の関係性を育てていくことに保育の本質がある」といっているように、インクルーシブな保育は特別な子どもを焦点化して行う保育ではなく、あらゆる子どもが相互に育ち合える保育実践を指します。

それゆえ、障害のある子どもを数の多い健常児集団にインテグレーション（統合）し、同化させていくのではなく、個々が尊重され、どの子どももインクルージョン（包摂・包含）される集団をつくっていくことが保育では求められています（図6-2、6-3）。

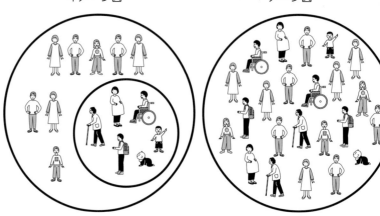

図6-2　インテグレーションのイメージ図　　図6-3　インクルージョンのイメージ図

出所：筆者作成

## 2　インクルーシブな社会における平等と公平

保育所・幼稚園で障害児の受け入れを国が正式に認め、公的な制度ができたのは1974年です。これにより、1970年代後半から障害児専門施設よりも、保育所・幼稚園で統合的な社会的保育を受ける障害乳幼児の数が増えていきました。その後、インクルーシブ教育の理念が提唱され、日本では「能力に応じる教育」から「ニーズに応じる教育」への転換

図6-4 保育所における障害児保育の実施か所数と受入れ児童数の推移

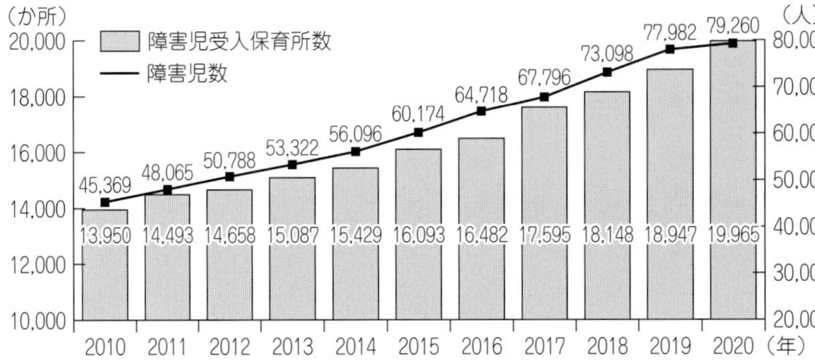

出所:『保育白書』2022年版「第1章 保育の今」170頁。実方伸子「障害のある子どもの保育・療育」全国保育団体連絡会／保育研究所『保育白書2022年度版』2022年, 170-171頁

（小出, 2003）が求められるようになりました。保育所における障害児保育の実施か所数と受入れ児童数は, 図6-4に示されている通り年々増加しており, 2020年度に障害児を受け入れている保育所数は, 全施設の84.6%で公私の差はほとんどなくなっています（実方, 2022）。

　では, みなさんは平等と公平についてどのようにとらえていますか。『広辞苑』には平等とは「偏りや差別がなく, すべてのものが一様で等しいこと」, 公平とは「偏らずえこひいきのないこと」と示されています。『大辞泉』においても平等とは「偏りや差別がなく, みな等しいこと」, 公平とは「すべてのものを同じように扱うこと」と示されています。どちらの言葉も, 全員同じように扱うという意味合いがありますが, 身長の高さが異なる3人の子どもが, 動物園でサルを眺めている図6-5～6-7をもとに考えてみましょう。

　この図の子どもたちを, 仮に幼児, 小学生, 中学生とします。動物園にあそびにきた子どもたちが, 板の向こうの檻の中にいるサルを見ようとしています。板は, 檻からサルが手を出して子どもと触れないようにするために張られています。図6-5では, 全員に同じ高さの台が1つずつ与えられましたが, 幼児は全く見ることができません。図6-6では, 全員が見えるように, 幼児には2個, 小学生には1個の台が与えられ, 中学生は与えられません。つまり, 図6-5のようにすべての人に同じモノ, 同じ条件を与えられた状態を平等といい, 図6-6のようにそれぞれの特性に応じてモノ, 条件が与えられた状態を公平といいます。

　このように, 平等は一律等しいモノが与えられるので, 一見差別がないように思われますが, 実際には身長や力に差がある場合, 与えられたモノが見合っていない人の特性は尊重されていないことになります。また, 公平は人によって与えられるモノや条件が異なるゆえ, 相手のこと

図6-5　平等　　　　　　　　図6-6　公平　　　　　　　図6-7　平等かつ公平

出所：筆者作成

を理解し，みんなが納得し合える関係，状態でなければ成立することが難しい場合もあります。結果的に，どちらも場合によっては，差別が生じます。それゆえ，一律に同じ扱いが平等といえる場合は，もっている能力が同じ程度で対等の力を備えている者同士の場合にいえることです。能力の差が明らかにある場合には，一律に同じ内容・レベルの働きかけをするのではなく，対等の力加減になる配慮をし，同じ土俵で戦える状況になって初めて同じ扱いを受けることが平等といえるのではないでしょうか。差異があることを前提とした働きかけをすることで，どの子どもも平等の権利を得ることができるといえます。

そこで，図6-7では板を除去し，誰もが見ることのできるように檻の柵に目の細かいネットを張ることにしました。これは，困っている子どものみに台を与えることもなく，平等かつ公平である状態です。つまり，インクルーシブな社会を目指すということは，図6-7のように配慮の必要な人のニーズを尊重し受け止め，誰もがもっている権利を実現できるよう，配慮することが求められます。これを合理的配慮といいます。

## **3　インクルーシブな保育の実践的視点**

インクルーシブな保育実践では，健常児集団を前提とした保育に特別な配慮を付加するという発想から脱却し（浜谷，2018），所属する集団がどの子どもにとってもともに育ち合える集団となるようにつくっていくことが要となります（鬼頭，2022b）。さらに，寺川（2014）が言及しているように，支援児がクラス集団への参加を実現させるには，「個の育ち」とともに「集団の育ち」を支援する視点をもつことが必要です。

インクルーシブな保育における子どもの関係づくりには，単に子ども

同士をどうつないでいくのかということにとどまるのではなく，一人ひとりのニーズを尊重し，どの子どもも育ち合う仲間の一員としての参加が維持され続けることが重要（鬼頭，2022b）です。インクルーシブな保育とは，特別な保育実践ではなく，保育者の視点が，周りの子どもに足並みを揃える視点から，多様性を認め，その子どものもっている力を伸ばす視点に変わると，保育者自身に多様なニーズを含んだ活動に発展する発想が生まれ，インクルーシブな保育になっていきます（鬼頭，2017）。乳幼児期に，違うから「面白いね」「これは僕がやるよ」「こっちは私がやるね」というクラス集団をつくっていくことで，さまざまな人がいることを前提とし，お互い様という気持ちが育まれることを意識して保育を行いたいものです。たとえ重い障害のある子どもであっても，それぞれの役割をもつことで相互作用が生まれ，育ち合う関係が育まれていき，インクルーシブな保育につながります。

**演習問題** ●●●●●●●●●●●●●●●●●●●●●●●●●●●●●●●●●●●●●●●●●●●

1．インクルーシブな保育実践にはどのような視点が必要か話し合ってみましょう。
2．国際生活機能分類（ICF）の考え方を保育に置き換えるとどのようにとらえるとよいでしょうか。

【引用・参考文献】
浜谷直人「インクルーシブ保育時代までの歴史とインクルーシブ保育の実践上の課題」浜谷直人・芦澤清音・五十嵐元子・三山岳著『多様性がいきるインクルーシブ保育』ミネルヴァ書房，2018年，205-228頁
堀智晴「インクルーシブ保育の意義とその実践上の課題」『保育学研究』第55巻第1号，2017年，84-99頁
実方伸子「障害のある子どもの保育・療育」全国保育団体連絡会／保育研究所『保育白書2022年度版』2022年，170-171頁
鬼頭弥生「インクルーシブ保育の理念と方法——保育実践の分析より」『豊岡短期大学論集』第14号，2017年，433-442頁
鬼頭弥生「インクルーシブな保育を目指して」全国生活指導研究協議会愛知支部『あねもね』7月号，2022年 a，6-8頁
鬼頭弥生「インクルーシブ保育実践におけるクラス集団づくり——集団像に着目して」『東海学院大学研究年報』第7号，2022年 b，57-70頁
鬼頭弥生「障害など，特別な配慮を要する子どもの保育」大浦賢治編著『実践につながる 新しい乳児保育——ともに育ち合う保育の原点がここに』ミネルヴァ書房，2023年，90-99頁
小出進「『能力に応じて』から『ニーズに応じて』への転換」『発達の遅れと教育』第548号，2003年，40-41頁
厚生労働省「国際生活機能分類—国際障害分類改訂版」（日本語版）WHO（世

界保健機関）訳，厚生労働省社会・援護局障害保健福祉部企画課，2002年
　　https://www.mhlw.go.jp/houdou/2002/08/h0805-1.html（2023年2月12日閲覧）
厚生労働省「保育所保育指針解説」汐見稔幸・無藤隆監修『〈平成30年施行〉保
　　育所保育指針　幼稚園教育要領　幼保連携型認定こども園教育・保育要領
　　解説とポイント』ミネルヴァ書房，2018年
厚生労働省「e-ヘルスネット」（2020年最終更新）
　　https://www.e-healthnet.mhlw.go.jp/information/heart/k-04-004.html　（2023
　　年4月18日閲覧）
文部科学省「発達障害者支援法」（2016年最終改正）
　　https://www.mext.go.jp/a_menu/shotou/tokubetu/main/1376867.htm（2023
　　年1月20日閲覧）
直島正樹「障害児保育に関する理念と動向」堀智晴・橋本好市・直島正樹編著
　　『ソーシャルインクルージョンのための障害児保育』ミネルヴァ書房，2014年，
　　81-105頁
野島千恵子「障害児保育の実際」堀智晴・橋本好市・直島正樹編著『ソーシャ
　　ルインクルージョンのための障害児保育』ミネルヴァ書房，2014年，132-155頁
岡本明博「インクルーシブ保育と子どもたち」近藤俊明・渡辺千歳・日向野智
　　子編著『子ども学への招待——子どもをめぐる22のキーワード』ミネルヴァ
　　書房，2017年，226-235頁
小柳津和博「知的障害の理解と援助」勝浦眞仁編著『特別の支援を必要とする
　　子どもの理解』ナカニシヤ出版，2018年，31-33頁
榊原洋一『子どもの発達障害誤診の危機』ポプラ社，2020年
世界保健機関著，日本国立障害者リハビリテーションセンター訳「障害に関す
　　る世界報告書」2011年
庄井良信「子どもという存在／人間という存在」勝野正章・庄井良信『問いか
　　らはじめる教育学』有斐閣，2022年，28-43頁
園山繁樹「障害幼児の統合保育をめぐる課題——状況要因の分析」『特殊教育学
　　研究』第32巻第3号，1994年，57-68頁
寺川志奈子「障害のある子どもが仲間とともに育ち合う保育実践」『障害者問題
　　研究』第42巻第3号，2014年，170-177頁
UNESCO "Guidelines for Inclusion: Ensuring Access to Education for All," 2005,
　　pp.15-16

# 第7章 子育て支援における人との関わり

## この章のポイント

- ●子育て支援とは何か，その目的や種類について学びましょう。
- ●子育て支援の場における保育者の役割を学びましょう。
- ●子育て支援の場における保護者との関わりについて学びましょう。

## 第 1 節　子育て支援

### 1　現代における子育て支援の現状

　みなさんは子育て支援という言葉を聞いて，どのようなイメージをもちますか。生まれたばかりの乳児の育て方に悩んでいる人の悩みを聴く，子どもを保育所で預かる，親子で楽しめる遊び場を提供するなど，いろいろなことが浮かぶと思います。子育て支援について，『社会福祉用語辞典』では「児童が生まれ，育ち，生活する基盤である親及び家庭における児童養育の機能に対し，家庭以外の私的，公的，社会的機能が支援的に関わること」（山縣・柏女，2013）と定義されています。つまり，子育てをしている家庭の保護者が，子どもを育てていくために頼れる場所をつくることを意味します。

　現在，わが国における子育て支援は，大きな課題となっています。核家族化，共働き家庭の増加，地域の人との交流の希薄化などにより，子どもをもつ人が子育ての悩みを相談できる人や機会が減っているのです。一方で，SNS の普及により，子育てでわからないことや困ったことがあれば，インターネットにアクセスし，キーワードを入れて検索することで多くの情報が得られる時代になりました。今や ChatGPT など，AI のほうが人よりも情報量が多く，検索条件に合わせて多様な視点からの情報を提供できる時代となりつつあります。無理に対面で相談をする機会を設けなくても，必要なときに知りたい情報をすぐに知ることができるのです。

　しかし，SNS 情報をみるときにはある程度，情報の精査が必要です。

---

### プラスα

**子育て支援**
子育て支援は，通園している保護者も含む，すべての子育て家庭への支援を意味する。

### ことば

**ChatGPT**
アメリカの OpenAI が開発した自然な文章を生成するチャットサービス。チャット形式で AI とやりとりすることができる。まるで人間が答えているかのような自然な会話ができることが特徴（AI Academy Media）。

**AI**
人工知能（Artificial Intelligence（アーティフィシャルインテリジェンス））の略称（文部科学省 HP より）。

専門家による研究や調査に基づくデータではなく，個人の主観だけで良い悪いが書かれている情報は，何が根拠となっているのか，情報の見極めを十分に行い，子育てに取り入れていくことが大切です。「○○歳だからこう」「このようなときはこうするとうまくいく」などとマニュアル化した情報だけを頼りに子育ての基準をつくってしまうと，そのデータとわが子の発達を照らし合わせたときに不安を感じる保護者も少なくありません。

　情報過多な時代だからこそ，自分にあった情報をうまく取り入れながら子育てをしていくことが必要になります。そのためには，信頼のおける人や場所をみつけ，その関わりをベースにインターネットでの情報サイトを有効に使っていくことが大切です。

　こうした背景を踏まえ，この章では保育所や幼稚園等の就学前施設における保護者支援，子育て支援と，社会の機能を生かした子育て支援について幅広く学んでいきましょう。

### ■2　子育て支援の種類と目的

　子育て支援には大きく分けて，幼稚園や保育所等の機能を生かした支援と，地域の機能を生かした支援があります。さらに，幼稚園や保育所等の機能を生かした支援は，「園に通う子どもの保護者への支援」と「地域の子育て家庭への支援」の2種類に分かれます。これらの支援には，直接的支援と間接的支援があります。各施設では，それぞれの支援のよさを生かしながら，活動に取り入れています（表7−1）。

　表7−1をみると，たとえば，幼稚園や保育所における保護者支援の欄には，園に通っていない子どもの保護者への支援も含まれていることがわかります。また，市町村の乳幼児に関する行政機関（こども課，福祉課，保健センターなど），児童相談所，各医療機関など，さまざまな専門機関や専門職と連携していることが読み取れます。

　子育て支援の形は，各市区町村や自治体で運営するもの，個人で活動する親子の遊び場などさまざまですが，子どもの育ちを社会全体でよくしていこうという取り組みが広がりつつあるといえるでしょう。

### ■3　幼稚園教育要領，保育所保育指針における子育て支援

　ここでは，幼稚園や保育所における子育て支援の定義をみてみましょう。幼稚園教育要領には次のように示されています。

表7-1 子育て支援の種類と目的

| | 幼稚園や保育所における保護者支援 | | 役所における子育て支援など |
|---|---|---|---|
| | 園に通う子どもの保護者への支援 | 地域の子育て家庭への支援 | 子育て支援センター |
| 直接的支援 | 送迎時の会話<br>保育参観，保育参加<br>個人面談<br>園行事への参加<br>発達相談<br>栄養相談<br>懇談会<br>家庭訪問<br>電話連絡<br>子育て講座等の実施<br>世代間交流 | 一時保育<br>園庭開放<br>病後児保育<br>保育体験<br>未就園児教室<br>公民館や支援センター等への保育士派遣<br>育児・発達相談<br>その他，移動動物園等の行事への参加募集 | 栄養相談，離乳食講座<br>発達相談<br>各種講座の実施<br>　（ベビーマッサージ，ベビーヨガ，親子でリトミック，赤ちゃん体操等）<br>ファミリーサポート<br>子ども食堂<br>孫育講座<br>子育て相談<br>　（大学等の教職員が実施）<br>年齢別育児相談<br>虫歯予防 |
| 間接的支援 | 連絡帳<br>園だより，クラスだより<br>メール連絡<br>ホームページ | 門扉，掲示板での情報提供<br>SNSでの情報発信 | センター内の掲示板での告知，市の子育てサポート施設などの紹介 |

出所：筆者作成

## ⑴ 幼稚園教育要領に記載されている子育て支援

> 2　幼稚園の運営に当たっては，子育ての支援のために保護者や地域の人々に機能や施設を開放して，園内体制の整備や関係機関との連携及び協力に配慮しつつ，幼児期の教育に関する相談に応じたり，情報を提供したり，幼児と保護者との登園を受け入れたり，保護者同士の交流の機会を提供したりするなど，幼稚園と家庭が一体となって幼児と関わる取組を進め，地域における幼児期の教育のセンターとしての役割を果たすよう努めるものとする。その際，心理や保健の専門家，地域の子育て経験者等と連携・協働しながら取り組むよう配慮するものとする（下線筆者）。
>
> （幼稚園教育要領解説第3章の2より）

　下線部をみると，「保護者や地域の人々に機能や施設を開放」「幼児期の教育に関する相談に応じ」「情報を提供」「登園を受け入れ」「保護者同士の交流の機会を提供」など，具体的な支援の内容が書かれています。また，心理や保健の専門家，地域の子育て経験者等と連携・協働しながら取り組むよう配慮することが明記されています。

## ⑵ 保育所保育指針に記載されている子育て支援

　保育所保育指針では，次のように示されています。

> ア　略
> イ　保育所は，その目的を達成するために，保育に関する専門性を有する職員が，家庭との緊密な連携の下に，子どもの状況や発達過程を踏まえ，保育所における環境を通して，養護及び教育を一体的に行うことを特性としている。
> ウ　保育所は，入所する子どもを保育するとともに，家庭や地域の様々な社会資源との連携を図りながら，入所する子どもの保護者に対する支援及び地域の子育て家庭に対する支援等を行う役割を担うものである（下線筆者）。
> エ　略
>
> （保育所保育指針第1章の1の(1)より）

> ア　保護者に対する子育て支援を行う際には，各地域や家庭の実態等を踏まえるとともに，保護者の気持ちを受け止め，相互の信頼関係を基本に，保護者の自己決定を尊重すること。
> イ　保育及び子育てに関する知識や技術など，保育士等の専門性や，子どもが常に存在する環境など，保育所の特性を生かし，保護者が子どもの成長に気付き子育ての喜びを感じられるように努めること（下線筆者）。
>
> （保育所保育指針第4章の1の(1)より）

　保育所保育指針では，「保護者の自己決定を尊重」「保護者が子どもの成長に気付き」など，保護者が子育ての喜びを自分自身で感じられるように支援をすることが大切であると示されています。つまり，子育て支援とは，保護者の求めていることを何でも手助けするのではなく，保護者が自分の力で子どもを幸せにできるような手助けをするという意味なのです。

　また，保育所保育指針第1章の1の(1)のウにある「社会資源」には，家庭以外にも子育て支援センター，児童館などがあります。このような社会資源は，子育て家庭の中でもすべての人が認識できているわけではないため，関係各所と連携しつつ，どこに行くとどのような子育ての情報が得られるかを伝えていくこともまた，保育者，保育所等の，就学前教育施設の役割の一つとなります。それ以外にも，近隣農家に協力をあおいで親子でお芋掘りをする，敬老の日に高齢者施設でお年寄りと交流をもつ機会をつくるなど，地域の社会資源もうまく使ってイベントなどを考えてみてもよいですね。

<table>
<tr><td>第 2 節</td><td>園における保護者支援の種類と関わり</td></tr>
</table>

第1節の表7-1で子育て支援の種類と目的を大きく3つに分けて表示しています。第2節では，3つそれぞれの項目について詳しく学びます。

### 1 園に通う子どもの保護者への支援

それでは，園に通っている子どもの保護者に対する支援について，日常の中でできることを考えてみましょう。

#### (1) 日々のコミュニケーションの中で

子育て支援と聞くと，どうしても大きなことをしなくてはと考えてしまいがちですが，まず最も大切な支援とは，日々のコミュニケーションです。幼稚園や保育所における保護者支援の基本は，日々の会話の積み重ねにあります。特に送迎時の会話は非常に重要です。保護者とコミュニケーションをとるときは，傾聴することを心がけ，可能な限り，一人ひとりの保護者に対して丁寧に対応するといったカウンセリング・マインドをもって対応します。保護者の気持ちに寄り添う姿勢をもちましょう。登園時はゆっくり会話ができないことも多いので，お迎えの時間などにその日にあった子どもの様子を伝えることが大切です。また，保育所の場合は，保育士の勤務体制に合わせて登園と降園時で対応する保育士が変わるため，毎日の引継ぎをしっかりと行うことが重要です。

保育者は保護者が子どもを育てるうえでの伴走者です。具体的には，保護者が描いている子育てのあり方に向かい，自分の力で子育てをする喜びを感じられるよう手助けをします。このように，保育者は保護者の心情に寄り添い，専門家としてアドバイスをしながら，保護者の気持ちを汲み取り，ともに走る伴走者だというイメージをもちましょう。一方的に「○○してください」などと指導するのではなく，日々，保護者が頑張っていること，悩んでいることを聴きながら，ともに子どもの育ちを支えていくことをしっかりと意識して関わりましょう。こうした日々の積み重ねが，結果として「この先生は自分の子どものことをよくわかってくれる」と保護者が感じ，信頼関係の構築へとつながっていきます。

#### (2) 連絡帳をツールとした支援

連絡帳は，保護者と保育者をつなぐ大切なツールです。日常の送迎時には伝えきれないことなどを文章を通して伝えることができます。記録

---

**ことば**

**傾聴**
「耳を傾けてきくこと」「熱心にきくこと」。子育て支援の場では，保護者の話に耳を傾け，最後までじっくりと聞き，相手の想いをしっかりと受け止めること。

**カウンセリング・マインド**
教師や保育者あるいは看護者が，目の前の子どもや患者の内面を深く理解しようと努め，そのためにカウンセリングの基本的精神を学び，その精神を子ども理解や患者理解に生かそうとする態度（森上・柏女，2015）。

**ことば**

**連絡帳**
園での子どもの様子を家庭に伝えたり，家庭の様子を園の保育者に伝えたりするためのツール。単なる必要事項の伝達だけでなく，子どもの育ちも含めて記録をするとよい。

**プラスα**

**連絡帳の対象について**
連絡帳は，3歳以上児になるとない園も多い。その場合，個人ではなく，クラス全体の様子がわかる掲示などで保育の様子を伝えることもある。現在は，SNSによる情報発信をする園も増えている。

に残ることを意識し，できるだけ否定的な文章や指示的な文章は書かないようにしましょう。保育所や認定こども園では，主に乳児保育のクラスの子どもたちの園での生活の様子（食事の回数，睡眠時間，排泄等の基本的生活習慣について）を報告するために使用されることが多いのですが，幼児クラスになると個別の連絡帳はなくなり，クラス内の様子を掲示等でお知らせする園も増えています。

　記録を書く際は，その日に園であった出来事を羅列して書くだけにならないよう，一人ひとりの子どもが楽しんでいたことや夢中になっていたことなど，その子だけのエピソードを一言でも伝えるようにしましょう。「できた」「できない」という表面的な成果だけでなく，子どもの心の育ちを保護者と共有することも忘れてはなりません。また，幼児になると連絡帳がなくなる園も多いため，ドキュメンテーションなどの掲示物を通して活動のプロセスを可視化し，お迎えに来た保護者が見られるような工夫もするとよいですね。

### (3)　個人面談や保育参観等の行事を通した支援

　園行事は，保護者が楽しみにしていることの一つです。発表会でわが子が舞台に立ってセリフを言ったり，踊ったり，運動会で一生懸命走っていたりする姿を見ることに喜びを感じる保護者は多くいることでしょう。しかし，本来，園行事とは，日頃の子どもの育ちを見てもらう場であり，その日のためだけにつくられた成果物を見せる場ではないのです。行事のための練習ではなく，日頃の園でのあそびの延長線上に行事があると認識することが大切です。日常の子どもたちのいきいきとあそんだり，一斉活動に取り組んだりする自然な形で見せることこそ，子どもの日頃の育ちを共有する機会になるといえるでしょう。

---

**事例7-1　はじめてのつかまり立ち**

　0歳児クラスのAちゃんの母親はとても心配性です。お迎えに来るたびに，まだつかまり立ちのできないわが子と，すいすいと移動をする同じクラスの子どもを比べては，ため息をついていました。「うちの子，いつになったらつかまり立ちができるようになるのでしょうか？」とB保育士に相談することも多くありました。そのたびにB保育士は，「個人差がありますので，ゆっくり見守っていきましょう。大丈夫ですよ」と安心してもらえるような言葉かけをしていました。

　ある日，B保育士はAちゃんがつかまり立ちをする瞬間を目にしました。そのことがとてもうれしくて，その日の夕方，お迎えに来た母親に伝えようと決めました。そのことを同じクラスの先輩保育士に話したところ，「先生の気持ちとてもよくわかるよ。でもね，はじめてはお母さんに経験してもらうことも大切じゃないかな？」とアドバイスをもらいました。そこでB保育

士はハッとしたのです。夕方になり，母
親が迎えに来ると，Ｂ保育士はこう言い
ました。「お母さん，今日Ａちゃん，少
しつかまろうとしていたんです。もう少
しで立てるかもしれませんね」。母親は，
「そうですか！　家でも見てみます」と
言いました。

写真7-1　つかまり立ちできたよ

　そして翌日の登園時，満面の笑みで母
親が報告をしてくれました。「先生！
昨日の夜，Ａがつかまり立ちしたんで
す！」Ｂ保育士は「よかった。お母さん
が毎日Ａちゃんの様子をよく見てくだ
さっていたからですね」と答えました。

　母親よりも長い時間，生活をともにする保育士は，子どもの成長を
日々みています。そしてその成長を保護者と共有したいと思うものです。
この事例の場合，先輩保育士が「はじめての経験は母親に」と言ったと
ころにポイントがありました。もちろん，他のケースとして，保育士が
先に伝えることで「先生はやっぱりよく見てくれているわ」と喜ぶ母親
もいることでしょう。しかし，この事例の母親の場合，仕事で忙しく，
わが子を小さなうちから園に預けることに対して負い目がありました。
また，それにより子育ての自信をもてずにいたのです。こうした背景を
踏まえ，保護者によって支援のアプローチを変えていくことが大切です。
　また，近年は外国籍の保護者も増えているため，より細やかで丁寧な
支援が求められています。次の事例をみてみましょう。

### 事例7-2　　園外保育にピザをデリバリー

　Ｃ保育園では，毎年５月に園外保育で出かけるときだけ，お弁当を用意す
るといった決まりがあります。ある年の遠足の日，保育園に出前のピザが届
きました。園長先生が不思議に思い配達員に聞いてみると，Ａ君宛に届けら
れたものだとわかりました。送り主は，Ａ君の母親でした。Ａ君の母親は外
国籍で，日本語もあまり話せません。その日は保育士がそのピザをきれいに
包み，遠足にもたせることで対応しました。お迎えに来た母親に事情を確認
すると，どうやら保育士からこの日は給食が出ないという話を聞いたものの，
お弁当という文化がないため，「お昼が出ないので何か頼まなくては」と感
じたようです。
　後日，園長が保護者に声をかけ，日本にはおにぎりという食べ物があるこ
とを伝えました。そして，園にある調理室で母親におにぎりのつくり方を教
えたそうです。それ以降，遠足になると，母親は子どもの好きな具材を一緒
に選び，おにぎりの中に詰めてお弁当としてもたせているとのことでした。

文化の異なる子どもの保護者に，園が一方的に「こうしてください」と決まりを伝えるのではなく，母親が自分で行動できる喜びを感じられるよう支援していくことが保護者支援の中で大切であると感じられます。

## 2　地域の子育て家庭の保護者に対する支援

幼稚園や保育所には，地域の子育て家庭の支援をしていくことも求められています。地域の子育て家庭の支援は，園に通っている子どもの保護者と異なり，日頃の様子がみえづらい分，より丁寧な聞き取りや対応が求められます。

> **事例7-3　育児不安が安心に変わる**
>
> 　D園では，門の外にある掲示板に「育児相談受付中」という掲示をしています。ある日，その掲示を見た1人の母親が電話をかけてきました。話を聞くと，まだ言葉の話せない赤ちゃんは泣いてばかりで，世話をすることに疲れた，赤ちゃんと2人きりで同じ空間にいることがとにかくつらいという悩みをもっていることがわかりました。その家庭は母親，父親，赤ちゃんの3人家族。地方から出てきたばかりで周りに頼れる人もいない状況でした。状況を理解した保育士は，母親に「一度，お子さんと一緒に園にあそびにいらしてください」と提案をしました。
> 　翌日，母親が子どもを連れて園にやってくると，園長先生は「お子さんとしばらく離れる時間をつくってみましょう」と提案しました。子どもを0歳児クラスの保育士に預けると，母親と一緒に栄養士のところまで行き，もうすぐ始まる離乳食について話をしました。話が終わり，子どもを保育室まで迎えに行くと，わが子が保育士と一緒に楽しそうにあそぶ姿を見たり，月齢の異なる子どもとあそぶ様子を見たりしながら，子育ての見通しをもつことができ，安心した様子がみられました。保育士は，「またいつでも来てくださいね」と母親に伝えました。

この事例は，保育士だけでなく，園長，保育士，栄養士が連携をとり，それぞれの立場で母親と子どもを支援しています。特に，子どもと母親を離し，母親が1人になれる時間をつくったことがよかった点です。また，他の子どもたちの成長，発達を垣間見られたことで成長発達のイメージがつき，見通しをもてたことが安心につながったようですね。

## 3　地域の子育て支援施設における支援

地域には子育て支援センターという場所があります。各自治体が運営しています。運営者は市の職員であることが多く，保育士をはじめとし，栄養士，保健師，助産師，臨床心理士，公認心理師とさまざまな専門家がいます。年間計画を立て，育児や栄養，発達等の講座や相談会を開いたり，あそび場を提供したりしています。子育て支援センターでは実に

多くの講座や研修を行い，子育ての情報や実践方法を提供していることがわかります。

　実際にセンターを利用している保護者に話を聞くと，「わが子と同じような年齢の子どもがたくさんいて，みんな子育てを頑張っているんだと明るい気持ちになりました」「離乳食や病気のことなど，正しい情報を専門家の人から聞くことができてよかったです」といった感想がありました。子育て支援センターでは，市区町村の保育所で園長経験がある保育士や子育てがひと段落した保育士が保護者にアドバイスをしたり，子どものあそびの援助をしています。また，定年後の地域貢献として活動するシニアボランティアが，わらべうたや伝承あそびなどの紹介を行うなど，さまざまなバックグラウンドをもった人が子育ての相談に乗ったり，楽しいあそびの時間を提供したりしています。

　保護者にとって，専門家の運営する講座や相談会に参加できることはとても心強く，子育ての不安や負担も減ることでしょう。

**ことば**

シニアボランティア
市町村で採用している制度。定年後の生き方の一つとして，子育てがひと段落した年配者が，地域の子育て支援として子どもとあそぶボランティアを実施している地域がある。

## 第3節　子育て支援センターにおける「おもちゃの広場」の実践例

　特定の大人との関わりが重要である乳児期において，親子のコミュニケーションをとることはとても大切です。しかし，日常生活に必要な世話はできても，まだ話せないわが子と一日家にいて，どのように関わり，あそべばよいかと困っている保護者が多くいます。乳児とのあそびには，ふれあいあそびやわらべうたなどさまざまありますが，ここでは物を介したコミュニケーションについて，「おもちゃの広場」の実践から考えてみたいと思います。

### ○おもちゃの広場とは

　E市の子育て支援センターでは，年間を通して「おもちゃの広場」を開催しています。

　広場にあそびに来る親子を見ていると，さまざまな関わりの場面に出会います。たとえば，一番多い相談が「まだ何も話さない赤ちゃんとどのようにあそべばよいかわからない」というものです。そのようなとき，おもちゃは赤ちゃんと保護者をつなぐ大切な役割を担ってくれます。わらべうたやリトミックなどと異なり，おもちゃはあそび方が決まっているものも多く，物を動かせば何かしらのアクションが起き，動かす人によって何通りものあそびを発見することができます。また，保護者の「上手にできるようにならなければ」という精神的負担も軽くする効果

**ことば**

おもちゃの広場
東京おもちゃ美術館認定おもちゃコンサルタントが選ぶ良質な玩具であそべる広場。運営方法や対象は各コンサルタントによって異なる。筆者の運営する広場は子育て支援センターと連携し，0〜2歳児とその保護者を対象としている。運営は，おもちゃコンサルタントの資格をもつ養成校の教員とセンターの保育士や卒業生，ゼミ生等が行っている。

第**7**章　子育て支援における人との関わり

写真7-2　紐とおし
　　　　　あそび

写真7-3　ママのところまで
　　　　　ハイハイ

があります。

　写真7-3の赤ちゃんは，ずりばいができるようになった頃にあそびに来ました。このような時期は，前に進みたがっているその力を引き出せるようなおもちゃでの関わりが有効です。プルトイという引っ張るおもちゃでハイハイを促すとよいでしょう。おもちゃがない場合は，大人が横で一緒にハイハイをしたり，子どもの目の前でぬいぐるみを動かしたりして，「こっちだよー」と声かけをすると，声のする方向に向かっていくでしょう。このように，おもちゃを提供するときは，無言ではなく，声をかけながら関わることが大切です。今は電池を入れるとプログラミングされた通りにおもちゃがあそんでくれるものもありますが，上記のような応答的な関わりが必要です。子どもに用意する環境は，保護者もともに笑顔になれるものが望ましいです。写真7-3の保護者も，「これならできそう！」とうれしそうにしていました。赤ちゃんは，身近にいる大人の様子を見ながら行動します。このあそびは楽しそうかな，一緒にあそんでくれる大人は笑っているかななど，様子を見ながら周りの物と関わっていくのです。

### 事例7-4　子どもの楽しみ方を尊重する

　おもちゃの広場を開催して間もない頃。Cちゃん（2歳頃）と母親があそびに来ました。窓に飾られた，ハチの巣の形をしたおもちゃ（ビーハイブ）を見て，母親が，「どのようにあそぶのですか？　何歳くらいの子どもがあそべるおもちゃですか？」と興味をもってきました。そこでまずは基本のあそび方をお伝えしました。筆者が，「小さなお子さんはピンセットを使うことが難しいかもしれないので，自由にあそんでくださいね」と伝えると，母親はCちゃんに，「赤いハチさんを赤いおうちに入れてごらん」「赤はどれかな？　違うわよ，それは黄色でしょ？」と声をかけました。しかし，Cちゃんは黄色のハチを手に取ると，ポケットに入れたのです。その他の色のハチも次々にポケットに入れ始めました。そしてそのまま，にこにこしながらままごとコーナーへ……。その姿を見た母親は，「本当にすみません，うちの

**ことば**

ビーハイブ
「プラントイ（PLAN TOYS）」という玩具会社で販売している，カラフルな6種類のハチの巣の中に同じ色のハチをピンセットで戻す木のおもちゃ（対象年齢3歳頃）。

子，いつもこうなんです。決まった通りにあそべないんです」と申し訳なさそうに言いました。そこで筆者は，「この広場ではどのようにあそんでも大丈夫ですよ」と答え，あそびの様子を母親と見守ることにしました。すると，ままごとコーナーに着いたCちゃんは，ポケットに入っていた6ぴきのハチをフライパンに入れ，近くにあったフライ返しでカラカラと炒め始めたのです。フライパンのうえで木のおもちゃがカラカラといい音を立てています。しばらくすると，Cちゃんはハチを皿に入れて，母親の目の前に差し出しました。「はい，どうぞ！」母親と筆者は顔を見合わせ，思わず笑ってしまいました。Cちゃんもうれしそうでした。

　おもちゃには，「こんなふうにあそんでほしい」という作家の思いが込められています。そして，そのあそび方ができる年齢が，対象年齢としておもちゃの入った箱に記載されます。最近では，「このおもちゃであそぶと○○が育つ」などと書かれていることも多く，おもちゃの広場にはこうした玩具を知育玩具と認識し，子どもを連れてくる人も増えました。
　しかし，子どものあそびは本来，内発的動機によるものが望ましく，自らが興味をもったことに主体的に関わる行為が大切であり，そこから「なぜ？　どうして？」「もっとこうしてみたい！」などという好奇心がさらに湧いてくるものなのです。そしてその好奇心に大人が共感し，ともに面白がることにより，子どもはもっと面白いものをつくりたいと意欲的になり，結果としてあそびが学びへとつながっていきます。良質な玩具にふれたとき，大人はどうしても子どもを型通りにあそばせたくなる傾向がありますが，子どもが表現していることに目を向けて，その表現を一緒に楽しむことが大切です。

### 事例 7-5　モノを媒介とした関わりによる安心感

　ある日，子育て支援センターにA君（1歳頃）という男の子と母親がやって来ました。A君は，初めて入る大きな体育館と，そこに広がっているおもちゃの世界に圧倒され，しばらくの間，その場に固まっていました。筆者が入口でパペットを介して「一緒にあそぼう！」と声をかけてみるものの，A君は目線を合わせようとしません。母親には「ここではあそびは自由なので，まずは場に慣れるためにお友だちの様子を見ていてくださいね」と声をかけました。しばらくすると，ほかの子どもとパペットを楽しむ筆者の横で視線を感じました。A君が

写真 7-4　パペットはお友だち

第**7**章

子育て支援における人との関わり

じっとこちらを見ていました。A君がパペットに興味をもち始めたことを感じた筆者は，いきなり声をかけるのではなく，近くにあった木琴のバチをパペットにもたせ，静かに音を鳴らしました。すると，その様子を見ていたA君も，近くにあったおもちゃを手に取り，木琴を叩いたのです。そしてそのあと，筆者の顔を見たのでした。

みなさんはこの事例を読んで，どのようなことを感じましたか。A君は，パペットを動かしていたのは筆者だと認識し，叩くタイミングを合わせようとしていたのです。その日，初めて目があった瞬間でした。

パペットを使ったあそびは，直接話をすることが難しい子どもとの関わりにおいてとても役にたちます。物を介して関わることで，見知らぬ大人との間に少し距離が縮まり，近づきやすくなるからです。また，パペットは子どもの言葉の代弁者でもあります。子どもが言いたくても言えないことを保育者が想像し，パペットに言わせたり，あるときは保育者の想いをパペットに乗せて，代弁したりすることで，子どもとのほどよい距離感の中でコミュニケーションをとることができるのです。

この章では，子育て支援の仕組みや支援の場における人との関わりを紹介してきました。それぞれの節にある事例でも学んだように，子育て支援とは，1人の保育者だけで保護者を支援するものではありません。保育所の保育士をはじめとし，園で働くさまざまな専門家と相談をする中で助言を受けたり，地域の関係機関との連携を図ったり，保育所の近隣にある施設や団体とのつながりを大切にしながら，保護者とともに子どもの育ちを支えていくことが大切です。

### 演習問題 ●●●●●●●●●●●●●●●●●●●●●●●●●●●●●●●●●●●●●●●●●●●●

1．あなたの住んでいる地域には，どのような子育て支援の形があるか，調べてみましょう。その中で特に興味をもった取り組みについて1つ取り上げ，どのような点に関心があるかを仲間と話し合いましょう。

2．下記の文章は連絡帳のコメント欄の一部です。AとBの文章を読んで，どのような違いがあるかを考えてみましょう。また，どちらの方が子どもの育ちがよく伝わるかも考えてみましょう。

連絡帳A

今日は室内であそびました。室内には，振ると音が鳴るおもちゃや手で動かすおもちゃなど，いろいろな種類のものを用意しました。A君は音が鳴るおもちゃを手に持って振ったり，カーテンに隠れてかくれんぼをしていました。いろいろなことに興味が出てきたようです。

　今日は室内であそびました。A君は最近，カーテンに隠れてあそぶことがお気に入りの様子で，私のほうを見ては，目が合うと隠れるというあそびをくり返していました。私が「A君いたー！」と声をかけると，「わー！」と大きな声を出して拍手をしました。お家でもカーテンでかくれんぼ，一緒にあそんでみてくださいね。

**【引用・参考文献】**
森上史朗・柏女霊峰編『保育用語辞典［第8版］』ミネルヴァ書房，2015年
日本精神保健福祉協会・日本精神保健福祉学会監修『精神保健福祉用語辞典』
　中央法規出版，2004年
山縣文治・柏女霊峰編『社会福祉用語辞典［第9版］』ミネルヴァ書房，2013年

第**7**章　子育て支援における人との関わり

# 第8章 保育における現代的課題

この章のポイント

●保育で活用されている ICT 技術を知り，幼児期の影響について考えてみましょう。
●外国にルーツをもつ子どもの保育環境と保護者について理解しましょう。

## 第1節 ICT 技術の発展と幼児期の影響

みなさんは，「保育と ICT」にどのようなイメージがありますか。「実体験を大切にしたいから子どもには不向きなのでは……」「今の時代，幼いうちから学んでいたほうがよいと思う」「便利そうだけど使い方がよくわからない」など，さまざまでしょう。この節では，保育に ICT が導入されたことによる影響について，保育者，子ども同士，保護者の視点からみていきましょう。

### 1 保育者にとっての ICT の活用

保育へ ICT を導入するねらいの一つは，保育者の業務軽減です。その背景に，保育者が抱える膨大な業務によって起きている弊害があります。

2020年に厚生労働省が公開した業務の負担軽減に関する調査研究では，「保育士が子どもとの関わり方を考え相談できる時間を十分に取れていない」ことがあげられています。保育者が保育や子どものことについて相談したり検討したりする時間を確保するために，NCT（ノンコンタクトタイム）の活用や，事務作業などを ICT 化し，業務を効率的に進めることが求められています。

### 事例8-1 タイムスタディによる業務把握

別々の園に勤務している保育者の A さんと B さんは，多忙感を抱きながらも毎日の業務に励んでいます。A さん B さんともに保育計画書の作成や

---

**ことば**

**ICT**
Information and Communication Technology の略称で，日本語では「情報通信技術」と訳されている。

**ことば**

**NCT（ノンコンタクトタイム）**
休憩を除く勤務時間内に担当する子どもたちから離れる時間のこと。事務作業に集中できる，保育者同士で情報交換ができる，保育者が気持ちを切り替えられるといったメリットから保育の質の向上につながると期待されている。

**タイムスタディ（時間分析）**
業務を行うのにどれくらいの時間を要しているか測定する手法のこと。

保育経過記録の記入などは，子どもたちが降園してから行っているため帰宅時間にも影響しています。Ａさんが働いている園は早くからICT化に取り組んでいますが，Ｂさんの園では「書類は手書き」が定着しています。そこで書類作成にどのくらいの時間がかかっているのか，15分を1単位として，業務内容を「見える化」する調査が行われました。その結果，午後6時以降，Ａさんは30分，Ｂさんは45分かかっていることがわかりました。Ａさんは書類作成を終えた後，次の行事の準備に取りかかったり翌日の登園準備を行ったりしていました。

　これはＡさんやＢさん個人の話ではなく，保育にICTを導入することで，書類作成に要する時間が短縮される可能性が示されています（厚生労働省，2020）。業務の効率化は保育者だけの利点ではなく，子どもにとってもよい影響があると期待されています。

## 2　子どもにとってのICTの活用

　インターネット利用の低年齢化が進んでいるといわれていますが，小学校入学前の子どもたちの利用率はどのくらいなのでしょうか。内閣府が発表した「令和3年度 青少年のインターネット利用環境実態調査」（2022）によると，園に通園中の0〜6歳までの子どもの70.4％が利用していることがわかりました。特に1歳児は33.7％，2歳児は62.6％という結果で，前年度より10％以上増加していました。インターネット利用の内容は，動画を見る（97.8％），ゲームをする（42.4％），音楽を聴く（17.7％），勉強をする（13.6％）が上位となっています。これらの質問事項には保護者が回答していることから，子どもたちは家庭内でインターネットを利用している可能性が高く，利用内容からも子どもたちにとってICTは身近なものであるといえるでしょう。

　園での「情報機器の活用」について，幼稚園教育要領と幼保連携型認定こども園教育・保育要領（ともに2017年告示）には，「第1章　総則」の指導計画の作成と幼児理解に基づいた評価の項目に記載されています。

　幼児期は直接的な体験が重要であることを踏まえ，視聴覚教材やコンピュータなど情報機器を活用する際には，幼稚園生活では得難い体験を補完するなど，幼児の体験との関連を考慮すること（下線筆者）。

（幼稚園教育要領第1章の第4の3の(6)より）

　また，幼稚園教育要領解説，保育所保育指針解説，幼保連携型認定こども園教育・保育要領の解説（すべて2018年刊行）には，「幼児期の終わりまでに育ってほしい姿　社会生活との関わり」に，関連事項が記載さ

**プラスα**

幼児期の終わりまでに育ってほしい姿　社会生活との関わり
保育所保育指針解説第1章4の(2)のオ（一部抜粋）「また，保育所内外の様々な環境に関わる中で，遊びや生活に必要な情報を取り入れ，情報に基づき判断したり，情報を伝え合ったり，活用したりするなど，情報を役立てながら活動するようになる」。

れています。保育所保育指針解説では，第1章の4の(2)のオに記載されています。

では，保育活動の中で，どのような活動を行っていけばよいのでしょうか。

ベースとなる育みたい資質・能力である3つの柱「知識及び技能の基礎」「思考力，判断力，表現力等の基礎」「学びに向かう力，人間性等」を踏まえ，幼稚園教育要領第1章の第4の3の(6)の下線部にある，園生活では得難い体験をICT活用によって補完できるものと考えましょう。ICT機器の操作そのものが目的ではありません。ICTを活用することによって，子ども同士で1つの課題を解決するための対話や協働が行いやすくなります。

活動例を終章に示していますので，参考にしてください。

## ３　保護者にとってのICTの活用と育児

総務省が2021年に発行した『情報通信白書』の「通信利用動向調査——インターネット利用端末の種類」によると，乳幼児の保護者世代である20〜39歳のスマートフォン利用率は約95％となっています。また，インターネットを利用したサービスについては，インターネットショッピングをはじめ，支払い・決済，地図・ナビゲーション，情報検索，動画配信が上位を占めています。このようにインターネット等によるデジタルの活用は日常生活に浸透していますが，育児にもまた活用されています。育児におけるスマートフォン・タブレット端末の利用目的を調査したものによると（橋元ほか，2019），「電車やバスなどの公共交通機関やレストランなどの公共の場にいるとき」（51.2％），「家で静かに過ごさせるため」（50.5％），「怒ったり不機嫌なお子さんをなだめたり，落ち着かせたりするため」（49.5％），「自分が家事をするときの子守り代わり」（49.5％）という結果でした。

さて，みなさんは「スマホ育児」という言葉を聞いたことがありますか。スマートフォンやタブレットなどのモバイル端末を育児に利用することですが，どのようなイメージをもっていますか。2つの事例をみてみましょう。

### 事例８-２　公共交通機関内でのスマホ利用

みつきちゃん（2歳児）の保護者Aさんは，帰省のため，みつきちゃんと電車に乗っていました。朝からみつきちゃんの調子を気にしながら，いつでもみつきちゃんを抱っこできるように手持ちのバッグには必要最小限のも

のを入れ，入念に準備をしました。長時間の乗車が影響したのか，みつきちゃんは次第にぐずるようになりました。最初は「あー」と声を上げる程度だったのが，泣いて叫ぶようになり，Ａさんがあやしても，みつきちゃんは聞き入れてくれません。そこで，みつきちゃんのお気に入りの動画を見せたところ，泣き止み静かになりました。Ａさんは周りに申し訳ない気持ちでいたのでホッとしたのでした。

**事例8−3　テクノフェレンス**

　ゆうちゃん（3歳児）の保護者は，新型コロナウイルスの影響で在宅勤務が増え，家庭内でオンライン会議やメールのチェックをするなど，ICT機器を使って仕事をしています。ゆうちゃんが通う園は休園になり，ゆうちゃんもまた自宅で過ごしています。保護者は，自宅では仕事以外にも動画を見たりSNSのチェックをしたりと，気づけば一日のほとんどで何らかのICT機器を使っていました。ゆうちゃんは保護者に一緒に遊んでほしいと言ってきましたが，ゆうちゃんに「今，忙しいから静かに待っておいてね」と答えていたのです。ときには，曖昧な返答をしたり，呼びかけに応じなかったりすることもありました。
　園が再開されたとき，保育者から，ゆうちゃんが休園前よりも落ち着きがない様子がみられることや突然かんしゃくを起こすことがあると報告がありました。

　子ども自身の長時間のICT機器の利用が悪影響を及ぼすことは，これまで多く報告されていますが，この事例のように保護者の利用による子どもへの悪影響も調査によって明らかになっています（McDaniel & Radesky, 2018）。

　さて，事例8−2と事例8−3の2つをあげましたが，2つとも子どもと一緒にいるときの保護者のICT機器利用という点では同じです。では，違いは何でしょうか。いくつかあると思いますが，「親子の距離感」をキーワードにしてみてみましょう。事例8−2は，子どもとの距離が近く，泣いている子どもを何とかしたいという保護者の気持ちが読み取れます。しかし，事例8−3では，子どもが親を求めているときに，それに応えていません。ここで，教育者である緒方甫が適切な親子の距離感を示した「子育て四訓」を紹介します。そこでは，「幼児は肌を離せ，手を離すな」といっています。自立への一歩目を踏み出すためには，安心感が必要であるため，放っておくのではなく，手は離さず子どもの成長を見守っていくことが大切です。

**プラスα**

**ベビー・ファースト**
公共の場で子どもが泣くことを周りの人が温かく見守ろうという動きが自治体レベルで始まっている。2023年現在，14の地域で「WE ラブ赤ちゃんプロジェクト」に取り組んでいる。

**ことば**

**テクノフェレンス**
保護者がICT機器を使用し画面を閲覧する時間に親子のコミュニケーションや交流を妨げていること。PSD：Parent Screen Distractionという名称で呼ばれることもある。

**プラスα**

**ICT機器**
園で使用されている代表的なものにPCやスマートフォン，タブレットやプロジェクターなどがある。

**プラスα**

**子育て四訓**
乳児はしっかり肌を離すな。
幼児は肌を離せ，手を離すな。
少年は手を離せ，目を離すな。
青年は目を離せ，心を離すな。

第**8**章

保育における現代的課題

# 第2節　外国にルーツをもつ子どもや家族との関わり

　みなさんは，タイトルになっている「外国にルーツをもつ子ども」とは，どのような子どもをイメージしますか。

　近年，グローバル化の進展により，日本在住の外国人や外国で暮らす日本人などが，国際結婚をしたり，出産したりすることが珍しくなくなりました。その中で，日本国籍でありながら日本語や日本文化の環境で暮らしていない日本人の子どもや，外国籍だけれども生まれも育ちも日本だという外国人のようなケースもあります。前者の場合は，「日本人らしい」外見の場合が多く，日本語や日本文化に戸惑っていても理解されづらいことがあります。後者の場合は，日本語を流暢に話す場合が多く，何も困っていないと判断されることがあります。このように，言語や文化の違いによって起こる困難さは国籍だけでは区別できません。こういった背景から，本書では，幼稚園教育要領などの公的な文章を引用しない限り，「外国人」「外国籍の子ども」という名称は使わず，保護者の両方か片方が外国出身者で，外国の言語や文化につながりやルーツをもち，影響を受けている子ども（以下，外国にルーツをもつ子ども）と呼びます。

## ■1　保育者と外国にルーツをもつ子どもとの関わり

### (1)　外国にルーツをもつ子どもが在籍する割合

　では，外国にルーツをもつ子どもたちは，どのくらい日本の園に通っているでしょうか。「保育所等における外国籍等の子ども・保護者への対応に関する調査研究」によると，回答のあった1,047自治体のうち，71.1％が「外国にルーツをもつ子どもが入園している保育所等がある」と答えました（三菱UFJリサーチ＆コンサルティング，2020）。集住地域や分散地域という差があるものの，多くの自治体の園で外国にルーツをもつ子どもと関わる機会があるということがいえます。

### (2)　「幼稚園教育要領」「保育所保育指針」「認定こども園教育・保育要領」の記載

　幼稚園教育要領等では，どのように記載されているでしょうか。ポイントのみ下記にまとめていますので，詳細は教育要領等や解説書を参照してください。

> 2　海外から帰国した幼児や生活に必要な日本語の習得に困難のある幼児については，安心して自己を発揮できるよう配慮するなど個々の幼児の実態に応じ，指導内容や指導方法の工夫を組織的かつ計画的に行うものとする。
>
> （幼稚園教育要領第1章の第5の2より）

> オ　子どもの国籍や文化の違いを認め，互いに尊重する心を育てるようにすること。
>
> （保育所保育指針第2章の4の(1)のオより）

> (2)　海外から帰国した園児や生活に必要な日本語の習得に困難のある園児については，安心して自己を発揮できるよう配慮するなど個々の園児の実態に応じ，指導内容や指導方法の工夫を組織的かつ計画的に行うものとする。
>
> （幼保連携型認定こども園教育・保育要領第1章の第2の3の(2)より）

> (5)　園児の国籍や文化の違いを認め，互いに尊重する心を育てるようにすること。
>
> （幼保連携型認定こども園教育・保育要領第2章の第4の2の(5)より）

　これらは用語の違いはあれ，同様の内容であることがわかります。これは，どの保育施設であっても，記載されているような態度で外国にルーツをもつ子どもと関わっていくことが求められていると理解できます。

### (3)　保育者の戸惑い

　もし，あなたがこれまで外国にルーツをもつ子どもと関わったことがなく，あなたの実習先や勤務先などで関わることになった場合，どう対応すればよいかわからず困惑してしまうかもしれません。言葉や文化の違いから意思疎通がうまく図れなかったり，想定外の考え方や行動が理解しづらかったりするでしょう。保育者を対象に行った調査（三菱UFJリサーチ＆コンサルティング，2020）では，入園や在園中の子どもに対する課題として，次のような点があがりました。

　　○入園にあたり文化的背景に対してどのような配慮が必要かわからない。

　　○気になる行動が，言語的な障壁によるものか発達的な課題によるものかを判断することが難しい。

　このことから，

　保育者は，<u>外国にルーツをもつ子どもに伝えたくても伝わらない</u>。

　保育者は，<u>外国にルーツをもつ子どものことを理解したくても難しい</u>。

プラスα

**保育者からみた入園や在園中の保護者に対する課題**

「保育所等での過ごし方や支援内容・決まり・お願い等について保護者に理解してもらうことが難しい」「言語的な障壁から保護者と十分なコミュニケーションが取れない」（三菱UFJリサーチ＆コンサルティング，2020）。

第**8**章　保育における現代的課題

87

といえます。発想の転換です。下線部（保育者と外国にルーツをもつ子ども）を入れ替えて読んでみてください。

　外国にルーツをもつ子どもは，保育者に伝えたくても伝わらない。

　外国にルーツをもつ子どもは，保育者のことを理解したくても難しい。

となります。保育者が子どもたちとの関わりに戸惑うのと同じように，子どもたちもまた園生活に戸惑い，不安を抱えているのです。

## 2　文化が異なる子ども同士の育ち合い

　子どもたちが集団の中で「差異」を感じるのは，何歳くらいだと思いますか。これまでの研究から，「子供は1～3歳といったきわめて幼い時期から性差や肌の色などの人の違いを様々なレベルで認識しはじめている」（久津木，2015）ことがわかっています。これは，外見や言葉の違いのように直接的なものから判断される場合もあれば，保育者や保護者の振る舞いから気づくこともあるでしょう。外国にルーツをもつ子どもがそれぞれ違う文化をもっていれば，保育室にはそれだけの文化が存在します。このようにさまざまな文化をもった子どもたちが同じ空間で保育を受けることを多文化保育，または多文化共生保育といいます。具体的にいうと，多文化共生保育とは，「さまざまな違いを認めあい，すべての子どもが自分らしく生きるために必要な力を身につける保育」です。また，多文化共生保育の重要なポイントは，「保育者の多文化をもつ子どもや保護者に対して，相手の文化を尊重する深い配慮をもった関わり方，それを周囲の子どもが見て学ぶこと」（谷口，2004）だと述べられています。

### プラスα

**多文化保育・多文化共生保育**

「多様性」のある保育という意味で，病気や障害，性差やLGBTなども含まれることがある。

---

**事例 8 - 4　多文化共生保育**

　ある園では，以前から中国や韓国，フィリピンやブラジル，ベトナムにつながる子どもたちは一定数いましたが，近年，ウズベキスタンやガーナなど，これまで関わったことがない出身国の子どもが入園してきました。子どもたちは，そんな「新しいお友だち」に興味津々で，「どこの国から来たの？」「おはようって，なんて言うの？」「何であそぶのが好き？」など次々に話しかけていました。子どもたちは，質問の答えから自分たちとの「共通点」と「違い」を認識していたようでした。保育者の言葉を理解していないときは，周りの子たちが自然にフォローする雰囲気ができていたのでした。

**ことば**

**同化**

多数派が使用する言語や文化的価値を受け入れ，それにならっていくこと。

　「違い」は，その人がもつ個性で，決して「間違い」や「ダメなこと」ではありません。大人の価値観で，同化を求め過ぎないようにしましょう。

## ■3 保育者と外国にルーツをもつ子どもの保護者の協調

出入国在留管理庁（2023）が発表した2023年6月末時点の日本在住の外国人数は、約322万人で、国籍・地域の数は195に及びます。195か国・地域のすべてが、それぞれ固有の文化や価値観をもっています。そのため「外国」を、ひとくくりにすることはできません。保育所保育指針等に示されているように、個別の支援が求められます。日本以外の保育を経験していない保育者にとっては、言語の問題だけでなく、意思疎通が難しいこともあるでしょう。「何度も言っているのに、なぜ伝わらないのか」と、やりきれないことがあるかもしれません。そのようなときは、自分の当たり前を外してみましょう。「日本に住んでいるからすべて日本流に合わせてもらう」ことや「個別の支援が必要だから保護者の要求にすべて応える」同調は得策ではありません。多文化共生保育とは、どちらもが歩み寄り、お互いが問題を主体的に考え、協調して行動することによって実現するのです。

外国にルーツをもつ子どもの保護者にとって、保育者は家庭と日本とをつなぐ架け橋です。言語や文化、価値観が異なっていたとしても、子どもの健やかな成長を願う気持ちは同じです。工夫をしながらコミュニケーションを図り、子育ての支援をしていきましょう。

### ❀ことば

**同調と協調の違い**
同調：他の意見に調子を合わせ、同じ意見にすること。協調：意見や立場が違う者同士がお互いに譲り合い協力すること。

### プラスα

**保育所保育指針**
第4章の2の(2)のウでは「外国籍家庭など、特別な配慮を必要とする家庭の場合には、状況等に応じて個別の支援を行うよう努めること」とある。

**演習問題** ●●●●●●●●●●●●●●●●●●●●●●●●●●●●●●●●●●●●●●●●●●●●

1. 保育や育児に関するスマートフォンのアプリケーションを調べ、対象別（保育者向け、子ども向け、保護者向け）に分類してみましょう。
2. インターネットサイトを活用して、コミュニケーションを重視した外国にルーツをもつ子どもの取り組みについて、自治体の事例を調べてみましょう。

**【引用・参考文献】**
橋元良明・久保隅綾・大野志郎「育児とICT ——乳幼児のスマホ依存、育児中のデジタル機器利用、育児ストレス」『東京大学大学院情報学環情報学研究　調査研究編』35、2019年、53-103頁
厚生労働省『令和元年度 保育士の業務の負担軽減に関する調査研究　事業報告

書2020』2020年

https://www.mhlw.go.jp/content/000636458.pdf（2022年10月 1 日閲覧）

久津木文『幼児期の多文化・異文化経験や知識が認知に及ぼす影響の解明——選択的信頼に着目して』科学研究費報告書，2015年

三菱 UFJ リサーチ＆コンサルティング『保育所等における外国籍等の子ども・保護者への対応に関する調査研究事業報告書』（令和元年度子ども・子育て支援推進調査研究事業）2020年

内閣府「令和 3 年度 青少年のインターネット利用環境実態調査」2022年

https://www8.cao.go.jp/youth/kankyou/internet_torikumi/tyousa/r03/net-jittai/pdf/2-3-1.pdf（2022年10月 1 日閲覧）

出入国在留管理庁「令和 4 年 6 月末現在における在留外国人数について」2022年

https://www.moj.go.jp/isa/publications/press/13_00028.html（2022年12月 1 日閲覧）

総務省「通信利用動向調査」『令和 3 年版情報通信白書』2021年

https://www.soumu.go.jp/johotsusintokei/whitepaper/ja/r03/pdf/n1100000.pdf（2022年10月 1 日閲覧）

谷口正子「多文化共生保育を考える」『国際人権ひろば』No.54，ヒューライツ大阪，2004年

https://www.hurights.or.jp/archives/newsletter/section2/2004/03/post-142.html2004（2022年10月 1 日閲覧）

Blackman, Alixandra, "Screen Time for Parents and Caregivers: Parental Screen Distraction and Parenting Perceptions and Beliefs," ETD Collection for Pace University, 2015, AAI3664563.

McDaniel, Brandon T. & Jenny S. Radesky, "Technoference: Parent distraction with technology and associations with child behavior problems," *Child Development* 89.1, 2018, pp.100-109.

# 第Ⅱ部

# 演習編

　第Ⅰ部では講義形式で「人間関係」の理解を深めました。第Ⅱ部では第Ⅰ部で学んだことを土台にしながら「人間関係指導法」を演習形式で学んでいきます。子どもと他者との関わりが多くなる実際の保育現場では，効果的な指導案を作成することが何よりも大切です。そのために，その「ねらい」と「内容」の関係を集中的に学べるように，各章ではさまざまな工夫が展開されています。子どもの健やかな育ちと他者との良好な関係構築を促すために，みなさんは第Ⅱ部における一つひとつの演習問題や模擬保育の章にしっかりと取り組んでください。そして保育者としての確かな実践力を養ってください。

# 第9章 保育環境としての保育者のあるべき姿

## この章のポイント

●グループワークを通して，保育者としての理想像を考えましょう。
●子どもを理解するために，ワークを通して自己理解を深めましょう。
●保育環境としての人間関係を理解しましょう。

## 第1節　保育者としての理想像とは

### 1 保育者とは

　保育という言葉を辞書で引くと「乳幼児を適切な環境のもとで，健康・安全で安定感をもって活動できるように養護するとともに，その心身を健全に発達させるように教育すること」（『ブリタニカ国際大百科事典 小項目事典』）と書かれています。保育を行う人は，保護者，保育士，幼稚園教諭を含みみな保育者といえますが，ここでは専門性をもった保育者としての保育士，幼稚園教諭の役割について考えてみましょう。保育士，幼稚園教諭の役割は，子どもに対する支援だけではありません。太田（2014，p.51）は，子育て支援において保育士に期待される役割を，「子育ち」の支援，「親育ち」の支援，「親子関係」の支援，「子育て環境」の支援のように整理しています。したがって，専門性をもった保育者として働くためには，子に関する知識だけでなく，親子関係を含む人間関係，子育て環境に関する知識も必要となってきます。

### 2 保育者としての理想像

〈ワーク1：「保育者としての理想像」を考える〉

　前述の保育者の役割を念頭に置きながら，保育者としての理想像をブレーンストーミングとKJ法によって考えてみましょう。まずは，ほかの人と相談せずに，配布した付箋紙（1人10枚。追加配布も可）に，理想像を1つずつ書いてください。次に，みなさんを4，5人のグループに分けます。各グループに大きな紙を1枚配りますので，各自の付箋を

**ことば**

**ブレーンストーミング**
アメリカで開発された集団的思考の技術。自由な雰囲気で，ほかを批判せずにアイデアを出し合い，最終的に一定の課題によりよい解決を得ようとする方法（小学館『デジタル大辞泉』）。自由奔放，批判厳禁，質より量，結合・改善という4つの基本原則がある（丹治，2011）。

**KJ法**
文化人類学者の川喜田二郎が考案した発想法。ブレーンストーミングなどで思いついたことや調査で得られた情報などをカードに記すことから始め，類似のカードについてグループ分けとタイトルづけを行い，グループ間の論理的な関連性を見出し，発想や意見や情報の集約化・統合化を行う（小学館『デジタル大辞泉』）。

貼っていきましょう。その際に，似た内容の付箋は近くに貼り，グループ分けをしましょう。付箋のグループ分けができたら，それぞれのグループにタイトルをつけましょう。すべて終わったら，グループ発表を行います。どんな理想像が浮かび上がりましたか。ほかのグループの発表も参考にして，より具体的な保育者像が描けるとよいですね。

### 3 自己と他者の対人関係パターン

近年，保育現場では外国にルーツをもつ子どもが増加しています。文化が異なると，コミュニケーションのとり方が異なる可能性があります。あなたの隣に座っている友人ももしかしたら異なる文化をもっているかもしれません。文化は氷山にたとえられることがありますが，異文化コミュニケーションでは目に見えない部分（海面下に書かれた事柄）で多くの誤解が発生しがちです（図9-1）。これは，文化はその文化グループのメンバーにとってはあまりに当たり前のことであり，違いに気がつくことが難しいからです（コミサロフ，2001，p.26）。

図9-1 文化を氷山にたとえると

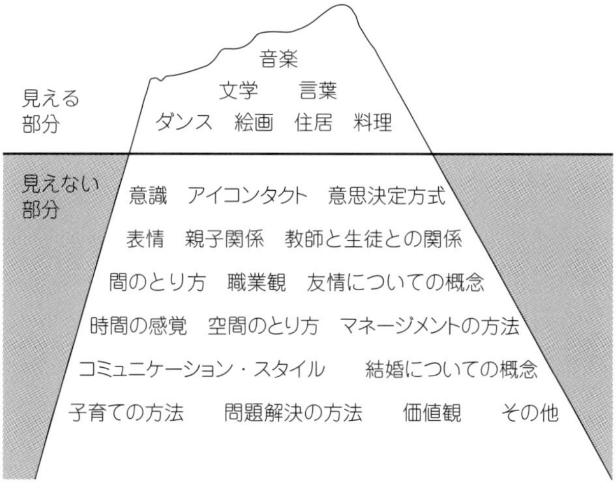

出所：コミサロフ喜美「文化とは何か」八代京子ほか『異文化コミュニケーション・ワークブック』三修社，2001年，25頁

〈ワーク2：常識について考える〉

以下では「常識」について考えます（樋口，2001，p.9に基づく。一部改変）。以下の①～③は，あなたにとっては常識でしょうか。選択肢から当てはまるものを選び，その理由についても考え，グループ内で意見を交換してみましょう。

① 時間に遅れて人を待たせたら謝る。

a. 常識　　b. 常識ではない　　c. どちらともいえない

②　人から親切な行為を受けたり，贈り物をもらったりしたら，次に
会ったとき，ひと言お礼を言う。
　　a．常識　　　b．常識ではない　　　c．どちらともいえない
③　先輩や先生に対しては，同年齢の友人に対するときより丁寧に話す。
　　a．常識　　　b．常識ではない　　　c．どちらともいえない

　　常識は，文化内，グループ内で共有されています。文化背景が異なる
と，常識が非常識になることもあります。これを逆転現象といいます。
日常の些細なことなら，「習慣」や「考え方」の違いで済むかもしれませ
ん。しかし，価値観や信念が大きく違っていたり，絶対に譲れなかっ
たりすると，重大な摩擦を引き起こすことがあります。以下のワークを
行い，そういった文化による摩擦を考えてみましょう。

〈ワーク３：異なる国の人とコミュニケーションをとる〉

　　これからみなさんをＡ国〜Ｃ国の３つの国に分けます。１人につき１
枚，該当する国のコミュニケーションスタイルが書かれた紙を配ります。
この紙は絶対にほかの国の人には見せないでください。みなさんは配布
された紙に書かれている通りに振る舞います。これから自分とは異なる
国の人を探して会話をしてみましょう（たとえば，天気の話，昨日したこ
と，好きな食べ物など）。

　　いかがでしたか。ワークを通して感じたことを書きましょう。この後，
３国のコミュニケーションスタイルをみなさんにお知らせします（１枚
の紙に印刷して配布する）。今回はワークとして実施しましたが，ここで
体験したようなコミュニケーションスタイルの違いによる違和感や驚き
は，日常生活でも体験することがあるかもしれません。ときには不快に
感じることもあるかもしれません。しかしそれは，その人が属する文化
のコミュニケーションスタイルに基づくものであって，あなたに対して
悪気があるわけではないといった可能性を念頭に置いておきましょう。


（Ａ国のカードに記載されている内容）
・人と話すときには，50cm以上は離れないようにします。
・できるだけ自分のことを話して，相手に理解してもらいたいと考えます。
・相手にもいろいろと質問をすることが，礼儀だと考えられています。
・相手の目を見つめて話をすることが，礼儀だと考えられています。
（Ｂ国のカードに記載されている内容）
・人と話すときには，１m以上離れるようにします。
・できるだけ自分のことは話さず，相手の話を聴くことが礼儀だと考えられて
　います。
・相手にいろいろと質問をすることが，礼儀だと考えられています。
・相手の目を見つめて話をすることは，無礼だと考えられています。

**ことば**

**価値**
個人段階ではなく，一定の社
会・文化によって尊重され，
立派であると認められている
もの。価値は，一般に文化の
基底にあり，善悪の判断の基
準になり，行動の目標や方針
を決定する（石井，1997，
p.225）。価値観が違うという
ことは，判断のものさしが違
うということ。

（C国のカードに記載されている内容）

・人と話すときには，50cm以上は離れないようにします。

・初めて会ったときには，相手の肩を軽くたたくあいさつをします（たたくふりでも OK）。

・できるだけ自分のことを話して，相手に理解してもらいたいと考えます。

・相手にいろいろと質問をすることは，無礼だと考えられています。

・相づちを打たずに黙って相手の話を聴くことが，礼儀だと考えられています。

## 第**2**節　子ども理解のための自己理解

### ■**1**■　自分を知る①

　保育者になるためには子どもについて理解する力が必要です。そのためには，まずは自分を知ることが大切です。自己理解があって初めて子どもを含む他者の理解につながるからです。以下では構成的グループエンカウンター（SGE）のエクササイズを紹介します。

〈ワーク４：私は人と違います〉（日本教育カウンセラー協会，2001）

　8人1組をつくります。時計回りの順で1人ずつ「私は人と違います。なぜなら～だからです」「私は人と違います。なぜなら6回転校したからです」のように文章を完成させていきましょう。

　いかがでしたか。これは，他者の発表を聞くことによって，自分についての理解を深めていくエクササイズです。自分について知り，得意，不得意を含めて自分を理解できれば，多種多様な子どもたちをどう理解していくかのとっかかりになるはずです。

### ■**2**■　自分を知る②

　これまで知らなかった自己を理解していくために，自分の歴史をふりかえりましょう。

〈ワーク５：ライフラインを書く〉

　自分が今まで生きてきた歴史をライフラインとして書いてみましょう（図9-2，以下，中田，2002，p.47に基づく）。初めに横に一本の線を引きます。線の上には自分のことを，線の下には家族のことを書きます。左端の上に（自分の）「誕生」と書き，右端に「現在」と書きます。その間に節目となる出来事と年齢を線の上に書きます。線の下には家族の出来事と年齢，そのときの自分の気持ちを書きます。中にはどうしても思い出せない部分もあるかもしれませんが，それにも重要な意味があります。思い出せない理由を無理のない範囲で考えてみましょう。時間に余裕が

**プラスα**

**構成的グループエンカウンター（SGE）**
國分康孝が創案したグループアプローチ。ねらいをもったエクササイズを目的や対象に応じて組み立て，リーダーがルールを示し時間管理をしながら進めていく。エクササイズを通して起こった心の変化を参加者同士で分かち合う（シェアリング）ことで，認知の拡大と修正を得る。その結果，他者とのリレーションを体験し，自己や人間関係についての理解を深めていく（日本産業カウンセラー協会，2022，p.145）。

図9-2　ライフラインの例

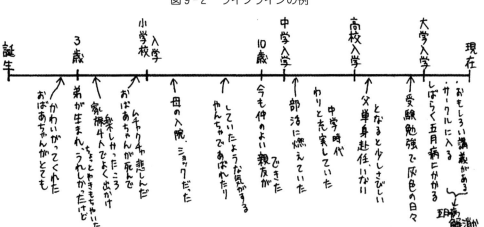

出所：中田行重「自分らしさのなりたち──私って何者？」古城和子編著『生活にいかす心理学 ver.2』ナカニシヤ出版，2002年，47頁

あれば，現在の先，今後の人生のライフラインも追加してみましょう。みなさんは，どのような人生を送りたいですか。

表9-1　保育者効力感尺度

| | 非常にそう思う | ややそう思う | どちらともいえない | あまりそうは思わない | ほとんどそうは思わない |
|---|---|---|---|---|---|
| 1）　私は，子どもにわかりやすく指導することができると思う | 1 | 2 | 3 | 4 | 5 |
| 2）　私は，子どもの能力に応じた課題を出すことができると思う | 1 | 2 | 3 | 4 | 5 |
| 3）　保育プログラムが急に変更された場合でも，私はそれにうまく対処できると思う | 1 | 2 | 3 | 4 | 5 |
| 4）　私は，どの年齢の担任になっても，うまくやっていけると思う | 1 | 2 | 3 | 4 | 5 |
| 5）　私のクラスにいじめがあったとしても，うまく対処できると思う | 1 | 2 | 3 | 4 | 5 |
| 6）　私は，保護者に信頼を得ることができると思う | 1 | 2 | 3 | 4 | 5 |
| 7）　私は，子どもの状態が不安定な時にも，適切な対応ができると思う | 1 | 2 | 3 | 4 | 5 |
| 8）　私は，クラス全体に目をむけ，集団への配慮も十分できると思う | 1 | 2 | 3 | 4 | 5 |
| 9）　私は，1人1人の子どもに適切な遊びの指導や援助を行えると思う | 1 | 2 | 3 | 4 | 5 |
| 10）　私は，子どもの活動を考慮し，適切な保育環境（人的，物的）に整えることに十分努力ができると思う | 1 | 2 | 3 | 4 | 5 |

出所：三木知子・桜井茂男「保育専攻短大生の保育者効力感に及ぼす教育実習の影響」『教育心理学研究』第46号，1998年，85頁

### 3　保育者効力感

みなさんは，保育をする力について，どれぐらい自信がありますか。下のワークのタイトルにある「効力感」とは，ある状況の中で適切な行動をとれる，遂行する力があるという信念を指します。ワークを行い，現在の自分の状況を確認してみましょう。

〈ワーク6：保育者効力感尺度に答える〉

保育者効力感（三木・桜井，1998）に関する表9-1の質問に回答し，そう思った理由とともに周りの人と結果を共有してみましょう。

実習の前後にこの保育者効力感尺度を実施し，それぞれの結果を比較してみるのも有効です。

第2節を通して自己の理解が深まったでしょうか。第1節で考えた理想の保育者像に近づけるよう，自己を客観視し，目標に向かって学んでいきましょう。

### 第 3 節　保育環境としての人間関係

#### 1　保育所の中の人間関係

保育所に就職した場合，みなさんは，各組の保育士として業務を行うことになるでしょう。園によっては，担任ではなく副担任として勤務する場合もあるかもしれません。しかし，保育所で働いているのは保育士だけではありません。保育所の保育士は，事務職員，栄養士，調理師，運転手，嘱託医，看護師，保健師，心理士，ときには精神保健福祉士など，さまざまな職種が集まる組織体制の中で仕事をします（図9-3）。

図9-3を参考に，以下のワークを行ってみましょう。

**ことば**

**保育者効力感**
保育場面において子どもの発達に望ましい変化をもたらすことができるであろう保育的行為をとることができるという信念（三木・桜井，1998）。

**プラスα**

**栄養士**
国が認定する資格。栄養士と管理栄養士の2種類がある。

**保健師**
厚生労働大臣の免許を受けて保健指導に当たる専門職。

**心理士**
心の病や悩みをもつクライアントに対して，言語的，行動的に心の健康回復を支援する。臨床心理士と公認心理師が代表的である。臨床心理士は財団法人日本臨床心理士資格認定協会が認定する資格，公認心理師は国家資格である。

**精神保健福祉士**
精神保健福祉士法によって定められた国家資格。

図9-3　保育所の組織体制

出所：社会福祉法人若竹会　一の割自然保育園HPを参考にして筆者作図

**〈ワーク7：保育所の保育士としてやるべき業務には何があるか，組織の中でどのような点に気をつけてそれらを行えばよいかを考える〉**

　保育士の業務は，指導計画の作成，保育実務，保育に関する記録，園児の健康と安全管理，保護者との連絡および指導，園だよりの作成，調理員との連携，園舎内外の整理整頓，事務補助，保育教材・図書・避難訓練・備品物品・遊具の保全・保健衛生に関わる業務など多岐にわたります（社会福祉法人恵光園福祉会花高保育園，2021）。これらの業務は，1人で担当するのではなく，チームで担当します。上司，先輩保育士，同僚と円滑に業務を進めていくためには，「仲のよい」関係が理想的かもしれませんが，彼らは友人ではなく，仕事をするうえでの仲間です。中には合わない人がいるかもしれませんが，仕事をする場である，とある程度割り切って接することも重要です。何でも話せる他者を職場以外にももっておくと，心と体の安定につながります。

### ■2　保育者同士の関わり

　上司，先輩保育者，同僚は友人ではありませんが，業務を円滑に進めていくうえで良好な人間関係を築くことは重要です。良好な人間関係を築く1つの方法として，相手の話を傾聴することがあげられます。傾聴とは，他者の話に耳を傾けて聴くということです。ロジャース（Rogers, C. R.）によると，傾聴の基本的態度には，自己一致あるいは純粋性，無条件の肯定的配慮，共感的理解があります。傾聴の具体的技法として，受容（相手の語る内容を批判したり，良い悪いの評価をしたりせずに聴く），くり返し（相手の言葉をそのままくり返す。長い発話の場合は相手の話した内容を要約してくり返す），支持（相手の話に賛意を表現する），質問（はい，いいえの回答を求める閉じた質問よりも，疑問詞を用いた開いた質問（何，なぜ，どうやって，どんな，など）をするほうがよい），明確化（相手の言葉の下に潜んでいる感情を指摘する）があります（西，1992，pp.278-279）。以下のワークで傾聴のトレーニングをしてみましょう。

**〈ワーク8：インタビューをし，傾聴する〉**

　ペアをつくり，じゃんけんをし，勝った人が先にインタビュアーになります（以下，國分，1999に基づく）。インタビュアーは，名前，住んでいる場所，得意な科目，趣味，いつかしたいこと，長所などを相手に質問します。回答者は，答えにつまる質問には答える必要はありません。インタビュアーは，相手の話を傾聴してください。すべて終えたら，役割を交替します。

　すべて終わったら感じたことを書きましょう。また，以下の傾聴のた

**プラスα**

**自己一致あるいは純粋性**
カウンセリング関係の中でカウンセラーが自由に，深く自分自身でいられることであり，そこで自分が体験し感じていることが正確に意識化され，必要なときにはそれをクライエントに表現できるような態度（日本産業カウンセラー協会ほか，2002，p.36）。

**無条件の肯定的配慮**
クライエントの存在そのもの，クライエントの体験や表現に対して，条件つきではない温かな関心を示し，受け止めること（日本産業カウンセラー協会ほか，2002，p.36）。

**共感的理解**
クライエントの視点（内的照合枠・内的準拠枠）からクライエントが表現していることや感じていることを，カウンセラーが感受性豊かに，正確に感じ取り，理解すること（日本産業カウンセラー協会ほか，2002，p.37）。

めのセルフチェックの項目を参考にしながら，インタビュアーとしての自分の聞き方がどうであったかについても確認してみましょう（1自らの価値観を入れて聞いていなかったか，2関心のある内容だけに意識を向けて聞いていなかったか，3相手の話の途中で自分の意見を入れていなかったか，4ほかのことを考えながら聞いていなかったか，5相手の話に対する答えを用意しながら聞いていなかったか，6相手以外に目線を置くことが多くなってはいなかったか。全国歯科衛生士教育協議会，2007，pp.189-190に基づく）。傾聴は，保育者同士の関わりだけでなく保護者との関わり，第4項で示すその他の専門職との連携においても重要です。

### ■3　保育者の発達

　秋田（2000）は，エリクソンの発達理論にふれながらヴァンダー・ヴェンの保育者に関する5段階モデルを紹介し，吟味検討をしています。これによると，段階1は実習生・新任の段階，段階2は初任の段階，段階3は洗練された段階，段階4は複雑な経験に対処できる段階，段階5は影響力のある段階であるとされています。

　以下，秋田（2000，pp. 48-52）とそれを引用している藤森（2015，pp.190-191）に基づいて，各発達段階をみていきましょう。第1段階は，丸腰の（生身の）自分自身で関わろうとする段階で，メンタルヘルス上の問題が起きやすいとされています。第2段階は，先輩からの助言，指示を受け入れられるようになる一方で，その内容を十分に理解したり使いこなしたりする技術がないので，必要以上に自己肯定感が低下する可能性があるといわれています。第3段階になると，できることとできないこととの見極めがつき，精神的にある程度落ち着いて業務に取り組めるようになるといわれています。保育の専門家であるというアイデンティティが確立されるのは，この段階であるとされます。第4段階の保育者には，直接的な関わりをより熟練させていく方向と，後任の養成，という大きく分けて2つの流れがあるとされます。第5段階になると，体力的には減退してくるものの，保育者の発達段階モデルとしては最後の段階，影響力のある段階となります。このように一口に保育者といってもその発達段階はさまざまです。

### ■4　保護者，ほかの保育者，その他の専門職との連携

　保育者は，保護者，ほかの保育者に加えて，さまざまな専門職と連携しながら仕事をしていきます。専門職間の連携方法は，①打ち合わせ，②協力，③専門的助言（コンサルティング），④チームワークという分け

人　　物

エリクソン
⇨第3章第1節3参照

方がなされています（松岡，2000）。このうち④のチームワークは，最も相互の関係性が強いフォーマルなものであるとされていますが，簡単に形成できるわけではありません（矢ヶ部，2022，pp.81-82）。矢ヶ部（2022，p.82）は野中・野中ケアマネジメント研究会（2014，pp.138-139）に基づき，チームの発展過程を，「①互いが知り合いになるが目標は一致していない，②試行と失敗が繰り返されるなかで疑惑が生じる，③葛藤を避け，全体的な優柔不断の状態となる，④問題が露呈して感情が表出され，危機を迎える，⑤コミュニケーションが進み，問題が解決する，⑥課題が共有され，相互関係が成立して，チームが維持される」であるとしています。すでに学んできたように，保育者同士でも価値観や発達段階はさまざまです。ましてや職種が異なれば，各々の職種に基づく考え，意見，気持ち，欲求をもち，相互に葛藤が生じることもあるでしょう。以下では，職場において円滑な連携をしていくための1つの方法として，アサーション・トレーニング（平木ほか，2002；平木，2009）について学びます。

〈ワーク9：あなたの言動に近いものは？　理由とともに考える〉

　あなたが職場で手一杯の仕事をかかえて忙しくしていたところ，上司である主任から追加の仕事がきました。あなたの言動に近いものはどれでしょうか。

① 「無茶言わないでください！　これ以上仕事しろって言うんですか」と言う。

② 心の中では「そんなの無理ですよ」と思いつつも「……わかりました」と言い，そのまま仕事を引き受ける。

③ 「今○○をしています。どちらを先にしたらよろしいでしょうか」と伝えることで上司に自分の状況を理解してもらい，優先順位をともに検討する。

　アサーション理論では，①を攻撃的な自己表現，②を非主張的な自己表現，③をアサーティブな自己表現といいます。

〈ワーク10：「アサーション度チェックリスト」に答える〉

　以下のチェックリスト（平木，2009に基づく。一部表記を変更）に回答しましょう。

Ⅰ　自分から働きかける言動

| | |
|---|---|
| ①あなたは，誰かによい感じをもったとき，その気持ちを表現できますか。 | はい　いいえ |
| ②あなたは，自分の長所や，なし遂げたことを人に言うことができますか。 | はい　いいえ |
| ③あなたは，自分が神経質になっていたり，緊張しているとき，それを受け入れることができますか。 | はい　いいえ |

**❁ことば**

**アサーション・トレーニング**

アメリカ発祥で，その原型は対人関係に悩んでいる人や自己表現がうまくできない人のためのカウンセリングの一方法。英和辞典をひくと，assertion（名詞）は断言，断定，主張といった全体的にネガティブなニュアンスで訳されている。だが，英英辞典をひくと，assertive（形容詞）は"behaving in a confident way, so that people notice you"と書かれている。assertionの本来の意味は，「自分も相手も大切にした自己表現」「自分の考え，欲求，気持ちなどを率直に，正直に，その場の状況にあった適切な方法で述べること」である。つまり，アサーションを本来の意味を踏まえて日本語に訳すと「さわやかな自己表現」「自分も相手も大切にした自己表現」と訳すことができる（平木ほか，2002；平木，2009）。

| ④あなたは，見知らぬ人たちの会話の中に，気楽に入っていくことができますか。 | はい　いいえ |
|---|---|
| ⑤あなたは，会話の場から立ち去ったり，別れを言ったりすることができますか。 | はい　いいえ |
| ⑥あなたは，自分が知らないことやわからないことがあったとき，そのことについて説明を求めることができますか。 | はい　いいえ |
| ⑦あなたは，人に援助を求めることができますか。 | はい　いいえ |
| ⑧あなたが人と異なった意見や感じをもっているとき，それを表現することができますか。 | はい　いいえ |
| ⑨あなたは，自分が間違っているとき，それを認めることができますか。 | はい　いいえ |
| ⑩あなたは，適切な批判を述べることができますか。 | はい　いいえ |

Ⅱ　人に対応する言動

| ⑪人から誉められたとき，素直に対応できますか。 | はい　いいえ |
|---|---|
| ⑫あなたの行為を批判されたとき，受け応えができますか。 | はい　いいえ |
| ⑬あなたに対する不当な要求を拒むことができますか。 | はい　いいえ |
| ⑭長電話や長話のとき，あなたは自分から切る提案をすることができますか。 | はい　いいえ |
| ⑮あなたの話を中断して話し出した人に，そのことを言えますか。 | はい　いいえ |
| ⑯あなたはパーティーや催しものへの招待を，受けたり，断ったりできますか。 | はい　いいえ |
| ⑰押し売りを断れますか。 | はい　いいえ |
| ⑱あなたが注文した通りのもの（料理とか洋服など）がこなかったとき，そのことを言って交渉できますか。 | はい　いいえ |
| ⑲あなたに対する人の好意がわずらわしいとき，断ることができますか。 | はい　いいえ |
| ⑳あなたが援助や助言を求められたとき，必要であれば断ることができますか。 | はい　いいえ |

　「はい」はいくつありましたか。近くに座っている人と結果を共有してみましょう。人によって「はい」の数は異なるかもしれませんね。それでは，アサーティブな自己表現ができるようになるためにはどうすればよいのでしょうか。以下で説明する DESC 法は，問題解決をするための話し合いをアサーティブにするための方法です。DESC 法では，次のようなステップで，自分の気持ちや考えを明らかにして，セリフ化してから話します。

① D =Describe（描写）

　自分が対応しようとする状況や相手の行動を描写する。解釈，推測，自分が感じたことではなく，客観的で具体的な事実を述べる。誰が見てもわかる事実（少なくとも自分と相手に）であることが必要である。

② E=Express, Explain, Empathize（表現，説明，共感）

相手の行動に対する自分の気持ちや感情を冷静に表現する。状況を明確に説明する。相手に対して共感を示す。これは，自分の気持ちや状況を相手にスムーズにわかってもらうためである。

③ S=Specify（特定の提案）

相手にしてほしいことや変えてほしいことなどを伝える。提案であって命令ではない。よって「～してください」という形ではなく，「～していただけませんか」「～してもらえませんか」といった形になる。この提案は，今すぐできるような具体的で小さな提案である必要がある。

④ C=Choose（選択）

こちらが提案したことに対して相手は肯定的に答える（Yes）可能性と，否定的に答える（No）可能性がある。両方の可能性があることを覚悟しておく。そのうえで，相手が Yes と答えたらどうするのか，No と答えたらどうするのかをあらかじめ考え，準備しておく。

それでは実際に DESC 法を使って以下のワークを行ってみましょう。

〈ワーク11：保護者からの長時間に及ぶ電話を切る方法を考える〉（アポイントメントなしの電話でほかの業務に支障が出ている場合）

（例）

①D　○「～時ですね」「1時間お話ししましたね」→客観的で具体的な事実の描写

　　×「もう～時になってしまいましたね」「1時間もお話ししましたね」
　　→主観的な描写

②E　「私は」を主語としたセリフ（例「お話をうかがえてよかったです」「楽しかったです」「もっとお話ししたいのですが，明日の保護者会の準備がありまして」など）で自分の気持ちを表現したり，状況を説明したりする。「～さんもお疲れではないでしょうか」と相手に共感する。

③S　「この続きは～日にしませんか」「お話の続きは，連絡帳に書いていただくというのはいかがですか」などと伝え，電話を切ることを提案する。

④C　提案に対して

　→「そうします」（Yes）の場合，「お話をうかがえてよかったです。お電話ありがとうございました」

　→「もう少し話したいです」（No）の場合，「～時まではいかがですか」「～日の～時から～時の間のご都合はいかがですか」と提案する。

ここでは，保護者に対してアサーションする方法を扱いましたが，相手が誰であっても方法は同じです。アサーションは，一朝一夕にできるものではなく，トレーニングが必要です。必要なときに使えるよう，日

頃の生活から意識してみましょう。

　ここまで，保育者としての理想像，子ども理解のための自己理解，保育環境としての人間関係について順に扱ってきました。本章で学んだ内容をもとに，保育者としてのあるべき姿を日頃から念頭に置きながら学習を進めていきましょう。

**演習問題** ●●●●●●●●●●●●●●●●●●●●●●●●●●●●●●●●●●●●●●

1．保育者効力感とは何でしょうか。

2．傾聴にはどのような具体的技法があるでしょうか。

**【引用・参考文献】**

秋田喜代美「保育者のライフステージと危機——ステージモデルから読み解く専門性」『発達』第83号，2000年，48-52頁

「ブレーンストーミング」『デジタル大辞泉』小学館，2023年

藤森旭人「対人援助職のメンタルヘルス」村井俊哉・森本恵子・石井信子『メンタルヘルスを学ぶ——精神医学・内科学・心理学の視点から』ミネルヴァ書房，2015年，181-206頁

樋口容視子『新しい常識発見』八代京子ほか『異文化コミュニケーション・ワークブック』三修社，2001年，9-12頁

平木典子『改訂版　アサーション・トレーニング——さわやかな〈自己表現〉のために』金子書房，2009年

平木典子・沢崎達夫・野末聖香『ナースのためのアサーション』金子書房，2002年

「保育」Web版『ブリタニカ国際大百科事典　小項目事典』ブリタニカ・ジャパン，2023年

石井敏「重要キーワードの解説　価値」石井敏ほか編『異文化コミュニケーション・ハンドブック——基礎知識から応用・実践まで』有斐閣，1997年，225頁

「KJ法」『デジタル大辞泉』小学館，2023年

國分康孝監修「有名人にインタビュー」『エンカウンターで学級が変わる——ショートエクササイズ集』図書文化，1999年，88-89頁

コミサロフ喜美「文化とは何か」八代京子ほか『異文化コミュニケーション・ワークブック』三修社，2001年，24-27頁

松岡千代「ヘルスケア領域における専門職間連携——ソーシャルワークの視点からの理論的整理」『社会福祉学』第40巻第2号，2000年，17-38頁

三木知子・桜井茂男「保育専攻短大生の保育者効力感に及ぼす教育実習の影響」『教育心理学研究』第46号，1998年，203-211頁

中田行重「自分らしさのなりたち——私って何者？」古城和子編著『生活にいかす心理学ver.2』ナカニシヤ出版，2002年，39-51頁

日本教育カウンセラー協会『ピアヘルパーハンドブック——友達をヘルプするカウンセリング』図書文化社，2001年

日本産業カウンセラー協会『キャリア・コンサルタント——その理論と実務』日本産業カウンセラー協会，2022年

日本産業カウンセラー協会，金子書房編集協力『産業カウンセリング』（産業カウンセラー養成講座テキストⅠ）日本産業カウンセラー協会，2002年

西昭夫「職場における構成的グループ・エンカウンター」國分康孝編『構成的グループ・エンカウンター』誠進書房，1992年，270-280頁

野中猛・野中ケアマネジメント研究会「誰を選んで，どう育てるか」『多職種連携の技術——地域生活支援のための理論と実践』中央法規出版，2014年，135-152頁

太田光洋「保育所の役割はどのように変わったか」大豆生田啓友・太田光洋・森上史朗編『よくわかる子育て支援・家庭支援論』ミネルヴァ書房，2014年，48-51頁

社会福祉法人恵光園福祉会花高保育園「令和３年度職務分担表」2021年
http://www.tvs12.jp/~hanataka/report/pdf/R3/r3.syokumubuntann.pdf
（2023年３月18日閲覧）

社会福祉法人若竹会　一の割自然保育園「組織体制」
http://ichinowari-hoikuen.ed.jp/about/members.php（2023年３月18日閲覧）

丹治光浩『中学生・高校生・大学生のための自己理解ワーク』ナカニシヤ出版，2011年

矢ヶ部陽一『子どもと保護者に寄り添う「子ども家庭支援論」』晃洋書房，2022年，77-84頁

全国歯科衛生士教育協議会監修，矢尾和彦・高阪利美・合場千佳子編，二宮克美・山田ゆかり・水木さとみ・山本ちか「思いを伝え合うこころ」『最新歯科衛生士教本心理学』医歯薬出版，2007年，183-198頁

# 第10章 事例からみる0歳児における人との関わり

- ●0歳児の育ちを踏まえ，基本的信頼関係を育むための保育者の関わりについて事例を通して理解しましょう。
- ●子どもの姿をもとに，あそびや生活の中での保育者の応答的なふれあいや具体的な援助方法を学びましょう。

## 第1節 0歳児の心身の育ちと人間関係

### 1 大人との出会い

人間の子どもは40週もの間，母親のお腹の中で守られこの世に誕生します。通常，初めて関わる対象は親（保護者）でしょう。第3章に前述している通り，生まれて間もない子どもの視力は弱く，視野もごく狭く，両目の焦点も限られています。しかし，ぼんやりと見える中でも，人の声に反応し，話しかける大人の顔をじっと見つめようとします。生まれてまもなく泣いたり，笑ったり（生理的微笑）する姿をみて，世話をする大人は「愛しい」「守ってあげたい」という気持ちになるのです。子どもは自分が発する声にやさしく応えたり，微笑んだりする他者の存在が身近にいることで，これから生きていく世界が素晴らしいものであると感じられるでしょう。

**ことば**

生理的微笑
⇨第3章第1節2参照

**プラスα**

早期母子接触
以前はカンガルーケアという言葉が一般的であったが，カンガルーケアという言葉は現在では全身状態が安定した早産児に対しての母子の皮膚接触を指す。通常の分娩の場合，早期母子接触という言葉を用いる（父子でも行われている場合がある）。

**事例10-1　早期母子接触**

母親は新生児にとって命であり，環境そのものといえます。出生直後の新生児を母親の腹部に腹ばいにすると，乳児は頭を持ち上げ，足で母親の腹部を蹴るようにして母親の胸部をずり上がり，探索・吸啜行動をくり返します。出生後1時間は母親にとって母性的感受性が最も高まっている時期であり，

写真10-1　早期母子接触

> また新生児にとっても生後 1 時間は外界への感受性が最も高まっている時期です。お互いの感受性が最も高まっている時期に，母と子の接触が行われると，母と子の絆（bonding）がより強固に育まれると考えられています。
>
> （出所：坂口けさみほか「正期産新生児に対する早期母子接触の効果と安全性」2013年より）

　子どもの脳は「肌」にあるといわれています。乳児期の肌の接触は心の安定につながり，肌のふれあいの温かさを通して心地よさを感じられるようになります。それは人と関わることの原点であると考えられているのです（塚本，2020）。だからこそ大人の関わりが重要な時期だといえるでしょう。

### 2　人と関わることの心地よさ

　子どもは生理的に満足させてくれる大人を信頼します。お腹が空いたときにミルクを与えてくれる人，おむつが汚れたときにさっぱりさせてくれる人，眠いときに抱き上げてくれる人，暑いとき，寒いとき，痒いときなど不快な状態を取り除いてくれる他者の存在を信頼していきます。いつもと同じ手の感触，匂い，声など，まだ人を認識することができない時期でも，五感を通して人と関わることの心地よさを自然と感じられるようになります。さらに目を見て語りかけることでお互いに関わり合う喜びを確認することができるのです。

　子ども一人ひとりの思いや欲求を受け止めながら応答的に関わることで，他者との信頼関係を築くことにつながっていきます。

**ことば**

**五感**
「味覚」「聴覚」「嗅覚」「視覚」「触覚」の5つの感覚のこと。未発達の状態で誕生するが生後6か月までは外界などの刺激により最も発達する時期。「聴覚」は胎児期から発達する。

---

**事例10-2　たくさん飲んでね**

　5か月になるMちゃんは食欲旺盛でミルクの時間が待ちきれません。お腹が空くと保育者の目を見ながら泣き出します。保育者は「Mちゃんお腹空いたね。ミルクにしようね」と言いながら抱き上げ，哺乳瓶の準備を急ぎます。保育者の顔を見ながら美味しそうにミルクを飲むMちゃん。保育者は「美味しいね」「たくさん飲んでね」と声をかけながらMちゃんの顔を見て微笑んでいます。

写真10-2　授乳の様子

---

　母乳やミルクは乳児にとって生きていくうえで欠かせない栄養源です。しかし，栄養を摂取するだけが目的とはいえないでしょう。大人が乳児の顔を見て「美味しいね」「たくさん飲んでね」と話しかけながら授乳

をすることで，子どもは自分のお腹を満たしてくれる人の存在を肌で感じ，その顔を見ようとします。全身の力を振り絞って懸命に飲む姿は，大人にとっても愛おしく感じられてなりません。

　保育所などの集団では，一日に何人もの子どもの授乳やおむつ交換を行います。しかし子どもにとっては，保育者との1対1の時間です。機械的にならず，その時間を大切にしてほしいと願います。

### ■3　愛着関係の形成

　特定の大人と愛着関係を築き，信頼できる大人の存在ができることで，子どもはその対象を求めるようになります。安心できる大人の存在が，人と過ごす喜びや心地よさを感じるようになるのです。また，身近な人とそうでない人を区別できるようになると，保護者や担任の先生には特別な笑顔をみせ，自分の声や動きにやさしく応えてもらってやりとりをすることを盛んに楽しみます。反対に知らない人が抱くと嫌がったり，人見知りをしたりと泣いてしまうこともあります。

　さらにハイハイができるようになると，愛着の対象を追い（後追い），一日中そばにいたい，離れたくないという気持ちを表すようになります。自分の視界から姿が見えなくなると，不安で泣き出してしまうこともあるのです。そのため，保育者は子どもの前から突然いなくなるようなことは避け，「先生お隣のお部屋に行ってくるね」「すぐ戻ってくるね」などと子どもに声をかけ，子どもの不安な気持ちを少しでも取り除くことが大切です。大人の言葉すべては理解できない時期ではありますが，体の動きや表情，声などで，子どもは次第に相手の言っていることを理解するようになってきます。

　乳児期に特定の人との間に芽生えた愛情や信頼感によって，やがてほかの大人や子どもへと関心を抱くようになり，人との関わりの世界を広げていくうえでの基盤となります。

　そのため0歳児では，なるべく同じ保育者が担当する保育方法を行っている園があります。一方，特に担当を決めずクラス全体で保育を行う園もあります。担当を決めることで子どもとの基本的信頼関係を育み，特定の大人との愛着関係の築きにつながる，さらに子ども一人ひとりを深く理解する，というメリットがあります。一方，保育者のシフトが複雑になっている今，担当保育者が不在のときに子どもが保育者を探し，不安感を助長するというデメリットもあります。そのような中，数名の保育者でゆるやかに担当するという保育を取り入れている園の例をあげていきます。

**ことば**

愛着関係
⇨第3章第1節2参照

**ことば**

人見知り
⇨第3章第1節2参照

S保育園では年度の初めに，どのような担当制で進めるか担任同士で話し合っています。昨年度は月齢の近い2～3名を1人の保育者が担当していました。しかし，保育者と子どもの相性，子どもの見方に偏りがみられるなどの問題点があげられ，今年度は担当制を見直すことになりました。そこで子どもたちの月齢差や発達差を考えたうえで，少人数のグループをつくり，1グループ2名の担当保育者を定めました。これがゆるやかな担当制です。複数の保育者が少人数の子どもを担当することで，1人の保育者が不在でも子どもたちが不安になることが減り，保護者との関係性で問題が生じた場合でも，もう一方の保育者が対応するなどのメリットがあります。

（出所：今井和子監修『育ちの理解と指導計画』小学館，2021年より抜粋）

保育の状況も多様な現在，担当を決める，決めないは，それぞれの園での考え方があります。保育者の体制や子どもに合わせて，柔軟に対応することが求められるでしょう。

## 4　自己・他者への気づき――二項関係から三項関係へ

生後間もない子どもは，自分と外界との境界線がわからない状態にあります。3か月を過ぎると，自分の手をじっと見つめたりなめたりするようになりますが（ハンドリガード），これは，自分の拳をなめることで自分という存在に少しずつ気づいていくのだと思われています。さらに大人との情緒的な関わりも自己の気づきを促していきます。実際に"自分"という存在が認識できるようになるのは，12か月前後だと考えられており（新田・橋彌，2020），子どもが鏡に興味をもって近づき，鏡に映る自分の姿を見て笑顔になる姿は，その表れといえるでしょう。

**プラスα**

ハンドリガード
生後3～4か月頃，起きている時間が次第に長くなり，視力が向上することによりみられる。

Zちゃん（10か月）は自分から大人を求めることが少ない子どもでしたが，少しずつ保育者との信頼関係ができ，笑顔が増え表情も豊かになってきました。ある日，Zちゃんはフェルト製のバナナをもって1人であそんでいました。保育者はZちゃんが振り向いたときに目を合わせ，"見ているよ"という思いで合図を送りました。すると，Zちゃんは保育士が見ていることがわかると，ハイハイで保育者に近づきバナナを"どうぞ"とでもいうように渡し，またハイハイでその場を離れていきました。保育者が「どうも」と声に出して受け取ると，再び保育者のもとに戻ってきたので，バナナを「どうぞ」と言ってZちゃんに渡すと，再び保育者に"どうぞ"というように渡し，保育者が「どうも」というと，その場を離れていきました。ハイハイをしながら保育者のもとにきてバナナを受け取り，渡すというやりとりがしばらく続いたのでした。

Zちゃんは保育者と目が合ったことで，"自分のことを見てくれてい

る”という安心感が生まれ，戻ってきたのではないかと思われます。信頼できる大人と持っていた玩具を介してやりとりすることで，一人あそびから，大人との1対1のやりとりに発展したのでしょう。「どうぞ」「どうも」と言葉を添えながらやりとりをする楽しさを共有したことで，往復しながらのバナナの受け渡しが1回きりではなく，何度もくり返されたのかもしれません。見つめ合う，微笑み合う二人の関係性から（二項関係），同じものを見つめ（視線の共有），物を介したやりとりの中で自分の興味のあるものを他者に伝えたいという思いが芽生え，関心の先を共有するという関係性へと発展していくのです（三項関係）。

## 第2節 あそびと生活における保育者との関わり

### 1 保育者とのふれあいあそび（わらべうた）

　3か月を過ぎた子どもは，大人のやさしい語りかけや歌いかけに心地よさを感じるようになり，人との関わりによって笑顔がみられるようになります（社会的微笑）。そのような姿がみられたときに取り入れたいあそびの例として，わらべうた・ふれあいあそびがあります。わらべうたは音程やリズムが単調で，低月齢の子どもにも聞き取りやすいものです。また，ふれあいあそびはスキンシップを通して，子どもとの情緒的なつながりを深めます。

【にんどころ】（わらべうた）
　　　〜首が座った頃から遊べます。〜
♪ここはかあちゃんにんどころ
　（左のほほを軽く指で触る）
♪ここはじいちゃんにんどころ
　（おでこを軽く指で触る）
♪ここはばあちゃんにんどころ
　（顎を軽く指で触る）
♪ほそみちぬけて（鼻筋を指でやさしくなでる）
♪だいどうこちょこちょ
　（顔全体円を描くようになでくすぐる）

写真10-3　社会的微笑

　ここでは，子どもの姿をもとに，あそびと生活における保育者との関わりを考えてみましょう。実際の指導計画を立てる際の「ねらい」「内容」「予想される子どもの姿（活動）」「保育者の援助・配慮」の例を具体的に表に記入しています。

**社会的微笑**
⇨第3章第1節3参照

**プラスα**
**わらべうた**
1820年，釈行智が子守歌やあそび歌を集めて書いた「童謡集」が，日本で最初に発行されたわらべうたの本とされている。わらべうたは人から人へと伝承されているため，時代の変化とともに少しずつ言葉やメロディーが変化していることがある。

**ことば**
**にんどころ**
「にんどころ」は似たという意味，「だいどう」は大切なわらべ（童）という意味である。アレンジ：子どもが保育者の顔を触ってあそぶ。

🍀ことば

喃語
⇨第3章第2節2参照

表10-1　ふれあいあそび

| 子どもの姿（5か月） | ・機嫌のよいときは「あー」「うー」など喃語を発している。<br>・保育者が声をかけるとうれしそうに手足を動かし，喜びを表現する姿がみられる。 |
|---|---|
| ねらい | ふれあいあそびを通して，スキンシップや歌を聴く心地よさを味わう。 |
| 内　容 | 保育者とのふれあいあそび（にんどころ） |
| 予想される子どもの姿（活動） | ・保育者の歌に興味をもち，「あー」「うー」など声を発している。<br>・手足をパタパタと動かし全身で喜びを表している。<br>・手を伸ばし保育者の顔を触ろうとする。<br>・保育者がくすぐると声を上げ笑顔になる。 |
| 保育者の援助・配慮 | ・目を見ながらやさしく歌いかける。<br>・子どもの様子を見ながら何度か繰り返し，楽しい時間を共有していく。<br>・子どもの求めに応じて保育者が顔を近づける。 |

　アレンジとして，歌に合わせて手足を動かす動作を加えることで，運動発達を促し，体を動かすことの楽しさを味わうことができます。

## ２　いないいないばあ

🍀ことば

モノの永続性
⇨第3章第2節2参照

　第3章第2節にも書かれているようにモノの永続性が理解できるようになると，「いないいないばあ」の世界も広がっていきます。子どもや大人の顔を手で隠したり，人形の顔に布をかけたりしながら「あれ？うさぎさんいないね。どこに行ったのかな？」と大人が言うと，布を取り，「ばあ」などと声を出して喜びます。人見知りの頃，大人の顔が見えないと不安になる時期でも，リトミックなどに使用するオーガンジーシフォンの布を使用すると，顔が透けて見えるため子どもも安心して楽しめます。ここでは実際の保育の中でどのように「いないいないばあ」を取り入れているのか，その事例を紹介していきます。たとえば写真

🍀ことば

オーガンジーシフォンの布
柔らかな素材で丸めたり子どもの前で揺らしたりしても楽しめる。透けて見える素材で色もカラフルなものが多くある。

表10-2　いないいないばあ

| 子どもの姿（10か月） | ・ハイハイで自分の好きな場所に行き，興味のあるものを見つけるとうれしそうに保育者の顔を見たり，声をあげたりすることが増えてきている。 |
|---|---|
| ねらい | ビニール紐の素材にふれ，感覚あそびや保育者とのふれあいあそびを楽しむ。 |
| 内　容 | 保育者との「いないいないばあ」あそび |
| 予想される子どもの姿（活動） | ・ビニール紐に興味をもって近づく。<br>・中に入ったり出たりをくり返し，ときどき保育者の顔を見ながら「ばあ」と言う。<br>・保育者と笑顔でくり返し「いないいないばあ」あそびを楽しむ。 |
| 保育者の援助・配慮 | ・ビニール紐が子どもの首などに絡まらないよう安全に配慮する。<br>・子どもが1人で楽しそうにあそんでいるときは側で見守り，子どもの「ばあ」という発声に同じように「ばあ」と応える。<br>・子どもが保育者に関わりを求めてきたらビニール紐の中に一緒に入り，ともに楽しむ。 |

10-4にあるように，保育室の壁にビニール紐（平たいもの）をかけると，子どもたちはビニール紐を引っ張ったりその中をくぐったりしてあそんでいます。

## 3　絵本の読み聞かせ

　0歳児に絵本を読み聞かせることは，言葉への興味関心につながるのはもちろんのこと，言葉のリズムを心地よいと感じ，読んでくれる相手に対して喜びの感情が生まれます。10か月頃，言葉に興味をもつようになったら，大人の膝の上で，なるべく1対1のゆったりとした雰囲気の中，落ち着いたやさしい声で読み聞かせをするとよいでしょう。保育者と子どもが，ともに絵本にふれることで，色や形などを楽しみ，絵本のイメージが広がります。さらに子どもの情緒の安定につながっていくのです（写真10-5，図10-1）。

写真10-4　保育者との「いないいないばあ」あそび

写真10-5　0歳児の絵本棚

図10-1　保育者の膝の上で読み聞かせ

プラスα

**ビニール紐**
ビニール紐は細いものと平たいものがあるが，保育で使う場合はなるべく柔らかで平たいものを使うようにする。保育者の目の届く範囲で安全面に留意して使用する。

**0歳児の絵本**
○△□などの形状や，色彩がはっきり描かれているような，色や形のわかりやすい絵本を選ぶようにするとよい。

•••••••••••••••••••••••••••••••••••••••••••••

1．保育所保育指針第2章の1の(1)のイ「社会的発達に関する視点『身近な人と気持ちが通じ合う』」に着目し，絵本の読み聞かせにおける「保育者の援助・配慮」を考えてみましょう。

表10-3　絵本の読み聞かせ

| 子どもの姿<br>（11か月） | ・絵本に興味をもつようになり，言葉の代替手段として身ぶりや指さしをする姿がみられる。<br>・大人の話す言葉は理解できるようになってきている。 |
| --- | --- |
| ねらい | 保育者と一緒に絵本を楽しむ |
| 内　容 | 絵本の読み聞かせ |
| 予想される<br>子どもの姿<br>（活動） | ・保育者の読み聞かせに興味を示す。<br>・喃語を発しながら，自分の興味のある動物を指さしたり，自分でページをめくろうとしたりする。 |
| 保育者の援助<br>・配慮 | 【ワーク】 |

**プラスα**

**言葉の理解**
1歳前後になると，言葉の意味が少しずつ理解できるようになる。

## ４　おむつ交換での保育者とのコミュニケーション

　1～3ではあそびを通しての保育者との関わりの事例を取り上げてきましたが，生活のさまざまな場面の中でも保育者とのコミュニケーショ

表10-4　おむつ交換

| 子どもの姿<br>（6か月） | ・おむつを外すと開放的になり手足をバタバタと動かしている。<br>・寝返りができるようになり仰向けを嫌がるようになってきている。<br>・機嫌のよいときは喃語を盛んに発している。 |
| --- | --- |
| ねらい | 心地よい環境の中で快適に過ごす。 |
| 内　容 | おむつ交換を通して保育者とのコミュニケーションを図る。 |
| 予想される<br>子どもの姿<br>（活動） | ・便が出ると不快に感じ泣き出す。<br>・おむつが外れるとうれしそうにしている。<br>・おむつ交換の途中，寝返りをうとうとする。<br>・保育者の歌声に興味を示し，声を発する。<br>・おむつ交換後は機嫌よく笑顔になる。 |
| 保育者の援助<br>・配慮 | ・おむつ交換の前後は手洗いを行い，衛生面に留意する。<br>・湿疹など肌の状態に留意し，おむつ交換を嫌がるようであれば，言葉をかけたり歌ったりするなど，安心できる状態にしてから素早く交換する。<br>・足を交互に屈伸したり，お腹のマッサージをしたりする。<br>・「きれいになって気持ちいいね」と清潔を促す声かけをする。 |

図10-2　おむつ交換

ンは図られます。

　おむつを交換する際にも，子どもの喃語や欲求に応答的に関わること
が重要です。「気持ち悪かったね」「さっぱりしようね」などとやさしく
声をかけながら不快な状況を取り除いていくことで，子どもは清潔に対
する意識が身につきます。おむつ交換を嫌がる子どもに対しては歌を
歌ったり，お腹を触ったりとスキンシップを通して，おむつ交換という
行為が，不快な状態を取り除くためだけではなく，大人とのコミュニ
ケーションをとる場にもつながっていくのです（図10-2）。

　0歳児は授乳や離乳食・おむつ交換・睡眠と，生活が占める割合が大
きい時期です。子どもにとって保育者は自分自身の生活すべてを預ける
存在といえます。生活・あそびとどの場面においても大人の存在は欠か
すことができません。世話をする大人が子ども一人ひとりの特性を理解
し，子どもの欲求に丁寧に応え，思いを汲み取り関わることがこの時期
に最も大切だといえるでしょう。子どもはいつも自分に関わってくれる
大人を安心して受け入れ，やがて自分からも積極的に大人に働きかける
ようになります。このことが人を信頼していく第一歩となるのです。人
と関わることが楽しい，人と関わりたい，その思いを育んでいくことが，
1歳以上の育ちにつながっていきます。

**演習問題** ••••••••••••••••••••••••••••••••••••••••••••••••

2.「第2節　あそびと生活における保育者との関わり」を参考に，0歳児の生活や遊びの中から「ねらい」「内容」「予想される子どもの姿（活動）」「保育者の援助・配慮」を考えてみましょう。

表10-5　発達に合わせた運動あそび

| 子どもの姿<br>（9か月） | ・お座りからハイハイ，ハイハイからお座りと，姿勢を変えて体を動かすことを楽しんでいる。<br>・担当の保育者の姿が見えなくなると不安そうな表情をみせるが，抱っこをすると声を出して笑う姿もみられる。 |
| --- | --- |
| ねらい | 【ワーク】 |
| 内　容 | 【ワーク】 |
| 予想される<br>子どもの姿<br>（活動） | 【ワーク】 |
| 保育者の援助<br>・配慮 | 【ワーク】 |

**プラスα**

0歳児のねらいと内容
保育所保育指針第2章の1の(2)のイの(ア)ねらい，(イ)内容。

3. 保育所保育指針における0歳児の「イ　身近な人と気持ちが通じ合う」((ア)　ねらい①～③) のうちの1つを例示して，このねらいに基づいた「保育内容」を考えてみましょう。

**【引用・参考文献】**

阿部直美『わらべうたあそび120』ナツメ社，2020年

福岡貞子・磯沢淳子編著『保育者と学生・親のための乳児の絵本・保育絵本課題ガイド』ミネルヴァ書房，2009年

今井和子監修『育ちの理解と指導計画』小学館，2021年

加藤敏子・冨永由佳『乳児保育』萌文書林，2019年

厚生労働省編『保育所保育指針解説』フレーベル館，2018年

児山隆史・三島修治・樋口和彦「乳児の共同注意関連行動の発達」『島根大学教育臨床総合研究』第14号，2015年，99-109頁

新田博司・橋彌和秀「12ヶ月児における自己顔の知覚——モーフィング技術を用いた研究」『Infant Behavior and Development』第62巻，2020年

大藪泰「共同注意という子育て環境」『WASEDA RILAS JOURNAL』No. 7，2019年，85-103頁

相良順子・村田カズ・大熊光穂・小泉左江子『保育の心理学［第3版］——子どもたちの輝く未来のために』ナカニシヤ出版，2018年

坂口けさみ・徳武千足・芳賀亜紀子・近藤里栄「正期産新生児に対する早期母子接触の効果と安全性」『信州医誌』第61巻第5号，2013年，263-272頁

塚本美和子編著『人間関係』萌文書林，2020年

# 第**11**章 事例からみる1〜2歳児における人との関わり

●1〜2歳児の心身の発達と人との関わりを支える保育について考えてみましょう。
●1〜2歳児における社会性の育ちを支える保育について考えてみましょう。

## 第1節 1〜2歳児の心身の育ちと人間関係

### 1 1歳から2歳にかけての身体の発達

　1歳から2歳にかけての子どもは，運動機能の発達に伴い行動範囲も広がり，自らが動き，手を伸ばすことで興味関心がさらに広がっていきます。独立歩行ができるようになり，歩行の安定感が増してくると歩行距離も増えてきます。徐々にさまざまな動きも獲得し，くぐる，まわる，階段を上がる，ジャンプするといった動きもできるようになります。さらに2歳になると，バランスをとって歩くことや一人でブランコに乗るといった全身をコントロールするような，なめらかな動きを獲得していきます。

　このような時期には，子どもたちが思いきり体を動かし，「動けることが楽しい」「もっと自分で歩きたい」「あっちには何があるんだろう」という経験ができるよう，安全面に配慮をしながら体を動かす機会を確保し，新たな発見を楽しめるようにしていきたいですね。

　まずは，保育施設における子どもの姿と保育者の関わりについてみていきましょう。

#### 事例11-1　あっち！　あっち！（1歳5か月）

　歩行が安定し，自分の興味関心があるものをみつけては，保育者に「こっちに来て」「いこ！」と誘いにきました。
　保育者は，笑顔で「いいよ」と答えながら手をつなぎ，A子の行きたいと

ころへ行けるようにしました。A子は，保育者の手を引っ張りながら，園庭の大木を見て，その後，近くの砂場であそんでいる友だちの様子を見て，大型遊具の滑り台を通過し，最後は芝生の広場に到着しました。芝生の広場には，子どもたちが上り下りできる動物の置物がたくさんあり，芝生には多くの虫たちがいました。到着するなり，保育者の手を放し，ついに一人で動物に上っていきました。そして，「見てー」「バイバーイ」と手を振っていました。その様子に応え，保育者も手を振りました。しばらくして，今度は芝生の中にいるアリを見つけました。

「先生ー」「ここー」とアリを指さし，アリの動きと一緒に動いていました。

A子は保育者に見守られながら動物に上ったり下りたりし，芝生に隠れているアリを見つけてあそびを楽しんでいました。

　この事例では，保育者が子どもの思いに共感しながら，体を動かす援助をし，興味関心を示したものに着目しながら見守ることで，子どもがくり返し行動していることがわかります。しかし，一人だけでは歩行が難しい月齢の子どもの場合，新たな興味関心を示すものを見つけ出すことができないこともあり，保育者は環境にあるいろいろな事物に着目して，楽しいこと面白いことを伝えていく必要があります。

　さらに粗大行動の獲得だけでなく，微細運動の手先の動きを獲得していきます。手・指の操作性が巧みになり，物をつまむ，引っ張る，もつといった動きができるようになります。

　それでは，手先を使うあそびを好む子どもの姿についてみていきましょう。

**ことば**

微細運動
⇨第4章第1節1参照

**事例11-2　これ，ポトン（1歳2か月）**

　1歳児クラスのおもちゃは，型はめパズルが人気でいつもあそんでいる子がいます。

　1歳2か月のB子も，この型はめパズルが好きで保育者が用意をするとすぐに集まってきました。四角にパーツの形の穴が空いており，その穴と同じパーツを探して入れるのですが，手にとるパーツが穴と違う形であったり，思うように穴に通らなかったりし，少しイライラしている様子でした。その後，保育者が手を添えて穴に通すことで，にっこり笑

写真11-1　型はめパズル

い，次のパーツに手が伸びるようになりました。しかし，複雑な形になると左右の違いや上下の違いではまらないこともありました。そのうち，パーツを投げ，やめようとする姿もみられました。そのようなときは，保育者が手を添えて，上下左右を確認し，穴に通す様子もみせ，Ｂ子ができるように向きをあわせたまま渡すことで，穴に通すことができるようになりました。このようなやりとりを何回もくり返すことで，次第に保育者が教えなくてもすべてのパーツを自分で通すことができるようになっていきました。

この事例は，子どもがあそびをくり返す中で手先の器用さが増し，自分で型はめパズルのパーツをつまみ，同じ形の穴を探して入れることができるようになります。上下左右を確認しなければ穴に通すことができないので，向きをかえ，違うパーツをつまみ，試行錯誤しながらあそびます。このように一人でじっくり遊ぶ機会や場をつくることで，集中して，あそびが続くようになります。

何度も失敗をしたり，思うようにパーツをつまめなかったりすると，あきらめてしまう姿も出てきます。しかし，そのような場合には，保育者が温かい言葉やあそび方のポイントを知らせることで，意欲につなげていきます。

## ■2■ 1歳から2歳にかけての心の発達

この時期は，言葉の獲得やコミュニケーションも飛躍的に発達していきます。1歳児では物の名詞や形容詞といった単語を用いた一語文を獲得し，徐々に単語を組み合わせて短い文章とする二語文も使うようになっていきます。言葉での表現が豊かになると，自分の意思表示や見えないものをイメージする表象機能もめまぐるしく発達します。そして，いろいろとイメージを膨らませながら，あそびを進める姿も出てきます。あそびがより楽しめるよう，保育者は必要に応じて環境を整え，子どものイメージに合わせて応答するなどして関わることであそびが広がっていきます。

一方，自分の欲求をもつようになり，「自我の芽生え」や自分の要求を主張する「自己主張」もみられるようになります。この自己主張は，魔の2歳児と呼ばれる所似でもありますが，実際には，円滑な対人関係を構築するために重要な社会スキルの一つであるため，丁寧に対応していきましょう。

保育所保育指針第1章の2の(1)には，養護の理念として「子どもの生命の保持及び情緒の安定を図るために保育士等が行う援助や関わり」と書かれています。そのため，保育者には，子どもと生活をともにしなが

**ことば**
**一語文・二語文**
⇨第4章第1節3参照

**ことば**
**魔の2歳児**
第一次反抗期，イヤイヤ期の時期の子どもを魔の2歳児と呼ぶことがある。
⇨第4章第1節2も参照

ら保育の環境を整え，一人ひとりの心身の状態等に応じて適切に対応することが求められています。

　では，以下の事例で保育の生活の場面でみられる具体的な子どもの姿と，保育者の丁寧な関わりをみてみましょう。

---

**事例11−3　ジブンデ。ジブンデ（1歳6か月）**

　午睡後の眠たい目をこすりながらC子が起きてきました。C子は着替えも食事も自分でやりたい気持ちが出始め，やってみますがうまくいかず怒って途中でやめてしまうことが多くなっていました。そのためパジャマから服に着替えができるよう，保育者が着替える順番に服を並べ，肌着，ズボン，トレーナーの順に着替えられるようにしました。

　ところが，着る順番まではよかったのですが，ズボンをはくときに足がひっかかり出てきません。「うー」「うー」と言いながら足を伸ばしますが，一向に出ません。次第に表情がくもってきたので，保育者が手伝おうとすると「ジブンデやる」と言います。

　保育者は見守っていましたが，やはり足が抜けず，C子は怒り出し，そのままで今にも動き出そうとしていました。そこで，保育者はC子に見えないようにズボンのすそをそっと引っ張り，まっすぐにしました。すると，スルッと足が抜けズボンをはくことができました。「ヤッター」と喜ぶC子。保育者も「はけたね！」と手をたたいて喜び，自信につなげていきました。

---

　この事例のように，この時期は，直接的な援助ではなく，子どもの思いを汲み取りながら，子どもの「できた」という経験につなげられるような援助が重要となります。そして，その経験をくり返す中で着替えのコツをつかむようになり，習得していくのです。保育者は，子どもの「ジブンデやりたい」という気持ちを汲み取り，機会を逃さず大切にしていきたいですね。

　次に，自分の思いを言葉や行動で示す子どもの姿についてみていきましょう。

---

**事例11−4　行かない。いや（1歳7か月）**

　1月になり，気温も下がり戸外あそびを嫌がる子も出てきました。しかし，保育者には，体を少しでも動かす機会をつくりたいという思いもあり，戸外あそびの時間をつくっていきました。

　朝の身支度が終わり，好きなあそびをしていたD子がいました。「外に行こうね」という声かけに片づけをし，排泄を済ませ，ほかの子どもが準備をしているのを待っていました。そして，テラスで靴を履こうとした瞬間，突然「行かない！」「いやだ！」と言い，部屋に戻ってしまいました。

　保育者は，ほかの子の靴を履かせながら様子をみて，D子にも声をかけま

した。そして，テラスで靴を履かせようとしたところ，また「履かない！」
と言い，靴を園庭に思いっきり投げてしまいました。「靴が可哀そうよ」と
声をかけながら靴を拾い，靴を並べて置きました。そして「待ってるから来
てね」と声をかけ，様子をみることにしました。園庭では，ほかの子がボー
ルを転がしたり，砂場であそんだ
りしています。それでも，園庭に
来ようとはしませんでした。そこ
で，D子の好きな三輪車を出しま
した。その様子をみていたD子は
靴を履き，何事もなかったかのよ
うに三輪車に乗り，戸外あそびを
楽しむことができました。

　この事例は，実際に園庭を見て，靴を履くという行動から戸外に行く
ことを理解し，「行きたくない」という意思を伝えています。このよう
なときには，本人の意思を受け止めつつ，無理に誘うことなく子どもの
意思で動くまで見守ることが大切です。ときに気持ちが切り替わるまで
時間を要したり，切り替わらないときもあるかもしれませんが，様子を
みながら声をかけ，ゆとりをもった対応を心がけたいですね。

　この事例からわかるように，1〜2歳の子どもたちは，心や体の発達
と同時に，人との関わりを通じて世界を広げていきます。そして，発達
の個人差が激しい時期であるため，一人ひとりに応じた対応が必要とな
ります。

　さらに，生活面やあそびの場面でも自我がみられるため，トラブルに
つながることも考えられます。保育者間の連携および必要に応じて保護
者とも情報共有をし，ゆったりとした環境のもとで子どもの思いを受け
止めていくことが大切です。

**演習問題** ●●●●●●●●●●●●●●●●●●●●●●●●●●●●●●●●●●●●●●●●●●●●●●●●●

1．1〜2歳児の生活の場面に関することは，自立への重要な機会につ
　ながります。指導計画を立てる際は，心身の発達を踏まえてこの時期
　の子どもたちには，どのような「保育者の援助・配慮」が必要なのか
　を考えてみましょう。事例11-3を参考にしながら以下のワーク（表
　11-1）を行ってみましょう。

表11-1　ジブンデやる

| 子どもの姿<br>（1歳6か月） | ・生活の流れが安定する。<br>・靴は一人で脱ぎ履きができる。 |
| --- | --- |
| ねらい | 保育者と一緒に安心して身支度をする。 |
| 内　容 | 保育者と一緒に衣服を着る。 |
| 予想される<br>子どもの姿<br>（活動） | ・着替えは保育者の手を借りながら進める子もいれば，自分でやってみ<br>　たいと一人で挑戦する子も出てくる。<br>・着替えで意欲はあるが，思い通りにならないと怒るときもある。 |
| 保育者の援助<br>・配慮 | 【ワーク】 |

## 第2節　あそびと生活における保育者との関わり

### 1　愛着形成のための対話的・応答的な関わり

　愛着は人間関係に大きく影響し，社会性の発達につながります。特定の大人との関わりがもてる時間やゆっくりじっくり遊びこめるような環境設定を配慮し，一人ひとりとの関わりや，安心・安定する場の確保が大切です。

　また，保育施設に預けられる子どもは長時間そこで過ごすことが多いため，子どもが健やかに過ごすための工夫が必要です。保護者に代わって特定の保育者に対する愛着関係が必要であるため，子どもとの関わりを丁寧にしていく必要があります。

　では，保育者との関わりや安心・安定した場の提供に着目して事例をみてみましょう。

**事例11-5　絵本読んで（1歳5か月）**

　延長保育でも閉園時間が近づいてくると，人数も少なくなりさみしさが増してくる子も増えてきます。そのため，保育者は少しでもゆったり過ごし，さみしくないよう子どものやりたいあそびの用意をします。「先生，本読んで」とE子が言いに来ました。「いいよ」「こっちにおいで」と保育者は膝の上に子どもを乗せ，持ってきた本を読み上げていきました。途中，「あっ。ちょうちょ」「みて」「ここ」

とE子が指をさしました。「本当だ。ちょうちょだね」とE子を見てにこっと笑いました。一冊読み終わると、今度は違う本を持ってきて「今度はこれ」と言いました。保育者は、笑顔でもう一冊読み、読み終わる頃に保護者が迎えに来ました。

この事例は、延長保育の一場面です。早朝保育、延長保育を利用する場合、保育が長時間にわたるため、あそびの時間と生活の時間とで、しっかりオンとオフを分ける必要があります。早朝保育や延長保育においては特にゆったり関わり、子どもの気持ちを受け止めていく必要があります。事例のような応答的な関わりを通して、子どもたちは他者と信頼関係を構築し、安心・安定した情緒を獲得していくのです。

**ことば**

**延長保育**
通常の保育時間を超えて実施される保育のこと。

**演習問題** ・・・・・・・・・・・・・・・・・・・・・・・・・・・・・・・・・・・・・・・・・・

2. 1～2歳児は保育者との関わりを通してあそびを進める中で、安心・安定していく姿がみられるようになります。このことは愛着形成から応答的関わりを通した信頼関係の構築となっていきます。この事例では、保育所保育指針第2章の2の(2)のイ「人間関係」(ア)ねらいに着目し、この時期にはどのようなあそびや援助が重要か考えましょう。表11-2のワークで「保育者の援助・配慮」を考えてみましょう。

表11-2 おままごと楽しいね

| 子どもの姿<br>（1歳6か月） | ・保育者とあそびを楽しむ姿がみられるようになった。<br>・保育者を求める姿も出てくる。 |
|---|---|
| ねらい | 保育者とやりとりを楽しむ。 |
| 内　容 | 保育者と一緒にままごとを楽しむ。 |
| 予想される<br>子どもの姿<br>（活動） | ・「どうぞ」「ありがとう」と声をかけると、手にとったり頭を下げたりする。 |
| 保育者の援助<br>・配慮 | 【ワーク】 |

## 2　イメージの共有（友だちとの関わりへ）

　表象機能の発達により，物をイメージすることやないものをイメージすることができるようになり，あそびがより楽しめるようになります。しかし，個々のイメージが明確になってきているだけに，思いを強く主張するため，1〜2歳児の頃は，思いのぶつかり合いやトラブルも多発します。折り合いがつかずあそびが止まってしまったり，泣いてしまったり気持ちが切り替わらない姿もみられます。このようなときに保育者は子どもが一人で過ごせる時間もつくりながら，気持ちを落ち着かせゆったりと関わり，ときには，思いを代弁し友だちとの橋渡しをすることで，相手の思いを知り，再びあそび出すきっかけをつくっていきます。
　では，子ども同士の関わりに着目したあそびの場面をみていきましょう。

---

**事例11-6**　　**かして（1歳8か月）**

　園庭では，保育者が水で描いた線の上を三輪車で走り，電車ごっこを楽しんでいました。その様子を見ていたE子は，三輪車に乗りたくてF男の乗っている三輪車を横から引っ張ってしまいました。「やめてよ」「ひっぱらないで」「あっちいって」と怒るF男がいます。その様子を見ていた保育者が，線路に駅を書き足し三輪車が止まる機会をつくりました。

　三輪車が通り過ぎようとすると，保育者が「駅でーす」「駅でーす」「止まってくださーい」と言いました。気がついたF男が止まります。そこで，すかさず「駅に着いたら交代してください」と伝え，保育者と一緒に待っていたE子が三輪車に乗って出発することができました。

　そして，また，一周して駅に来たときに「駅でーす」「交代してください」と言うと，E子は三輪車から降り，駅でまた待ちました。このやりとりが何回も続き，E子もF男も順番を待てば次は乗れるということを理解し，あそびが進むようになりました。

---

　この事例では，子どもたちのあそんでいる三輪車の電車ごっこの中で三輪車に乗りたい子が保育者の援助を通して，友だちとの関わり方を学び一緒にあそびを進めています。自分の思いを言葉で伝えることが難しい子もいるので，くり返し保育者が一緒に伝えたり，思いを代弁したりすることで，言葉で伝えると自分の思いが伝わるという経験を積んでいきます。
　友だち同士の関わりが増えれば，トラブルも多くなりますが，そのつどどうすればよいのかを知らせていくことで人との関わりが広がってい

きます。

　このように，1歳児から2歳児は心身の発達が著しいため，一人ひとりの様子に合わせて丁寧な対応が求められます。また，身近な大人との関わりを通して友だちとの関わりが広がっていくため，トラブルも増えていきますが，そのつど解決策を導き出し，理解につなげられるようにしていきます。すぐに解決に結びつかないときもありますが，そのような機会を大切にし，くり返し知らせていきましょう。

**演習問題** ●●●●●●●●●●●●●●●●●●●●●●●●●●●●●●●●●●●●●●●●●●

3．1〜2歳児はおもちゃなどの事物に興味を示し，あそびを楽しむ姿がみられるようになります。また，友だちのあそぶ姿にも関心を示し関わろうとする姿も出てきますが，思いがうまく伝わらずトラブルにつながることもあります。この事例では，保育所保育指針第2章の2の(2)のイ「人間関係」(ｱ)ねらいに着目し，この時期にはどのようなあそびや援助が重要かを考えましょう。表11-3のワークで「ねらい」「内容」「保育者の援助・配慮」を考えてみましょう。

表11-3　おもちゃは楽しいね

| 子どもの姿<br>（2歳） | ・保育者に思いを伝えられるように，少しずつではあるが友だちにも興味を示す姿がみられる。<br>・絵本，積み木，ままごと，車，電車といった好きなあそびがある。 |
|---|---|
| ねらい | 【ワーク】 |
| 内　容 | 【ワーク】 |
| 予想される<br>子どもの姿<br>（活動） | ・同じあそびに友だちが参加しても嫌がる姿が少なくなってくる。<br>・言葉も増え，思いを簡単な言葉で伝えようとする。<br>・おもちゃの取り合いもみられるようになる。 |
| 保育者の援助<br>・配慮 | 【ワーク】 |

4．1〜2歳児：保育所保育指針第2章の2の(2)のイ「人間関係」(ｱ)ねらい①〜③のうちの一つを例示して，このねらいに基づいた「保育内容」を考えてみましょう。

**【引用・参考文献】**

今井和子『教育技術 MOOK　０・１・２歳児　乳幼児の育ち辞典2 DVD 付　1歳児の育ち辞典』小学館，2009年

今井和子『教育技術 MOOK　０・１・２歳児　乳幼児の育ち辞典3 DVD 付　2歳児の育ち辞典』小学館，2009年

成田朋子『子どもは成長する，保育者も成長する――ひととかかわる力を育む保育と成長し続ける保育者』あいり出版，2008年

成田朋子『子どもは成長する，保育者も成長するⅡ――子どもとともに，保護者とともに，成長し続ける保育者』あいり出版，2016年

大浦賢治編著『実践につながる　新しい乳児保育――ともに育ち合う保育の原点がここに』ミネルヴァ書房，2023年

鳥丸佐知子「イヤイヤ期を呼び換えることで生じる学生の意識変化」『京都文教短期大学研究紀要』第58集，61-68頁

吉田直哉『「伝えあい保育」の人間学』ふくろう出版，2021年

# 事例からみる3〜5歳児における人との関わり

## この章のポイント

●第5章の3〜5歳の育ちを踏まえて，さらに子ども理解を深めましょう。

●事例を通して，具体的な子どもの姿から心の動きを理解しましょう。

## 第1節 3〜5歳児の心身の育ちと人間関係

この章では具体的な保育活動をあげ，そこから，友だちや保育者との関わりを通して，事例に登場する3〜5歳の子ども（A〜Gちゃん）の人との関わりによる心の育ちを考えてみましょう。

### 1 事例を通した3歳児の姿

**事例12-1　登園後の朝の用意**

朝，登園したAちゃんは，いつものように自分の持ちものを一人ひとりどこにかけるかがわかる自分のマークのついたコップかけに，タオルとコップをかけました。それを見たBくんが「そこはぼくのところ」「まちがえてる」と言ってAちゃんのコップとタオルをはらいのけて，Aちゃんは泣き出してしまいました。それを見た保育者は，Aちゃん，Bくんを前にして，「Aちゃんこっちだったね」「ちょっと違ったね。大丈夫，先生と一緒にかけ直そうね」「Bくんの場所だったね，でも，Aちゃんちょっとびっくりしたみたいよ」「少しやさしくいえるかな」と二人に話をしました。

子どもたちは園生活に慣れ，いろいろなルールや仕組みがわかるようになり，それを守ろうとしますが，事例12-1のような，友だちとの関わりの中で起こるやりとりにおいて，3歳児の場合は，まだまだ自分の感情を転換することが難しい姿があります。Bくんにとっては自分のマークの場所がわかり，自分の"居場所"が確保されているところに，Aちゃんのものがかかっていることに危機感を覚えたのかもしれません。それに対し，AちゃんはBくんに「怒られた」と不安や怖さを感じたかもしれません。心身の調整能力が拡大するこの時期に，保育者として，

プラスα

「人間関係」

記述があるのは以下のとおりである。

幼稚園教育要領第2章「人間関係」

保育所保育指針第2章の3

幼稚園教育要領解説第2章の第2節の2

「タオルをかけ直せばいいんだよ」「Bくんは怒ってないよ」というような，その状況に応じた子どもそれぞれの思いを理解して，Aちゃん，Bくんの二人の気持ちを汲み取り，伝えていくことが大切です。このような経験の積み重ねが園生活での心の安定につながります。

## 2　事例を通した４歳児の姿

### 事例12-2　紙ひこうきをつくる

　室内で自由あそびをしているCくんは，保育室にあった紙をみつけて「先生，これ使っていい？」と言って紙ひこうきをつくり始めました。できあがった紙ひこうきをとばしてあそんでいると，Dくんが「ぼくもしたい！」とつくろうとしますが，途中でつくり方がわからなくなりました。それを見たCくんがDくんに声をかけ，手伝いました。次の日，CくんとDくんがまた紙ひこうきをつくり，あそび始めると，Eくんが形の違う紙ひこうきをつくってもってきました。それを見て，CくんとDくんは「すごいな！」「それどうしたの？」とEくんにたずねると，「お父さんにおしえてもらった」と話し，CくんとDくんに見せて，つくり方を説明しました。

　４歳児になると，相手の気持ちを推測できるようになり，友だちとの関わりが増えていきます。その中で，興味のあることに対しての知識欲も高まり，表現方法も多様化していきます。そのため，事例12-2のように「紙ひこうき」を通して，Cくんの発想がDくんに伝わり，それを見たEくんの興味につながり，子どもたち同士の仲間関係が広がり，自分の思いを実現するために行動しようとする姿につながります。

　保育者は，「紙ひこうきっていろいろあるんだね」「よく飛ぶんだね」など，子どもたちそれぞれの思いとその過程を見守りながら，さらにほかの子どもにも興味が広がるような働きかけをすることにより，クラス全体に伝わり，活動が発展していきます。

## 3　事例を通した５歳児の姿

### 事例12-3　カエルのえさをつかまえる

　３歳児クラスでは「カエル」を飼育箱の中で飼っています。入園したばかりの年少児にとって，毎朝登園後，カエルを見ることで不安な気持ちが和らいでいる様子がありました。あるとき，３歳児のFちゃんが「先生，カエルさんってなに食べるの？」と聞き，保育者は「そうね，生きた虫を食べるのよ」と答えました。「カエルさん，おなかすいてるかな〜」という３歳児の

そばで5歳児のGくんが「とってきてあげようか？」と言って，虫網をもって，園庭にある畑でハエをつかまえてきました。Gくんが飼育箱にハエを入れ，しばらくみんなで見ていると，カエルがハエをパクッと食べました。FちゃんとGくんは「わー食べた！」と喜び，Gくんは「もういっかい行ってくる！」と園庭にかけだしていきました。

　事例12-3では入園して間もない3歳児を気にかける5歳児の姿があり，相手の気持ちを受け止めて，年長としての役割を意識した縦の関わりをみることができます。5歳児は4歳児での経験の積み重ねの結果，より思考力や認識力が磨かれていきます。仲間とともにテーマをもって協同作業をしたり，それを継続的に行っていこうとしたり，人との関わりの中で，さまざまな工夫ができるようになります。自分の気持ちを調整し，自分にできることがわかり，役割分担ができる能力がたてわり保育の中で育まれていきます。

　5歳児は園生活に慣れているとはいえ，進級し，年長児クラスとなって不安に感じている子どもも多いものです。そのようなときに，年長児として，3歳児の喜ぶ姿を身近で感じ，やりがいをもつことにより，あらためて自分で考えて行動することに充実感をもてるよう，保育者が支えていく必要があります。

## 第2節 あそびと生活における保育者との関わり

　第3～5章でも述べたように，年齢によって，人間関係の育ちには段階があります。その道筋を理解することにより，どのように援助，配慮することが子どもの心のバランスの安定につながるのかがわかります。それを踏まえて，あそびの計画を立てていきましょう。

　この節では，子どもの姿をもとに，それぞれの年齢に合わせたあそびと生活における保育者との関わりを考えてみましょう。実際の指導計画を立てる際の「ねらい」「内容」「予想される子どもの姿（活動）」「保育者の援助・配慮」の例を具体的に表に記入していきます。

### ■1　3歳児のあそびと生活

　ルールを少しずつ守れるようになり，落ち着いて園生活を過ごせるとともに，多くのことに興味をもって取り組もうとする姿がみられるよう

**＊ことば**

**たてわり保育**
年齢ごとにクラス分けをするのではなく，さまざまな年齢の子どもでグループやクラスをつくって，一緒に保育を行うこと。「異年齢保育」や「混合保育」などと呼ばれることもある。

になってきます。そのため，保育においては友だちとの関わりを通して，我慢することや待つことなどの相手との調整が必要となるゲームや集団あそび，探求活動を取り入れるとよいでしょう。

表12-1　遠足ごっこ

| 子どもの姿<br>（3歳9月頃） | ・ルールのあるあそびや「じゃんけん」もできるようになり，友だちとふれ合って，一緒に過ごそうとする姿がみられる。<br>・近々遠足に出かける予定もあり，みんなで園外に行けることを楽しみにしている。 |
| --- | --- |
| ねらい | 保育者や友だちとイメージを共有し，一緒に過ごすことを楽しむ。 |
| 内　容 | 「遠足ごっこ」を通して，一日の流れや園外保育でのルールを知り，イメージを豊かにする。 |
| 予想される<br>子どもの姿<br>（活動） | ・「♪遠足に行こう！」を歌い，どんなものをもっていこうかと話し合い，それらをイメージして，室内で「遠足ごっこ」をする。<br>・みんなでバスに乗ったり，お弁当を食べたり，途中からは子どもたちの想像力から，いろいろな冒険をしながら，園にもどるまでのストーリーをつくっていく。 |
| 保育者の援助<br>・配慮 | ・共通のテーマの中で，子どもたちの自由な発想を生かしながら，ともに過ごすことの喜びを感じていけるようにする。<br>・子どもたちとのやりとりを通して，どのように進めていくか，みんなでアイデアを出し合えるようにする。 |

【保育者の配慮】

　子ども同士の関わりとともに，保育者もその一員になりきることで，3歳児クラスにおいてはまとまりが生まれてきます。子どもたち一人ひとりの思いを汲み取りつつ，ストーリー性のあるあそびの中で，子ども一人ひとりが人と関わってあそぶことで，どのような気づきがあるか，確かめ合いながら，コミュニケーションをとっていくことが大切です。

### ■2　4歳児のあそびと生活

　仲間関係が広がる一方で，トラブルやもめごとも多くみられる4歳児にとって，さまざまな経験を重ねていくことが必要です。子どもたちには自分が経験したことを伝えたい，表現したいという気持ちがありますが，同時に「あのね，あのね…」と言葉につまったり，イメージしたものをつくり出すには手先の器用さなど，技術的に未熟な面があったり，思うようにいかない葛藤が生まれることもあります。保育者はそれを踏まえたうえで，他者と比べて評価するのではなく，子どもなりのイメージでありのままを表現できていれば，それで十分だと考えましょう。つまり，人に褒められる喜びだけでなく，自分の思いを伝え，表現する満足感が味わえるような感覚が必要だということです。特に子どもたちが自分の経験したことを話す，描く，つくるなどの自己表現活動では，子どもの個性に対応した関わりが求められます。

表12-2　サツマイモを描く

| 子どもの姿<br>（4歳11月頃） | ・園内の畑で，友だちと「いもほり」を経験し，自分たちで植えたサツマイモを収穫できたことを喜び，いろいろな形のサツマイモに興味をもっている。<br>・家でサツマイモを食べたことを保育者や友だちにうれしそうに話す姿がみられる。 |
| --- | --- |
| ねらい | 自分の感じたことを周りの友だちと共有し，自由に表現することを楽しむ。 |
| 内　容 | 「いもほり」で収穫したサツマイモを絵具で描き，いろいろな形，大きさ，量など，思い思いの表現を十分に楽しむ。 |
| 予想される<br>子どもの姿<br>（活動） | ・収穫したサツマイモをイメージし，形，大きさ，量など，自分なりに感じたことを描き，個々が集中して取り組む。<br>・周りの友だちの製作活動を意識しながら，自分に取り入れてみたり，工夫してみたりして，作品を完成させていく。 |
| 保育者の援助<br>・配慮 | ・落ち着いて活動に取り組めるように，机を配置したり，どのように絵具を扱うかについて説明したり，用具を準備したりする。<br>・子どものそばで見守りつつ，それぞれの個性が生かされるように，子どもの思いを受け止めていく。 |

写真12-1　絵具あそび

サツマイモを描く。「いもほり」の後，絵具と筆を使って，サツマイモを描き，根っこ，ひげ，つるなどをパスで描きくわえる。

出所：神戸華僑幼稚園より提供

【保育者の配慮】

　絵具あそびをする中で，4歳児は少しずつ筆の扱いにも慣れていきますが，まずはボディペインティングやスタンプなどから始めていき，いろいろな絵具あそびを経験したうえで，筆を使って描く活動へとつなげていくとよいでしょう（写真12-1）。その過程を丁寧に行っていくことで子どもたちは創作活動に興味をもち，安心して活動に取り組むことができます。

### ■3　5歳児のあそびと生活

　自分の考えを表現するために，友だちや保育者と話し合おうとすることができるようになってくる5歳児にとっては，根気や工夫，挑戦と葛

ことば

ボディペインティング
手や足，体全体に直接絵具をつけて，絵や模様を描き，感覚や色合いを楽しむあそび。

**ことば**

**動と静**
保育でいう「動」と「静」は,活動の種類を指す。「動」は動きのあるあそび,「静」は静かに集中して取り組むあそびのこと。

**協同**
⇨第5章第1節3参照

藤のある課題に取り組む経験を積み重ねていきたいものです。そのためには継続的な活動の中にも,自己選択,自己決定の場を増やすとともに,動と静,集団と個人などの活動のバランスをとる必要もでてきます。

　今までにも述べてきましたが,テーマをもった協同あそびがポイントになってきます（表12-3）。

表12-3　お店屋さんごっこ

| 子どもの姿<br>（5歳10月頃） | ・友だちとの話し合いで,いろいろなことを解決できるようになり,気の合う友だちとのグループ活動も活発になってきている。<br>・近々,園で行われるバザーを楽しみにしている。 |
|---|---|
| ねらい | 1つの目的に向かって,友だちと協力し,グループ活動を楽しむ。 |
| 内　容 | 何をつくって,何を売るのかなど,友だちとの話し合いを通して,先の見通しをもち,開店準備から閉店までの活動の計画を立て,「お店屋さんごっこ」をする。 |
| 予想される<br>子どもの姿<br>（活動） | ・どんなお店にするかをグループに分かれて決め,開店日までに材料をそろえ,品物をつくる。<br>・室内の配置や品物の並べ方,役割分担も行い,みんなでお客さんに喜んでもらえるような工夫を考える。 |
| 保育者の援助<br>・配慮 | ・子どもたちが必要な材料や道具を準備しておく。<br>・何か困っていることがあれば,子どもと話しながらイメージを共有し,想像力豊かに取り組めるようにする。 |

写真12-2　お店屋さんごっこ

出所：山本陽子氏より提供

【保育者の配慮】

　5歳児になると,物事のつながりを意識できるようになり,一日で終わるあそびというよりも,よりつながりをもったあそびの展開に興味が向きます。そのため,保育者は先の見通しをもって,ゴールを設定した長期的かつ継続的なあそびを行う中で,子どもたちが試行錯誤したり,自由な発想を生かしたりできるよう見守る姿勢が大切です。

「お店屋さんごっこ」では，開店日に 3 歳児や 4 歳児にお客さんに
なってもらい，「たてわり保育」として園全体で楽しむこともできます
（写真12 - 2 ）。

### ■4 「養護の働き」と「教育の働き」

多くの事例やあそびから，保育における人との関わりには，目に見え
ないけれども，互いの気持ちが通じ合っているか，確かめ合う中での心
が揺れ動く独特な間や雰囲気があり，保育者は子どもとの間に，それを
感じ取ることができること，それが保育の基盤となっていくと考えられ
ます。保育においては養護と教育を一体的に展開することを基本として
いますが，鯨岡（2015）は保育において，「養護の働き」と「教育の働
き」の 2 つの働きが交叉しながら，営まれていると述べています。

「養護の働き」とは，周りの大人が子どもの存在を尊重する姿勢であ
り，愛している，大事な存在であるという思いからくる行動です。そし
て，「教育の働き」とは，教えるという働きかけやしつけなどです。保
育者が子どもたちと関わる際には，この両方が必要なのです。この 2 つ
の働きを念頭に以下の事例をみてみましょう。

#### 事例12 - 4 　きれいになったね

4 歳児のHちゃんは，手洗い場で手洗いとうがいをしています。せっけん
を使って手を洗った後，泡のついた手で目の前の鏡をさわり，両手をぐるぐ
る動かしています。その後，蛇口から水を出し，手についた泡を水で流しな
がら，その水を鏡にかけます。それをみた保育者が「Hちゃん」と声をかけ
ると，Hちゃんはハッとして，保育者をみつめました。保育者は「手も鏡も
きれいになった？」「このタオルで拭いたらもっとピカピカになるね」とH
ちゃんにタオルを手渡しました。

事例12 - 4 で，「どうしてそんなことするの？」「やめなさい」と言い
そうになるところですが，Hちゃんのハッとした様子から考えると，心
の中で，保育者にみられて気まずい気持ちであったことがわかります。
それを感じた保育者は肯定的な受け止めをしています。この場面では子
どもの気持ちを肯定的に受け止める「養護の働き」と，きれいにするこ
とに対する「教育の働き」の両方がみられます。

保育において，この「養護の働き」と「教育の働き」を切り離さずに，
両方の意味を十分に生かせる関わりが，子どもの育ちを支える保育者の
役割であるのかもしれません。

第 **3** 節 小学校への接続と幼稚園幼児指導要録

## ■1　アプローチカリキュラムとスタートカリキュラム

　現代社会の変化において，子どもの発達に必要な経験を得ることが難しくなってきており，さまざまな問題を抱えている子どもも多くなっています。これまでも，幼児教育から小学校教育への接続には多くの課題があり，さまざまな議論や見直しがなされてきました。そのため，多くの自治体が幼保小の連携の取り組みを始めています。

　具体的には生活やあそびなど「環境を通して行う」就学前の幼児教育から，教科による授業が中心となる小学校の生活や学習に円滑に適応できるよう工夫された5歳児のカリキュラム（アプローチカリキュラム）を設定することなどです。幼稚園などでは，5歳児が近隣の小学1年生の授業を参観に行ったり，校内を散策し，校庭であそんだりすることもあります。さらに，小学校へ入学した子どもが幼稚園・保育園・認定こども園などの生活やあそびを通した学び，育ちを基礎として，主体的に自己を発揮し，新しい学校生活をつくり出していくためのカリキュラム（スタートカリキュラム）の設定もなされ，その接続が求められています。

　2023年度にこども家庭庁が創設されましたが，それを前に文部科学省の調査研究事業として「幼保小の架け橋プログラム事業」がスタートし

**ことば**

**スタートカリキュラム**
⇨第1章第2節2参照

### 図12-1　「架け橋プログラム」

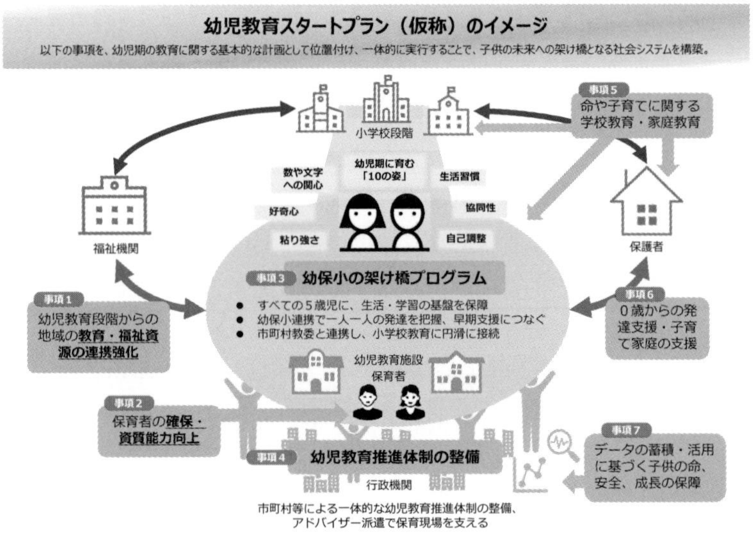

出所：内閣府「令和3年第6回経済財政諮問会議　資料5」

ています。先述のアプローチカリキュラムとスタートカリキュラムはここで検討されてきたものです（図12-1）。

　この「架け橋プログラム」については，2021年の経済財政諮問会議で議題にあがり，同年7月に初等中等教育審議会で「架け橋委員会」が設置・開催され，翌年に手引きがつくられました。このように短期間で検討されたため，スタートカリキュラムについても，モデル地域での実践が始まった段階です。専門家からは，就学前教育と小学校教育をつなぐための，架け橋期のコーディネーターの必要性が指摘されていますが，予算の検討はこれからです。道筋が示されたばかりの状況下において，各々の保育現場で確実にできることを行っていくことが必要なのでしょう。

### ■ 2　幼稚園幼児指導要録とは

　5領域が10の姿につながることを第1章で学びましたが，さらに「幼稚園幼児指導要録」（以下，「要録」）の取り扱いについても考えてみましょう。要録の種類には「指導に関する記録」と「学籍に関する記録」，そして小学校への提出用に記録する「幼稚園幼児指導要録抄本」（5歳児のみ）があります（表12-4）。5歳児だけではなく，みなさんが保育所（園）や幼稚園に就職した際は，学年がそれぞれ進級する前には，次の学年（たとえば，3歳児から4歳児もです）に引き継ぐために，必ず書かなくてはならない書類の一つです。

　その中でも，5歳児の「要録」は，園生活での子どもの育ちを小学校へ引き継ぐ資料です。その最大の目的は，小学校との指導の連携にあります。その目的と大切さを理解することができれば，「要録」に記載する意味や内容の重要性もみえてくることでしょう。また，「要録」を作成することにより，保育者自身の保育を振り返ることにもつながり，子どもの成長をあらためて見直すことができます。

　ではどのように記入すればよいのでしょうか。

　文例として，本章第2節3「5歳児のあそびと生活」から「お店屋さんごっこ」をイメージして紹介します。

【文例】
　「お店屋さんごっこ」を通して，友だちと話し合いをしたり，協力したりして同じ目的をもってグループ活動に取り組む中で，相手の気持ちに気づき，自分に折り合いをつけようとする姿がみられた。また，お客さんの喜ぶ顔をみて，やりがいを感じている様子であった。
　(3)協同性　(5)社会生活との関わり

**🍀ことば**

**幼稚園幼児指導要録**
小学校の入学に向けて「子どもの様子」や「発達状況」「特性」「留意事項」などを詳しく記載した引継ぎ資料のこと。

**幼稚園幼児指導要録抄本**
国で保管する幼稚園幼児指導要録とは異なり，幼稚園の最終年度（年長）の幼児の進学先に送付する書類として，要録に記載したことを抜粋したもの。

## 表12-4　幼稚園幼児指導要録抄本（様式の参考例）

| | | 令和　　　年度 |
|---|---|---|
| ふりがな<br>氏名<br><br>令和　　年　　月　　日生<br>性別 | 指導の重点等 | （学年の重点）<br><br>（個人の重点） |
| ねらい<br>（発達を捉える視点） | | |

| | | ねらい（発達を捉える視点） | 指導上参考となる事項 |
|---|---|---|---|
| 健康 | | 明るく伸び伸びと行動し、充実感を味わう。 | |
| | | 自分の体を十分に動かし、進んで運動しようとする。 | |
| | | 健康、安全な生活に必要な習慣や態度を身に付け、見通しをもって行動する。 | |
| 人間関係 | | 幼稚園生活を楽しみ、自分の力で行動することの充実感を味わう。 | |
| | | 身近な人と親しみ、関わりを深め、工夫したり、協力したりして一緒に活動する楽しさを味わい、愛情や信頼感をもつ。 | |
| | | 社会生活における望ましい習慣や態度を身に付ける。 | |
| 環境 | | 身近な環境に親しみ、自然と触れ合う中で様々な事象に興味や関心をもつ。 | |
| | | 身近な環境に自分から関わり、発見を楽しんだり、考えたりし、それを生活に取り入れようとする。 | |
| | | 身近な事象を見たり、考えたり、扱ったりする中で、物の性質や数量、文字などに対する感覚を豊かにする。 | |
| 言葉 | | 自分の気持ちを言葉で表現する楽しさを味わう。 | |
| | | 人の言葉や話などをよく聞き、自分の経験したことや考えたことを話し、伝え合う喜びを味わう。 | |
| | | 日常生活に必要な言葉が分かるようになるとともに、絵本や物語などに親しみ、言葉に対する感覚を豊かにし、先生や友達と心を通わせる。 | |
| 表現 | | いろいろなものの美しさなどに対する豊かな感性をもつ。 | |
| | | 感じたことや考えたことを自分なりに表現して楽しむ。 | |
| | | 生活の中でイメージを豊かにし、様々な表現を楽しむ。 | |

| 出欠状況 | 年度 | | | 備考 |
|---|---|---|---|---|
| | 教育日数 | | | |
| | 出席日数 | | | |

### 幼児期の終わりまでに育ってほしい姿

「幼児期の終わりまでに育ってほしい姿」は、幼稚園教育要領第2章に示すねらい及び内容に基づいて、各幼稚園で、幼児期にふさわしい遊びや生活を積み重ねることにより、幼稚園教育において育みたい資質・能力が育まれている幼児の具体的な姿であり、特に5歳児後半に見られるようになる姿である。「幼児期の終わりまでに育ってほしい姿」は、とりわけ幼児の自発的な活動としての遊びを通して、一人一人の発達の特性に応じて、これらの姿が育っていくものであり、全ての幼児に同じように見られるものではないことに留意すること。

| | |
|---|---|
| 健康な心と体 | 幼稚園生活の中で、充実感をもって自分のやりたいことに向かって心と体を十分に働かせ、見通しをもって行動し、自ら健康で安全な生活をつくり出すようになる。 |
| 自立心 | 身近な環境に主体的に関わり様々な活動を楽しむ中で、しなければならないことを自覚し、自分の力で行うために考えたり、工夫したりしながら、諦めずにやり遂げることで達成感を味わい、自信をもって行動するようになる。 |
| 協同性 | 友達と関わる中で、互いの思いや考えなどを共有し、共通の目的の実現に向けて、考えたり、工夫したり、協力したりし、充実感をもってやり遂げるようになる。 |
| 道徳性・規範意識の芽生え | 友達と様々な体験を重ねる中で、してよいことや悪いことが分かり、自分の行動を振り返ったり、友達の気持ちに共感したりし、相手の立場に立って行動するようになる。また、きまりを守る必要性が分かり、自分の気持ちを調整し、友達と折り合いを付けながら、きまりをつくったり、守ったりするようになる。 |
| 社会生活との関わり | 家族を大切にしようとする気持ちをもつとともに、地域の身近な人と触れ合う中で、人との様々な関わり方に気付き、相手の気持ちを考えて関わり、自分が役に立つ喜びを感じ、地域に親しみをもつようになる。また、幼稚園内外の様々な環境に関わる中で、遊びや生活に必要な情報を取り入れ、情報に基づき判断したり、情報を伝え合ったり、活用したりするなど、情報を役立てながら活動するようになるとともに、公共の施設を大切に利用するなどして、社会とのつながりなどを意識するようになる。 |
| 思考力の芽生え | 身近な事象に積極的に関わる中で、物の性質や仕組みなどを感じ取ったり、気付いたりし、考えたり、予想したり、工夫したりするなど、多様な関わりを楽しむようになる。また、友達の様々な考えに触れる中で、自分と異なる考えがあることに気付き、自ら判断したり、考え直したりするなど、新しい考えを生み出す喜びを味わいながら、自分の考えをよりよいものにするようになる。 |
| 自然との関わり・生命尊重 | 自然に触れて感動する体験を通して、自然の変化などを感じ取り、好奇心や探究心をもって考え言葉などで表現しながら、身近な事象への関心が高まるとともに、自然への愛情や畏敬の念をもつようになる。また、身近な動植物に心を動かされる中で、生命の不思議さや尊さに気付き、身近な動植物への接し方を考え、命あるものとしていたわり、大切にする気持ちをもって関わるようになる。 |
| 数量や図形、標識や文字などへの関心・感覚 | 遊びや生活の中で、数量や図形、標識や文字などに親しむ体験を重ねたり、標識や文字の役割に気付いたりし、自らの必要感に基づきこれらを活用し、興味や関心、感覚をもつようになる。 |
| 言葉による伝え合い | 先生や友達と心を通わせる中で、絵本や物語などに親しみながら、豊かな言葉や表現を身に付け、経験したことや考えたことなどを言葉で伝えたり、相手の話を注意して聞いたりし、言葉による伝え合いを楽しむようになる。 |
| 豊かな感性と表現 | 心を動かす出来事などに触れ感性を働かせる中で、様々な素材の特徴や表現の仕方などに気付き、感じたことや考えたことを自分で表現したり、友達同士で表現する過程を楽しんだりし、表現する喜びを味わい、意欲をもつようになる。 |

学年の重点：年度当初に、教育課程に基づき長期の見通しとして設定したものを記入
個人の重点：1年間を振り返って、当該幼児の指導について特に重視してきた点を記入
指導上参考となる事項：
(1) 次の事項について記入すること。
　①1年間の指導の過程と幼児の発達の姿について以下の事項を踏まえ記入すること。
　　・幼稚園教育要領第2章「ねらい及び内容」に示された各領域のねらいを視点として、当該幼児の発達の実情から向上が著しいと思われるもの。
　　　その際、他の幼児との比較や一定の基準に対する達成度についての評定によって捉えるものではないことに留意すること。
　　・幼稚園生活を通して全体的、総合的に捉えた幼児の発達の姿。
　②次の年度の指導に必要と考えられる配慮事項等について記入すること。
　③最終年度の記入に当たっては、特に小学校等における児童の指導に生かされるよう、幼稚園教育要領第1章総則に示された「幼児期の終わりまでに育ってほしい姿」を活用して幼児に育まれている資質・能力を捉え、指導の過程と育ちつつある姿を分かりやすく記入するように留意すること。また、「幼児期の終わりまでに育ってほしい姿」が到達すべき目標ではないことに留意し、項目別に幼児の育ちつつある姿を記入するのではなく、全体的、総合的に捉えて記入すること。
(2) 幼児の健康の状況等指導上特に留意する必要がある場合等について記入すること。
備考：教育課程に係る教育時間の終了後等に行う教育活動を行っている場合には、必要に応じて当該教育活動を通した幼児の発達の姿を記入すること。

現在の要録には5領域とともに，幼児期の終わりまでに育ってほしい姿が示され，一人ひとりの発達に合わせて，その先の姿を思い浮かべながら支援していくという道筋が示されています。

さらに，10の姿を示す際に文部科学省は重要な注意点として，目指すゴールではないことを強調しています。10の姿が小学校教育へと紐づけられたからといって，10の姿をゴールとして，どれだけ達成できたかという観点から要録を書くことがないように気をつけましょう。

ほかに，記入の仕方にはいくつかの基本ルールがあります。

・公式文書のため，ペン（消えないもの）を使用し，パソコン作成は可能。
・修正には文字に二重線をひき，訂正箇所の上か近くに印鑑を押す。

記録完成後はどのように取り扱えばよいのでしょうか。

まず，「要録」の原本は園にて保管し，小学校へは「要録」原本のコピー，または抄本（最終年度分の写し）を直接手渡しするか簡易書留郵便で送付するという方法が一般的です。提出期限は自治体や学校によって異なりますが，3月中旬から下旬頃が多いようです。

先ほども述べましたが，公文書であるため，また，個人情報を含んでいるという点においても，「要録」には厳重な管理が必要です。内容を外部の人に漏らさないのはもちろんのこと，記録した「要録」の用紙やパソコンで作成したデータも含めて，園外に持ち出してはいけません。すべては子どもが小学校を卒業するまでの5〜6年間を保管期間とすることが望ましいとされています。もし，その期間中に保護者より情報開示の請求があれば，応じることが原則です。

「要録」には小学校への円滑な接続のために，小学校教諭と子どもの育ちを共有し，子どもの個々に合わせた指導や援助に生かされるよう作成するという目的があります。子どもの育ちつつある姿を就学後へとつなげることの大切さを理解できるのではないかと思います。子どもの育ちつつある姿を要録にまとめ，記録することは，結果として，幼児教育の意味を小学校教諭に伝えることや保育者自らの保育を振り返る機会にもなります。それは同時に，私たち保育者や小学校教諭が子どもたちや保護者にはみえないところで，子どもたちの成長を支えていく重要な役割をも担っているといえるのです。

**演習問題** ●●●●●●●●●●●●●●●●●●●●●●●●●●●●●●●●●●●●●●●●●●

1．3〜5歳児：保育所保育指針第2章の3の(2)のイ「人間関係」（または幼稚園教育要領第2章「人間関係」）のねらい①〜③（(1)〜(3)）のうちの一つを例示して，年齢についての発達特徴を踏まえ，このねらい

に基づいた「保育内容」を考えてみましょう。

2．幼稚園教育要領第2章の「人間関係」を参考に3歳児の生活やあそびの中から，「ねらい」「内容」「予想される子どもの姿（活動）」「保育者の援助・配慮」を考えてみましょう。

表12-5　どんな活動をしてみたいか，自由に考えてみましょう！

| 子どもの姿<br>（3歳3月頃） | ・4歳児クラスへ進級することを楽しみにしている。<br>・園庭では，もうすぐ卒園するお兄さんやお姉さんたちと，とてもうれしそうにあそぶ姿がみられる。 |
|---|---|
| ねらい | 【ワーク】 |
| 内　容 | 【ワーク】 |
| 予想される<br>子どもの姿<br>（活動） | 【ワーク】 |
| 保育者の援助<br>・配慮 | 【ワーク】 |

【引用・参考文献】

鯨岡峻「『養護の働き』と『教育の働き』は交叉している——子どもの心を育てるために」共同機構研修会第1回，2015年

高山静子『環境構成の理論と実践——保育の専門性に基づいて』エイデル研究所，2014年
https://mimpo.jp/wp-content/uploads/2021/10/2a810cb75fe47a88c0047552c565ec05.pdf（2023年3月29日閲覧）

# 事例からみる特別な支援を必要とする子どもと人との関わり

**この章のポイント**

●保育者として，配慮の必要な子どもを理解するための視点を学びましょう。
●どの子どもも尊重される集団をつくっていく際の視点を学びましょう。

## 第1節 障害のある子ども・気になる子どもと保育者の援助

### 1 「ほめる」のとらえ方

　子育てでは子どもを「ほめて育てる」とよくいわれますが，みなさんはどのようなときに子どもをほめますか。そのとき，どのような声かけをしていますか。

　たとえば，早くおもちゃを片づけて給食準備を行い1番に座った子どもに対して，「Pちゃん，今日は1番に座れてすごいね！」とほめる保育者。一斉に保育者から子どもたちへ話をする際に，なかなか静かにならない中，ひとり静かに待っている子を取り上げて「手をお膝にして静かに待っているSちゃんはかっこいいね！」とほめる保育者。このように子どもをほめるときには，「すごいね」「上手にできたね」「かっこいいね」「1番だね」という言葉がよく使われている傾向があります。

　では，このような場面では何を基準にしてほめているのでしょうか。上記の言葉は，「早い／遅い」「上手い／下手」「できた／できない」という価値から生じる表現です。また，保育者が前述したような声かけをする場合，みんなが揃って同じようなペースで行動して欲しいと願っている場面で使われているように見受けられます。

　このように子ども同士を比較し，大人のもつ価値ではかられた環境の中で過ごす子どもたちは，競争心を煽られ，必死に頑張ろうとする子ども集団ができるでしょう。さらに，この集団の中で過ごす子どもたちは1番になること，早いこと，かっこよくあることに価値があるのだと判断していくようになります。やがて，優位に立てる子ども，いつも下位

になってしまう子どもを生み，子ども同士の中で，他者を評価し，遅い子やできない子を見下したり，同じグループになると自分に不利益をもたらすからと排除したりすることなどにつながります。当然，評価を気にして行動する子どもも出てくるでしょう。これは，子どもたちに結果重視の見方を植え付け，足並みの揃わない子どもに対して，偏見の眼差しを向けさせることにもつながります。

　このような集団の中では，障害のある子どもは他者とどのように関わっていけばよいのでしょうか。1番になれる子どもは一人しかいません。一生懸命頑張っても上手くできないことはたくさんあります。ゆっくりだけれど丁寧に物事に取り組むことができる子どももいます。1番に価値を置くなら，誰もが1番に成りうる環境を整えなければ理不尽な状況を生むことにもつながります。もちろん，子どもにとってほめられることは〈認められた→自信をもつ→挑戦意欲が湧く〉ことにつながります。そこで，事例を通してほめる行為を今一度みなさんと考えてみましょう。

---

**事例13-1　気持ちの切り替えに時間がかかるＦ君への関わり**

　3歳児のＦ君はいつも最後まで園庭で遊んでいて部屋になかなか入ってこないので，担任の先生は手を焼いています。でも，今日は園庭で石集めをしていたＦ君が自分から部屋に戻ってきました①。しかも，みんなが部屋に戻る時間に一緒に入り②，給食の準備もとても早くスムーズに行い席に着きました③。

（出所：筆者の観察記録より）

---

　事例13-1の場面でＦ君をほめる場合，みなさんは下線①〜③のどの行為に対してほめますか。

　　①の場合：自分で考えて行動したその子自身の行為がほめられる

　　②の場合：みんなと同じようにすることがよいことだという基準でほめられる

　　③の場合：早くできることがよいことだという基準でほめられる

　②と③の場合は，その子自身が発揮した力をほめているのではなく，周囲の子どもと比べて出た結果をもとにほめています。子どもの意欲が引き出されるには，その子自身の成長過程の中で以前よりできるようになったこと，一生懸命あそび込んでいること，さらには，他児や保育者を思いやった行為に対して感謝する，面白い発想に共感するなど，その子ども自身がもつ価値に対してほめることを心がけましょう。

## ■2 保育におけるカウンセリング・マインド

　1993年，文部省（現文部科学省）は，都道府県ごとに保育技術専門講座を開催し，保育者が幼児と信頼関係を築いていくこと，さまざまな表現から子どもの心の動きを理解していくこと，相手の立場にたって保育を行うことなどの研修を設け，保育者が幼児や保護者の立場を尊重した関わりをしていけるようになることを，カウンセリング・マインドと名づけました（柴崎，2001）。したがって，保育におけるカウンセリング・マインドとは，カウンセリングそのもののことではなく，カウンセラーがクライエントと接するときに心がけている姿勢を用いて，子どもや保護者と関わるということです。

　保育の場で応用できる姿勢として来談者中心療法があります。アメリカの心理学者ロジャースが提唱した来談者中心療法では，カウンセラーの基本的態度（姿勢）として，①自己一致（純粋性），②無条件の肯定的配慮（受容），③共感的理解の３つ（内容説明は第９章参照）をあげています。ロジャースは，問題の中心を最もよく知っているのはクライエント自身であり，話し合いの主導権はクライエントにあり，カウンセラーとクライエントは対等の関係であることが重要だ（玉瀬，2004）としています。

　上記の３つを保育の場でとらえると，①自己一致（純粋性）は子どもと対峙するとき，保育者自身の考えや感じたことは一旦心の外に置き，子どもの思いをじっくり聴く姿勢が必要だということです。子どもが自分の思いを純粋に聴いてもらえるということを実感できる関わりが大切です。

　②無条件の肯定的配慮（受容）としての姿勢は，子どもから受け止めたものは，みせかけでないということが必須です。この際，子どもから発生する行為を受容するということではなく，その子どもがもつ存在価値そのものを無条件に受容する姿勢が重要となります。

　③共感的理解は，「クライエントが表現した感情や，言葉の背後に隠されている感情に焦点をあて，クライエント自身がうまく表現できなかった部分まで的確に表現して返すことが重要」（玉瀬，2004）です。つまり，子ども自身の見方をそのまま反映し，一緒に共有していることが伝わる関わりが必要です。これは，①と②の姿勢が基盤となります。

### 事例13-2　感覚過敏のあるEちゃんへの関わり

　園庭であそぶときは帽子をかぶることになっていますが，Eちゃんは帽子をかぶるのを嫌がります。熱中症対策のため，保育者は「かぶらないと外で

<aside>

🍀**ことば**

**クライエント**
相談に来た人のことを指す。

**人物**

**ロジャース**
Rogers, C. R. (1902-1982)
アメリカの心理学者。非指示的カウンセリング来談者中心療法を多くの臨床例から導き出し，カウンセリングのみならず一切の人間相互の関係の基礎を位置づけた。来談者中心療法は，1940年にロジャースにより提唱された心理療法である。

**プラスα**

**感覚過敏の症状**
自閉症のある子どもたちの中には，生活の中にある刺激に対して大変敏感に反応する子どもたちがいる。たとえば，大きな音が苦手，雨が当たると痛い，などと感じる。こういった生活刺激から自分を守るために安心できる物や行動パターンなどのこだわりをつくると考えられるゆえ，刺激を調整できる環境を設定することが配慮の一つとしてあげられる（勝浦，2018）。

</aside>

あそべないよ」などと言いながら，ルールとしてかぶって外に出るよう促します。Eちゃんは渋々かぶって外に出ますが，すぐに外してしまいます。

（出所：筆者の観察記録より）

この場合，Eちゃんとどう向き合うとよいでしょうか。「〜をしないと〜ができない」といわれても納得できないことは継続できません。ここで，なぜかぶりたくないのかEちゃんの気持ちをじっくり聴くことが求められます。ゴムがきつくて嫌なのか，首に何かまとわりつく感じで不快なのか，帽子の感触が嫌なのか，さまざまな要因を想像し，子どもの思いに共感したうえでその子が納得して受け入れられる方法をともに探しましょう。

## 3 つながりをつくる働きかけに必要な視点

ここでは，事例を通して，他児との関わりが困難な子どもと周囲の子どもをどのようにとらえていくとよいのか考えてみましょう。

### 事例13-3 2歳児クラスのB君は問題児？

2歳児のB君は興味のあることが次から次へと変わり，いつも他児のあそびに突然入ってブロックでつくったものなどを壊していくので，クラスの子どもたちはあそびが中断されてしまいます。今（12月）では，B君が近くに来ただけで「だめ！」と言い，警戒する子どもも出てきています。B君は，他児と比べるとはっきりと言葉で伝えられないため，すぐ怒り出します。担任の先生たちは，B君のことを個別の関わりが必要なクラスの問題児ととらえています。

（出所：筆者の観察記録より）

さて，みなさんはB君をどのような子どもととらえますか。保育者がとらえる問題は以下の4点に整理できます。

①興味のあることが次から次へと変わる姿はクラスの大多数の子どもと比べて，あそびの持続性がない→集中してあそぶ力が弱い子
②興味が散漫→探求する力が弱い子
③友だちのあそびに割り込んで邪魔をする→他者と関わる力の弱い子
④向き合って話しても変化がみられない，伝わらずすぐ怒る→言語コミュニケーションが取れず，理解に乏しい子

これらを総合して，B君は「発達に遅れがある気になる子」，つまり障害のある子どもではないかという疑いをかけられた状態にあります。B君は，はっきりと発音できない言語表現のため，相手に思いが伝わりにくい状態です。思いや考えがあっても伝わらず理解してもらえなければ誰でもいら立ち，ストレスが増していくのではないでしょうか。

**プラスα**

**共遊玩具**
「共遊玩具」とは，目や耳の不自由な子もそうでない子も，障害の有無にかかわらず，楽しく遊べるよう「配慮」が施された玩具で，一般市場向けにつくられ販売されるものをいう。共遊玩具に認定されたものには，商品のパッケージに「盲導犬マーク」「うさぎマーク」が表示されている。「盲導犬マーク」は，目の不自由な子どもも楽しめるよう配慮が施された玩具に表示するマーク。「うさぎマーク」は，耳の不自由な子どもも楽しめるように配慮が施された玩具に表示するマーク（一般社団法人日本玩具協会HPより）。

**盲導犬マーク**

**うさぎマーク**

ここでは①～④のとらえ方を以下のように変換してみましょう。

①②あそびの持続性がない・興味が散漫→やりたいことを模索している真っ最中の姿

③割り込んで邪魔をする→やってみたいな，という気持ちや友だちに興味が湧いた瞬間

④伝わらずすぐ怒る→自分自身が受け入れてもらっているという実感がない

　このように，発達の一過程ととらえることで，その子どもの発達過程に対して応答的な関わりを考えることができます。たとえば，自閉スペクトラム症のある子どもも常に発達の道すじの中にあるということを念頭に置き，その「どこで頑張っているか」をとらえる視点が必要（白石，2007）です。保育者は，当該児が頑張っているところを引き出し，周囲の子どもたちに頑張っている姿が認識できるよう働きかけましょう。集団の中で誰がどんなことで頑張っているのか理解することは，自分と異なる相手を肯定的にとらえる見方につながります。頑張っていることを肯定的に受け止めてもらうことで，当該児は自分のことを理解してもらえた，共感してくれる仲間がいるんだ，という実感を得ることができると，少しずつ双方の歩み寄りが生まれます。私たち人間は，お互いのあり方を共有することで，新しい自分をつくっていくことができるようになるのです（ガーゲン，2020）。

## 第 2 節　インクルーシブな保育の実際

　第6章でインクルーシブな保育を目指すというのは，集団の中でどの子どもも育ち合う仲間の一員としてその場に存在できる保育実践を行っていくことだと学びました。インクルーシブな保育の実践において，鬼頭（2017）はユネスコの定義と先行研究から導き出した援助方法を照らし合わせ，土台となる視点として以下の7点をあげています。

①個人差や多様性を認める

②自分らしくいきいきと生活できる新たな保育環境づくり

③全員参加となるさまざまなニーズを含んだ活動提供

④多様な子どもたちそれぞれの意見が対等・平等に尊重され，子どもの姿から出発する保育の創造

⑤子ども同士が育ち合える保育環境の整備・充実

⑥参加方法を保障する集団づくり

**自閉スペクトラム症（自閉症スペクトラム障害）**
自閉症スペクトラム障害は，言語やコミュニケーション，対人関係の障害と情動（感情）コントロールの障害を主な特徴とする。他人の行動や表情から他人の気持ちを理解する能力は5歳前後で身につく能力であるが，自閉症スペクトラム障害のある子どもではその獲得が遅れたり，獲得できなかったりする（榊原，2020）。

**ガーゲン**
Gergen, K. J. (1935- )
アメリカの社会心理学者でスワースモア大学の名誉教授である。社会構成主義に関する著作を多数発表。多くの研究者や実践家と対話を重ね，社会構成主義の理論と実践を結集して社会に変化をもたらすために活動を続けている。

**ことば**
**ユネスコ**
「ユネスコ（国際連合教育科学文化機関，United Nations Educational, Scientific and Cultural Organization U.N.E.S.C.O.）は，諸国民の教育，科学，文化の協力と交流を通じて，国際平和と人類の福祉の促進を目的とした国際連合の専門機関」である（文部科学省HPより）。

　　⑦互いの差異・異質な部分も認め合え，心が通い合う関係づくり

　第２節では，テーマを絞り事例を取り上げています。７つの視点と合わせながら事例を通してインクルーシブな保育実践を考えていきましょう。

## ■1　どの子どもも居場所がある保育実践

　集団の中に参加し続けるには，どの子どもにとっても居心地のよい集団であることが必然でしょう。みんなが同じようにできることに価値を置かれている集団では，その枠からはみ出ることになった子どもたちは落ちこぼれとみなされたり，仲間として居づらくなったりして集団から外れていくなど，参加することが困難になっていきます。それゆえ，子ども自身が「ここにいてもいいんだ」「一緒にいたい」と思え，安心できる居場所があると感じられる集団でなければなりません。このことは，周りの子どもたちの配慮の必要な子どもに対する見方，受け止め方に左右されます。居場所は単なる空間や場所ではなく，周りの子どもたちとの関わりの中で自分の存在を受け入れてもらうことによってできていきます（鬼頭, 2022）。それゆえ，インクルーシブな保育の場をつくる取り組みに居場所づくりは欠かせません（湯浅, 2014）。

---

**事例13-4　3歳児クラスにおけるケンと仲間との関わり**

　1月になって初めて3人のグループを組み，グループの名前決めの話し合いをした。グループの名前は遠足で行った動物園の動物の中から選ぶことになった。ケンは，はりきってモルモットがいいと言ったが，ソウがくまがいいと言ったため，ソウとユリから離れた。遠足でくまを見たとき怖がって近づこうとしなかったことを思い出した。ソウとユリが呼んでも戻ってこないので，ケンの近くで聞こえるように相談を続けた。ユリが「レッサーパンダがいい。だってふわふわでかわいいから」と言うと，ケンは，ユリの言葉のふわふわに反応した。保育者が「ふわふわって何と一緒？」と聞くと，ケンが「モルモットちゃん！」とすかさず答えた。ユリが「レッサーパンダの話をするからきて」と言うと，ケンはうれしそうに戻ってきた。それでグループ名はレッサーパンダで，ケンも納得して決まった。ソウとユリは，3人が一緒に集まることができる名前がいいと考えていた。ケンも初めて友だちの意見に納得できた。

（出所：〈二人組・小グループ活動を通してどの子もが対等な集団へ〉『保育問題研究』第284号，2017年より抜粋）

---

　ケンは，入園前に自閉スペクトラム症と診断されており，気になることがあるとすぐ動いたり，自分の思いや見込みと違うことが起きると声をあげ，泣いたり怒ったりして手が出たりします。そのため，最初の頃は自分からは友だちに関わらないようにする姿がありましたが，課題活

動でペアを組んでいくことで，ケンに友だちという存在がみえていくようになりました。3人グループでのグループ名を決めるときには，ケンが話し合いの最中に参加しなくなっても2人は非難の言葉を発することなく，ケンの聞こえる場所に移動して話し合いを続行しています。2人の言動からは，ケンが好んでイメージしやすい動物を選び，ケンが自ら話し合いに参加することを期待していると推測できます。さらに，3人が一緒に集まれる名前にしようと，互いに納得できるまで話し合う姿は，他者との違いを感じながら自分と異なる相手とどのように関わったらよいのか，どうやって一緒にやっていくのか，子どもたち自身が考え合う姿と読み取ることができます（鬼頭，2022）。これは，ケンのことを仲間として理解しようとしている姿といえます。2人は，ケンのことを理解したうえで特別扱いをするのではなく，受け止め，認めています。自分のことをわかってもらえたという実感の積み重ねにより，ケンも要求するばかりではなく，他者の話に耳を傾けることができるようになり，ケンにとっても居心地のよい集団となっています。

　他者との違いに気づき，いつも譲ってばかりで誰かが我慢するのではなく，どうすればみんなが仲間でいられるのかを発見していくことで，どの子どもにとっても居場所のある集団になっていくといえます。居場所は保育者が与えるものでもなければ，自分ひとりでつくれるものでもなく，周りの子どもたちとの関わりの中でつくられていくことが事例からわかります。久田（2013）は，このような居場所を「他者との応答的な関係を介してつくり出されるもの」と表現しています。

　保育者は子どもとの関係において応答的な関わりをすることが求められますが，子ども同士が仲間関係を築いていく場合も，応答的なやりとりが基盤となります。

### ■2　多様な子どもの関わりを促す活動

　どの子どもも育ち合う仲間の一員として参加するには，活動に参加する仕方を柔軟に考えていく必要があります。次の事例を通して多様な参加による子ども同士の関わりについて考えましょう。

| 事例13-5 | 配慮の必要な子どもが複数在籍するクラスの実践 |

　発達に弱さがある子どもや保育時間が長く生活背景に配慮が必要な家庭の子どもが多い5歳児クラス。自分の思い通りにならないと機嫌を損ねる子や言葉だけでの指示では伝わらない子，切り替えが弱い子，自己主張が激しい子などのメンバーであったが，なぜか畑では子どもたちがけんかをしないことに気がついた。そこで，栽培活動を今年の中心的活動になるよう計画を練り直し，夏の暑い時期は行きたい人だけで行く，1グループだけで行くなど幅をもたせて行った。しなければならない活動ではあるが，いつもみんながするのではなく，そのときの気分で行きたくない子は行かなくてもよいとし，お互いに自分の気持ちを受け入れてもらうことで自分と違う思いの仲間のことも受け入れることができる。誰かがしてくれる活動にすることで負担にはならず，逆に「畑好きやし，毎日行きたい」など，それぞれの場面で子どもの新しい一面に気づけた。運動会の取り組みでは，頑張って取り組む姿や毎日練習しても喜ぶ姿から目標をゆるやかに設定し，今できる姿を見てもらうことに考えを変えた。結果や成果よりも楽しかったと一緒にそのときを面白がれることにこそ価値があり，その経験を仲間と積み重ねて楽しいことをみんなが実感していた。

（出所：〈みんなが教えてくれました〉『保育問題研究』第290号，2018年より抜粋）

　事例13-5の保育者は，経験年数が長い分，今までの保育にしばられて変わることを恐れている自分がいたと自己分析しています。目の前にいる子どもの姿から考えて保育を行うことは，言うは易く行うは難しであり，保育者の葛藤が読み取れます。幅をもたせた栽培活動に切り替えたことで，子どもたちが負担を感じることなく楽しめ，一人ひとりが満足感・達成感を得ることができたことにより，違いも認め合い，安心して自分が出せる集団になっています。行きたくない気持ちも互いに受け止め合ったことで，逆にもっとやりたい子は思う存分やることができ，それぞれの場面で力を発揮する場が得られることになった姿が，子どもの新しい一面に気づくことにつながったのでしょう。保育者が子どもたちから多くのことを気づかせてもらったという思いから〈みんなが教えてくれました〉というタイトルになっているように，子どもたちの姿から学び取り自身の保育を見直し，つくり変えていった実践です。

　では，この実践の中でのキーポイントをみていきましょう。

　①参加しても参加しなくてもよい→お互いに責められることのない環境づくり

　②やれるときにやれることをやればよい→出来栄えにこだわらない・誰がやってもよい関係づくり

　この実践では，「〜ねばならない」というこだわりを取り払った活動に切り替えたことで，こだわらない価値観＝多様な価値観をもつ子ども

集団になっていったと推察されます。結果や成果よりも一緒に楽しめることに重きを置いた活動により，配慮の必要な子どもが複数在籍し，けんかが絶えなかったクラス集団が友だちに目を向け，互いの差異や異質な部分も認め合える集団になっていきました（鬼頭, 2022）。白石（2007）が述べているように，活動の意味や価値を発見していく主人公は子どもであり，保育者は共感をもちながらそれを導く共同的な存在でありたいものです。

## 3 その子らしさを発揮できるクラス集団

### 事例13-6 5歳児クラス

　Yは麻痺があり全面介助を要し移動はバギーを使用する。Yができることを集団の中で知らせていく中で，Yも集団の中で過ごしたいことを意思表示するようになり係活動も自分から参加し，グループの子どもたちは，Yのできること，できないことを考えて行動するようになる。リズム遊びのときには，クラスの子どもたちがYにもできるワニやカエルも入れるように保育士に言う。生活発表会での太鼓の取り組みでは，最初バギーに乗って参加していたYが，自ら歩く（ハイハイしかできない）からバギーはいらないと言う。バチを持ってハイハイで大好きな友だちの後をついて移動し，座位のまま腕を伸ばしてタイミングを合わせて叩くYの姿を見ていた子どもたちが，Yを太鼓のリーダーにしようと決めた。言語もまだはっきりしていないYであるが，当日終了の挨拶の役ももらい力強い声であいさつをした。

（出所：〈みんなでらいおん組！〉『保育問題研究』第242号，2010年より抜粋）

プラスα

**障害児用バギー**
バギーは，障害等により座位の維持が困難な子ども用の車いすであり，ベビーカーのようにみえるが使用目的が異なり，全く別物である。

　この事例のクラスでは，Yのお手伝いをするのは女の子だけでした。グループ活動の際，Yのいるグループの女の子が，「女の子だけがするのはおかしい」と提案したことをきっかけに，クラス全体のルールとしてYとの関わり方を話し合いました。これにより，どの子どももYとの関わりを考えるようになり，Yに対して単に手伝ったり助けたりするだけではなく，できることは見守り尊重していく姿に変わっていきました。

　では，全面介助を要し，移動はバギーを使用するYが，自分らしさを発揮できるようになった経緯を読み取ってみましょう。

保育者はYのできることをクラスの子どもたちに随時知らせる

周囲の子どもたちは障害のある子どもに対して世話係ではなく，仲間の一人として困っていることは助け，自分でできることは見守るという関わり方を考えて実行するようになる

・ありのままを受け入れてくれる仲間の存在を実感するY
・安心して自分を出せるY

⇩

Y自身が受け身から能動的になる

　保育者の働きかけが，Yと周囲の子どもたちとの関係をつくっていきます。Yの所属する集団の子どもたちは，相手の目線に合わせ，相手ができることに焦点を当てることで，共感・共同の世界をつくり出しています。ともに世界をつくり出していくことができる集団は，自分と異なる相手の価値に気づくでしょう。他者から価値ある人間と認められているという実感を得ることは，その集団の中に居場所があることにつながると同時に，対等な仲間関係へと発展していきます。この事例から，保育者による一人ひとりに応じたエンパワーメントと他児との関わり合いの積み重ねによって，それぞれの仕方で力を発揮できる集団になっていくことがわかります（鬼頭，2022）。保育者は，集団が何を共有し合ってどの方向に向かっていくのか常に意識する（白石，2006）ことが大切です。

　これまでみてきたように，人間関係は他者とどのように向き合うのかが鍵です。一人ひとりの子どもが抱える困難には差異がありますが，子ども同士も互いにエンパワーメントし合い，どの子どもも自分らしさを発揮できる関係を育んでいきましょう。

**ことば**

**エンパワーメント**
困難な状況を生きる他者との対話と協働を通して，人間が社会的制約で奪われてしまった諸力の回復を援助し，その人が本来もっていた諸特性に誇りをもって民主的な社会形成の主人公になれるよう支援すること（庄井，2022）。

**演習問題** ●●●●●●●●●●●●●●●●●●●●●●●●●●●●●●●●●●●●●●●

1．事例13-4の3人が思いを出しながら話し合える関係に至るには，保育者は日頃どのようなことを意識し，子どもたちにどのような働きかけをしていると思いますか。みんなで話し合ってみましょう。

2．あそびに区切りがつかず，言葉のみで理解することも自分の思いを伝えることも難しく，善悪の判断なく好きな友だちの真似をして過ごす子ども，自分の思いを出すことができず，個別対応が必要な子どもなど，配慮の必要な子どもが複数在籍する場合，運動会での取り組みをする際，多様な参加を促すにはどのような活動提供をするとよいで

しょうか。みんなで話し合ってみましょう。

**【引用・参考文献】**

ガーゲン，ケネス・J.著，鮫島輝美＋東村知子訳『関係からはじまる——社会構成主義がひらく人間観』ナカニシヤ出版，2020年

久田敏彦「集団づくりの『見取り図』を描く」久田敏彦・岡喬子『集団づくりの見取り図を描く——友だちのなかで育ち合う』かもがわ出版，2013年，156頁

勝浦眞仁「発達障害の理解と援助」勝浦眞仁編著『特別の支援を必要とする子どもの理解』ナカニシヤ出版，2018年，37-42頁

鬼頭弥生「インクルーシブ保育の理念と方法——保育実践の分析より」『豊岡短期大学論集』第14号，2017年，433-442頁

鬼頭弥生「インクルーシブ保育実践におけるクラス集団づくり——集団像に着目して」『東海学院大学研究年報』第7号，2022年，57-70頁

文部科学省「ユネスコ憲章　前文」
https://www.mext.go.jp/unesco/003/001.htm（2023年4月30日閲覧）

榊原洋一『子どもの発達障害誤診の危機』ポプラ社，2020年

柴崎正行「カウンセリングマインドの基礎知識」柴崎正行・田代和美『カウンセリングマインドの探求』フレーベル館，2001年，39-62頁

汐見稔幸「保育所保育指針解説」汐見稔幸・無藤隆監修『〈平成30年施行〉保育所保育指針　幼稚園教育要領　幼保連携型認定こども園教育・保育要領　解説とポイント』ミネルヴァ書房，2018年

白石正久『発達をはぐくむ目と心』全障研出版部，2006年

白石正久『自閉症の世界をひろげる発達的理解』かもがわ出版，2007年

庄井良信「どんなふうに子どもに接したらよいのか？」勝野正章・庄井良信『問いからはじめる教育学』有斐閣，2022年，138-152頁

玉瀬耕治「カウンセリング」無藤隆・森敏昭・遠藤由美・玉瀬耕治『心理学』有斐閣，2004年，471-492頁

湯浅恭正「障害児の生活づくりと集団づくり」湯浅恭正・大阪保育研究所編著『障害児保育は「子ども理解」の場づくり』かもがわ出版，2014年，106-129頁

全国保育問題研究協議会編集委員会編『保育問題研究』第242号・第284号・第290号，新読書社，2010年・2017年・2018年季刊

# 第14章 人間関係を育む指導計画・評価

この章のポイント

●教材・教材研究について，子どもの発達を踏まえて理解しましょう。
●「人間関係」のねらいを意識した指導計画の立案について学びましょう。
●模擬保育の実践におけるポイントと評価について理解しましょう。

## 第1節 保育を豊かにする教材研究の方法

### 1 教材とは

　保育において教材とは何を指すでしょうか。保育のための材料として考えると，保育者が手づくりするペープサートやパネルシアターなどが浮かぶかもしれません。

　しかし本来子どもにとっての教材は身の回りにあるものすべてです。そのため保育においては，たとえば牛乳パックやトイレットペーパーの芯，こういった子どもにとって身の回りにある廃材を活用します。また保育環境にある自然物も教材です。たとえば以下のような事例があります。実習生Aは，責任実習において氷鬼を行おうと計画していました。しかし，その日に珍しく雪が降ったため，急遽内容を変えて雪遊びに変更しました。

　本来，責任実習の指導計画を急遽変更することは推奨できることではありません。しかしこの日については，雪が年に数回しか降らないという地域であることや，一日で雪が溶けてしまう可能性が高かったことなどを踏まえ，園の先生はその柔軟な対応を高く評価しました。実習生が「雪」を「教材」だととらえ，自然がくれた恵みをうまく生かした事例だといえるでしょう。このように，生活の中の廃材や自然がもたらす雪や風や土，葉っぱなども教材であると考えましょう。

### 2 教材研究とは

　教材研究とは，設定保育や主活動と呼ばれる保育者が計画した保育を

---

**プラスα**

**ペープサート**
画用紙で書いたイラスト（両面であることが多い）を割りばしなどの棒に貼り付けて演じるシアター。

**パネルシアター**
不織布（Pペーパー）にイラストを描き，切り取ったものをパネル布に貼り付けて演じるシアター。

**ことば**

**廃材**
生活の中で不要になったもの。

**氷鬼**
鬼ごっこから派生したあそび。参加者が鬼とその他に分かれ，鬼にさわられた参加者は動いてはいけない状態になり，他の参加者にさわってもらうことで，また動けるようになるというもの。

実施する際に使用する教材を検討することです。保育学生であれば，幼稚園や保育所等の実習で行う部分実習や責任実習のために教材を検討することになります。以下に教材研究の2つのポイントをあげます。

## ポイント1：子どもたちが，製作に必要な経験を積んでいるか

紙コップに輪ゴムをかけて飛ばすジャンピングカエルをつくるとします（図14-1）。そのための準備として，画用紙や輪ゴム，コップに模様を描くための色ペンや，セロテープなども必要になるでしょう。

準備の方法もさまざまです。ある保育者は画用紙にカエルの顔の形の切り取り線を書いておき，子どもがハサミで線に沿って切れるように準備するかもしれませんし，ある保育者はあらかじめカエルの顔の形に切った画用紙を用意し，子どもがカエルの顔を自由に描けるよう計画を立てるかもしれません。

大切なことは，実践を行うクラスの子どもたちがどんな経験をしてきたかを見極めることです。たとえば，このクラスの子どもたちがハサミを使った経験がない，あるいは使うことはできるが曲線を切った経験がないとします。保育者がハサミを使う計画を立てていた場合，切るという作業に時間がかかることが予想されます。その結果，活動の一番面白い部分である「つくって飛ばす」時間がなくなるかもしれません。何をねらいとするかで活動は大きく変わってくるのです。

## ポイント2：子どもたちが使う素材はその活動に適しているか

次に，保育者養成校での模擬保育において「かきごおり屋さん」を活動内容として実践した学生の事例をみていきましょう。

学生Bは丸めたティッシュを氷に見立てたうえで，子ども役の学生に色画用紙を選んでもらい，それをシロップに見立てて紙コップの上にのせ，ごっこあそびをするという実践を行いました。しかし画用紙という性質上，子ども役の学生たちはうまく丸めることができず，かなりの時間を要して，ようやく紙コップの上に画用紙をのせることができました。

これが学生よりも握力のない子どもたちだったら，素材を丸めることに，どれだけ時間がかかったでしょうか。代替案として，画用紙よりも薄い折り紙やおはながみを使ったり，わたやティッシュに色水を染み込ませたりする方法が考えられます。子どもたちに適した素材を選べるよう，保育者自身が教材の性質をよく知る必要があるのです。

上記にあげたポイント1と2で共通している点は，子どもたちにとってその活動を無理なく楽しめる内容にするという部分です。そのためには，日頃から子どものあそびを観察する力が必要です。このように試行

図14-1 紙コップを使ったジャンピングカエル

ことば

**模擬保育**
幼稚園や保育所の実習で行う部分実習や責任実習を想定して行うロールプレイング。作成した指導案をもとに，学生同士が保育者役と子ども役に分かれて実践する。観察者も入れるとより客観的にみることができるのでよい。

ことば

**おはながみ**
ティッシュペーパーのように薄い紙のことを指す。

錯誤しながら教材を検討することを，教材研究といいます。

## 3　指導計画立案の方法

　実際に，教材研究を行うのはどんなときでしょうか。

　学生が実習園で部分実習や責任実習を行うときに検討されることが多いでしょう。部分・責任実習を行うには，指導計画の立案が必要です。立案の手順について，以下の流れを参考にしてください。

---

**①　実践を行うクラスの状況や子どもの実態を把握する**
・子どもたちの会話や，夢中になっていることは何か
・あそびを通してどのようなことを考えたり工夫したりしているか
・複数人でのあそびが，どのように展開されているか
・子どもたちはどのような素材や道具を使用してあそんでいるか
・保育者が設定保育などで使用している用具や素材にはどのようなものがあるか，それを子どもたちがどのように扱っているか

---

**②　活動のねらいを考える**
　「ねらい」は，活動を通して子どもに経験してほしいこと・育ってほしい姿（こうなってほしい姿）を書きます。現在の子どもの姿（①で確認したクラスで流行っていること，子どもたちができるようになってきたこと，これから取り入れていきたいと園でいわれたことなど）を踏まえて書きます。
　5領域のいずれの領域の活動にも，必ず人がそこに関わってくるので「人間関係」に関するねらいだけでなく，表現，言葉，環境，健康など，他の領域の活動内容とつなげて検討するとよいでしょう。

---

**③　活動内容を考える**
　「内容」は，ねらいを達成するための具体的な活動を書きます。たとえば，「自分でつくったものであそぶ楽しさを味わう」というねらいを達成するための活動を検討する場合，どのようなものが考えられますか。
　おそらくいろいろな「つくってあそぶ」ものが浮かぶと思います。ねらいが1つだけだと，どれに絞るか考えることが大変ですね。また，指導計画を作成する際は，季節感を考慮した計画が大切だといわれています。そこで，もう1つのねらいとして「季節を感じるもの」を入れてみましょう。設定された時間内でねらいを達成するためには，何を大切にしたいかを明確にする必要があるでしょう。

---

**④　活動に必要な素材や使い方，ルール等を検討する**
　活動内容に必要なものを準備します。製作活動の場合は，見本をつくる必要があります。出来上がり見本だけでよい場合と，製作途中のものをみせるとよい場合があります。
　また，ゲームなどの体を動かす内容であれば，クラスの状況や子どもの発

---

**ことば**

**ねらい**
活動を通して子どもに育てたい心情・意欲・態度。

**プラスα**

**ねらいを立てる順序**
指導計画を立案する場合，原則は右記①，②，③の手順で進めるが，実習生は長期的に保育に入っているわけではないため，ねらいから検討することが難しいことがあり，先に③の活動内容を検討してからねらいを立てる場合もある。

達段階を踏まえ，状況をみながら道具の使用難易度やルールの調整をする必要があります。たとえば，同じフルーツバスケットというゲームを3歳児クラスと5歳児クラスとで行う場合，年齢による経験や発達段階の違いから理解度も大きく変わりますし，同じ3歳児クラスであっても，4月生まれと3月生まれでは理解度が違ってくるからです。

⑤ **活動にかかる時間や手順をまとめ，指導計画を立案する**

活動に必要な時間を考えるとともに，子どもが行うことと保育者が準備することに内容を分けて考えて，指導計画案に記述します。また，子どもの予想される活動と保育者の援助を考えます。

このように，教材研究をする前に子どもの実態に合わせた指導を計画する必要があるのです。

## 第 2 節　人間関係を育む指導計画のアイデア

### ■ 1 事例をもとに考える指導計画

第1節3に指導計画の立案方法が示されていますので，参照しながら事例を読んでみましょう。

#### 事例14-1　ピザづくり

ハサミを使い始めたばかりの3歳児クラスです。保育者は，2つのねらいを考えました。友だちと一緒に工夫してあそぶこと，ハサミを使えるようになることです。まず子どもの実態（①）の箇所に「ハサミを使う姿があるがうまく使えない子どももいる」という状況を書きます。ねらい（②）を「ハサミの使い方を楽しんで覚える」「友だちと一緒に工夫してあそぶ」こととします。3歳児クラスの担当者は，活動内容（③）として，ピザづくりを考えました。

まず大きな丸いピザ生地を白画用紙でつくります。次に3色の画用紙を用意します。その画用紙には写真14-1のように，あらかじめ切り込みを入れておきます。赤をベーコン，緑をピーマン，黄色をチーズに見立てています。

先生が用意した紙を，子どもが切ると細かい具ができます。丸いピザ生地にはあらかじめスプレーのりをかけておきます。ピザ生地の上に細かい具をのせると，ピザのできあがりです。できあがったピザを見て，子どもたちはピザ屋さんごっこを始めました。

この活動を通して，楽しんでハサミの使い方を覚えるというねらいや，友だちと一緒に工夫してあそぶというねらいが達成できているでしょうか。ねらいが達成できているかどうかを確認するには，実際の子どもの

**プラスα**

**月齢差**
日本においては4月が新学期となるため，生まれ月によって発達の差があることを指す（たとえば，4月生まれの子どもと翌年の3月生まれの子どもでは，約1年の発達の差がある）。

写真14-1　ピザの具

**ことば**

**見立て**
イメージしたことを他のものを使って表現すること。
（例）ブロックを電話に見立てるなど。

**ことば**

平行あそび
⇨第5章第1節1参照

様子を観察するしかありません。この事例の場合，できたピザを見て，ピザ屋さんごっこを始めたため，2つのねらいはある程度達成できたとみてよいでしょう。では，「友だちと一緒に工夫してあそぶ」というねらいの「工夫」という言葉に着目するとどうでしょうか。

　3歳頃は平行あそびの時期ですので，出来上がったピザを見て「はい，100円です」とお店屋さんごっこのようなやりとりを始める子もいれば，ピザづくり自体をあそびにしている子もいるかもしれません。ピザづくりに夢中になる子どももいるでしょう。しかし，それぞれが自分の描いたあそびのイメージを友だちと共有し，相談をしながら新しいあそびを展開させていくという点においては，まだ難しいことが多いのです。

　このように子どもの実態に合わせて，ねらいや活動を考えていくという流れが基本となります。では次に，ある実習生の考えた責任実習の内容をみていきましょう。

**プラスα**

**責任実習**
責任実習にむけて，オリエンテーションで実習園の年間計画を見せてもらうとよい。

## ２　子どもを主体とした保育——責任実習指導計画案（5歳児・ばら組）

　子どもを主体とした保育とは，具体的にどういったものを指すのでしょうか。幼稚園教育実習生Cが行った責任実習の内容をみていきましょう。この実習生は責任実習を行うクラスとして，ばら組（小田原市れんげ幼稚園5歳児クラス）に配属されました。

　実習生が責任実習を行う日までに，園の行事として遠足がありました。実習生は，その遠足という子どもたちが楽しかった体験を，責任実習に生かすことにしました。保育の内容についても，実習生だけで考えるのではなく，子どもたちと話し合って決めることにしました。図14-2を読んでみましょう。子どもたちが話し合いながら，4つの活動グループ

写真14-2　アイデア・ボード

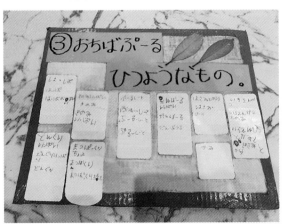

図14-2 対話の様子

## 子どもの主体性を取り入れた責任実習

**責任実習・ばら組の国とは…?!**
年長のばら組の子どもたちは，1年を通して「国」をテーマにして活動をしていました。そのため私は，遠足での体験をもとに，子どもたちと一緒に「自分たちの国（以下，ばら組の国）」をつくろうと思いました。

**実習生の願い・働きかけ**
■ 自分で考えて行動できるように促す（選択した活動ごとにグループをつくって「話し合いの場」を設定）。
■ 子どものアイデアや，自由な発想を大切にする（実現できるようにサポート）。

実習生

> みんなは，ばら組さんだよね。
> みんなでばら組の国をつくりませんか。

子ども

> 先生！ ばら組の国やりたい！

> ばら組の国には，何があるのかな？

> 遠足で行った富士子どもの国を覚えている？

> そこにあった迷路や，くもの巣ネット・落ち葉プール・色水ボーリングなどを，ばら組の国につくろうと思います。

> 1人1つやりたい活動を考えてね。
> ①迷路 ②くもの巣ネット
> ③落ち葉プール ④色水ボーリング

> 私は，落ち葉プールがつくりたいー！
> 落ち葉が必要だね。後は段ボール。

> つくるためには，材料は何が必要かな…？

> 僕は色水ボーリングかな…。
> 絵の具は赤・黒・黄色・緑・ピンク…。
> ペットボトルがほしいな。

> 私！ 僕！ 迷路！
> 段ボール・ハサミ・ガムテープ…など
> を使いたいな。

> くもの巣ネットをつくりたいな…。
> すずらんテープがほしいな。

> たくさんの「アイデア」が出ましたね。
> グループになって話し合ってみましょう。

第14章 人間関係を育む指導計画・評価

に分かれてばら組の国のあそび場をつくっていくという内容です。

次に実習生が工夫した点を見てみていきましょう。

（工夫点１）年間テーマに沿っている。

年長のばら組の子どもたちは，一年を通して「国」をテーマに活動をしているため，今回の「ばら組の国をつくろう」という責任実習内容は，園の長期計画に沿ったものです。また実習期間中の遠足（神奈川県・子どもの国）での体験を生かした活動になっているため，子どもたちにとってイメージがわきやすい内容です。

（工夫点２）視覚支援，イメージづくりをしている。

活動前にパワーポイント（音楽や動きをつけたもの）を子どもたちに見せ，これまでの活動の振り返り（国旗づくり）や，この日にどこで誰と何をつくるのかを確認させています。

（工夫点３）アイデアを共有している。

写真14－2（152頁参照）は，子どもたちが話し合うときに使ったボードの一例です。この園では５歳児の11月というタイミングであれば，ほとんどの子がひらがなをマスターしているため，活動に必要なものを子どもが書き出して貼っていくことができます。このように貼り出すことで，アイデアの共有ができます。このように実習生Ｃは，子どもたちと対話しながら，主体性をもって活動できるよう，多くの工夫をしていることがわかります。

児童の権利に関する条約の第12条には，子どもの意見を表明する権利について述べられています。ロジャー・ハートは，著書『子どもの参画』（p.42）で図14－3のようなハシゴの図を示しました。

これによると，ここで紹介した実習生Ｃの指導案と実践は，６にあたります。「大人（実習生）がしかけ，子どもと一緒に決定する」という段階です。

実習園の担当者も，この責任実習について，「子どもたちの興味・関心に焦点をあてた活動」であることを高く評価していました。第１章でも，これからは主体性を重んじた保育が必要になると述べましたが，みなさんも，この実習生のように子どもを主体とした保育について考え，実践していくことができるといいですね。159頁には実習生が作成した責任実習指導計画案（資料14－1）をのせていますので参考にしてみてください。

**ことば**

**視覚支援**
口頭よりも文字や絵や映像からのほうが理解が進む子どもがいるため，伝えたいことを視覚的に伝える工夫をすることを視覚支援という。

**人　物**

**ハート**
Hart, R. A.（1950- ）
ニューヨーク市立大学教授。子どもの参画についての研究分野での第一人者。

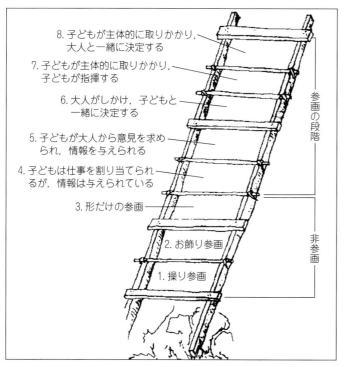

図14-3　参画の段階

8. 子どもが主体的に取りかかり，
　大人と一緒に決定する

7. 子どもが主体的に取りかかり，
　子どもが指揮する

6. 大人がしかけ，子どもと
　一緒に決定する

5. 子どもが大人から意見を求め
　られ，情報を与えられる

4. 子どもは仕事を割り当てられ
　るが，情報は与えられている

3. 形だけの参画

2. お飾り参画

1. 操り参画

参画の段階

非参画

出所：ハート，ロジャー著，木下勇ほか監修，IPA 日本支部訳『子どもの参画』萌文社，2000年，42頁より作成

## 第3節　模擬保育の実施による相互評価と自己評価

### ■1　模擬保育の目的と実践手順

　第1節で教材研究，第2節で指導計画の立案について学びました。これらの理解を深めるためには，実習に行く前に指導計画を立案し，実践してみることが大切です。そのために模擬保育があります。

　模擬保育実践は，表現，環境，言葉，健康など他の領域でも行います。人間関係はどの領域にもかかりますので，保育を計画する際は，まずは他の領域のねらいから1つ，そして人間関係に関するねらいをもう1つ立てると計画しやすくなるでしょう。教材研究ができたら個人で指導案を立て，下記の手順で実践してみましょう。

①5～6名程度で1グループをつくります。

　※人数は学校の状況等で変えてかまいません。

②作成した指導計画案をグループの仲間と見せ合い，どのような指導計画があるかを把握します。

③模擬保育を行う順番を決めます。その際に役割も決めましょう。

　　※保育者役1名，観察者役1名，その他の学生は子ども役

④作成した指導計画案をもとに1人ずつ模擬保育を実践します。

　　※保育者役の人は，他の仲間を子どもに見立て，保育として実践する（指導計画は1人15～20分程度で立案してみましょう）。

⑤模擬保育終了後，自己評価，相互評価シートをもとにそれぞれの役割の視点で活動を振り返ります。

⑥振り返りの内容を踏まえて，今後の課題を立てます。

〈模擬保育を実践するときのポイント〉

・保育者役の人は，模擬保育実践の流れをあらかじめ頭の中に入れて活動しましょう（指導計画案を見ながら活動しない）。また，子ども役の行動や発想を肯定的に受け止めた関わりを意識しましょう。

・子ども役の学生は，指導計画案に書かれた子どもの発達状況を考えて行動したり，発言をしたりするように意識しましょう。

・観察者役の人は，指導計画案と実践を照らし合わせながら，全体の流れを客観的に見て気づきをまとめましょう。

（保育者や子どもの行動だけを追うのではなく，それに伴い，教材準備や環境設定，導線などがスムーズであったかも検討します。）

## ■2　保育における指導計画と評価

　みなさんの模擬保育を評価する前に，まずは保育所や幼稚園の保育における活動計画の流れについて確認をしましょう。保育は，各園の年間計画に基づき，子どもの興味関心や発達段階等，子どもの実態に合わせて計画することを前提とします。この計画は，PDCAサイクルによって運営され，実践したあとには必ず子どもの実際の姿やそれに合わせた保育者の動きを客観的に振り返り，どうであったかを検討する振り返りが求められます。

　保育における評価とは，こうした一連の流れを確認し，事前に立てた計画が子どもの実態に合ったものであったかを振り返り，その気づきを翌日以降の保育へと生かしていくことを指します。そのため，「できた」「できない」といった見方で子どもの姿をとらえるのではなく，子どもの実態に合わせて計画を柔軟に変え，環境構成や教材を見直していくことが大切です。

## ■3　模擬保育の実施に対する評価の手順と方法

　それでは，みなさんが実際に模擬保育を行う際にどのような振り返り

を行えばよいかを考えていきましょう。

模擬保育における評価は，さまざまな種類があります。①指導計画の評価，②保育者役学生の自己評価です。また，③子ども役学生からの評価，④観察者役からの評価もあります。

### ①　指導計画の評価

計画の評価は，模擬保育を実施するために使用した責任（部分）実習指導案の内容が適切であったかどうかを評価します。評価のポイントは以下の4つです。

・予想される子どもの姿は具体的にとらえられていたか

・実習生の援助や配慮や留意点は適切であったか

・環境設定，教材準備は適切であったか

・予定時間は正確であったか

### ②　保育者役学生の自己評価（自己評価用参照，資料14-2）

自己評価は，指導案の内容について順を追って確認し，それぞれのポイントにおいてどうであったかを評価します。

### ③　子ども役学生からの評価（相互評価用参照，資料14-3）

子ども役の評価は，活動を通して体験したことを指導計画案の「予想される子どもの姿」と照らし合わせ，動きやすかった点や予想外のことが起きた点，指示がわかりにくかったと感じた点などを書き足します。

次に，他のグループに対しての評価の方法について考えてみましょう。模擬保育を行ったグループが4つあったとして，自分のグループ以外のグループを評価することを相互評価といいます。相互評価では，他のグループの指導計画案を読み，実際にどう動いていたかを客観的にみて，評価をします。この章の最後に自己評価表と相互評価表を添付しますので，模擬保育を行う際にぜひ使用して，お互いのグループの良かった点，惜しかった点などを共有していきましょう。こうした模擬保育の経験を積むことで，実際に保育現場に行ったときに，臨機応変に動くことができるようになります。

この章では，人間関係を育む指導計画と評価について，模擬保育の視点で学びました。実習における指導計画は，事前に子どもの姿をどのようにとらえて準備をしているかが大切です。人間関係のねらいを意識した指導計画の際は，子ども同士の関わりを豊かにするための教材選びや子どもへの提供方法について，模擬保育を通して仲間と語り合い，多面的に検討しましょう。

**演習問題** ● ● ● ● ● ● ● ● ● ● ● ● ● ● ● ● ● ● ● ● ● ● ● ● ● ● ● ● ● ● ● ● ● ● ● ● ● ● ● ● ●

１．６月の部分実習を想定し，５歳児クラスで20分程度の製作を行うことになりました。そのクラスでは子どもたちが廃材を使ったあそびをよく考えています。ねらい（２つ）を考えてみましょう。

２．１で考えた内容を指導計画案にしてみましょう。

**【引用・参考文献】**

秋田喜代美・三宅茂夫監修『子どもの姿からはじめる領域・人間関係』みらい，2022年

ハート，ロジャー著，木下勇ほか監修，IPA日本支部訳『子どもの参画——コミュニティづくりと身近な環境ケアへの参画のための理論と実際』萌文社，2000年

小櫃智子ほか『幼稚園・保育所・認定こども園実習パーフェクトガイド』わかば社，2017年

# 責任実習指導計画案

　　　　　　　　　　　　　　　　　　　　　学籍番号　123456　　名前　○○○○

主な活動【製作　ばら組の国をつくる。】
実施年月日　（11）月（11）日（金）曜日
対象児（5）歳児（27）名　　　　　　　　　　　　　　　　場所：ばら組の保育室

<table>
<tr><td>

＜子どもの実態＞
・自分の創造したものを廃材を使って，表現する姿が見られる。
・家族ごっこやお店屋さんごっこなど，ごっこ遊びを楽しむ。
・お友だちとコミュニケーションを図りながら遊んでいる姿が見られる。

</td><td>

＜ねらい＞
・身近な素材を使って，自分が創造したものを表現する。
・季節のものを遊びの中に取り入れ，発展させながら季節感を味わう。
・お友だちと意見を出し合って相談し，自分たちらしさを発揮して，協働的に遊びを楽しむ。

</td></tr>
</table>

| 時　間 | 環境構成 | 予想される子どもの活動 | 保育者の援助・配慮点 |
|---|---|---|---|
| 8：10 | ・保育室の整備をする。<br>・黒板に今日やることを書く。 | ○登園<br>・送迎バス，徒歩登園し，保育者や実習生に挨拶をする。 | 一人ひとりと笑顔・元気な声で挨拶をする。<br>子どもの心身の状態を把握する。 |
|  |  | （朝の支度〜昼食までを省略） |  |
| 12：45 | それぞれのあそび場の配置は，子どもたちと相談しながら決定する。 | ○主活動（ばら組の国をつくる）<br>・映像が見える位置に座る。<br>・導入（カウントダウンの映像を流す）。<br>・グループに分かれて，製作を行う。<br>・迷路，くもの巣ネット，落ち葉プール，色水ボーリング。<br>・自分の想像したものを形にする子どもがいる。<br>・製作上難しい部分を教諭に聞く子どもがいる。<br>・お友だちと相談しながら進める子どもがいる。<br>・作業に集中できず，お友だちとお話をする子どもがいる。<br>・思い通りにいかず，怒ったり，泣いたりする子どもがいる。<br>・製作が終了した子どもから，つくったもので遊ぶ。<br>・製作が終了していないチームの手伝いをする。<br>・音楽を鳴らして，製作が終了したことを伝える。<br>・子どもたちがつくったもので遊ぶ。<br>・時間が余った場合は，他の組の子どもたちを招待する。 | ・映像が見える位置に座るよう促す。<br>・導入（カウントダウンの映像を流す）。<br>・グループに分かれて，活動を始めるように促す。<br>・何から行えばよいかわからない子どもには声かけをする。<br>・自分の想像したものを形にする子どもの様子を観察する。<br>・お友だちと相談している言葉に耳を傾ける。<br>・戸惑う子どもがいる。<br>・実習生が一緒に製作を行う。<br>・製作上で難しい部分は，子どもの言葉に耳を傾け，援助する。<br>・音楽をかけ，製作時間が終了したことを伝える。「イッツァスモールワールド」やリクエストも受け付ける。<br>・製作が終了した子どもには，遊ぶように促す。<br>・製作が終了していないチームのお手伝いをしてもよいと伝える。<br>・全員製作が終了した時点で使った道具の片づけを促す。<br>・自由に遊ぶように声かけする。<br>・子どもたちと一緒に遊ぶ。 |
| 14：00 | ○撤収・片づけ | ある程度遊んだところで，全員を集め，感想を聞く。 |  |

※模擬保育指導案　　　　　　　　　　　　　　　　　　　＜資料１４－２＞

## 模擬保育計画案（自己評価用）

学生番号 _____

名前 _____

【自己評価チェックリスト】　～指導案を見ながら記入してみましょう～

| 1 | 活動のねらいは達成できましたか？ | A ・ B ・ C ・ D ・ E |
|---|---|---|
| 2 | 指導案通りに活動が進行できましたか？ | A ・ B ・ C ・ D ・ E |
| 3 | 子どもの行動を肯定的に見た関わりができましたか？ | A ・ B ・ C ・ D ・ E |
| 4 | 子どもの実態に合わせて柔軟な対応ができましたか？ | A ・ B ・ C ・ D ・ E |
| 5 | 教材や環境構成は子どもの発達や興味関心に沿ったものでしたか？ | A ・ B ・ C ・ D ・ E |

※　A：とてもよくできた、B：よくできた、C：ふつう、D：できなかった、E：あまりよくできなかった

| 自己評価①　保育計画についての振り返り |
|---|
|  |

| 自己評価②　保育者としての関わりの振り返り（声かけ、援助、環境構成等） |
|---|
|  |

| 自己評価③　仲間の評価を踏まえた気づき |
|---|
|  |

# 模擬保育計画案（相互評価用）

学生番号

名前 _____

【相互評価チェックリスト】　～指導案を見ながら記入してみましょう～

| 1 | 実践者は活動のねらいを達成できたと感じましたか？ | A ・ B ・ C ・ D ・ E |
|---|---|---|
| 2 | 指導案通りに活動が進行できていましたか？ | A ・ B ・ C ・ D ・ E |
| 3 | 子どもの行動を肯定的に見た関わりができていましたか？ | A ・ B ・ C ・ D ・ E |
| 4 | 子どもの実態に合わせて柔軟な対応ができていましたか？ | A ・ B ・ C ・ D ・ E |
| 5 | 教材や環境構成は子どもの発達や興味関心に沿っていたと思いますか？ | A ・ B ・ C ・ D ・ E |

※　A：とてもよくできた、B：よくできた、C：ふつう、D：できなかった、E：あまりよくできなかった

---

相互評価①　保育計画についての振り返り




---

相互評価②　保育者としての関わりの振り返り（声かけ、援助、環境構成等）




---

相互評価③　実践者の自己評価を踏まえた気づき




第14章　人間関係を育む指導計画・評価

161

# 保育における現代的課題

● ICT の活用事例を知り，保育への導入の仕方を自分なりに考えてみましょう。
● 外国にルーツをもつ子どもと行うあそびを理解し，その方法を提案してみましょう。

## 第 1 節　幼児期における ICT の活用

**ことば**

ICT
⇨第8章第1節参照

この章では，「幼児期における ICT の活用」と「多文化共生保育の実現に向けて」といった現代的な課題に焦点をあて，その指導法について考えていきます。実際に自分自身が実践するならばという視点でとらえていきましょう。

### 1　子どもの育ちと学びを支える ICT

直接的な体験が重要である幼児期においては，「ICT を活用するよりも自然体験や手づくりのものを使う保育を優先してほしい」という声がしばしば聞かれます。また，「小学校に入学したらタブレットを使った学習が始まるので，たくさん使って慣れていたほうがよい」という声もあります。これらは，保育に ICT を用いるか否かという点で意見が割れていますが，どちらが正解かを決めるのは得策ではありません。視点を変えてみてみましょう。ICT はあくまでもツールであり，子どもたちの育ちや学びを支える手段の一つです。ICT 機器の操作が上手になることが目的ではありません。そのため，保育活動に ICT を導入する際には，活動のねらいや使用する教材，ICT 機器の整備などの環境設定（学習環境のデザイン）が重要です。図式化してみると，次のように考えられます。

**プラスα**

学習環境のデザイン
目的，対象，要因，学習に至るまでの過程などを意識した活動のこと。詳しくは，美馬（2010）参照。

$$目的 \times ICT = 子どもの深い学び$$

このことを示す事例をみてみましょう。

　4歳児のカイキくんは虫のことをよく知っているので「虫博士」といわれています。カイキくんが通う園の園庭には大きな木があり，たくさんの虫が飛んでくるので，子どもたちはその木が大好きです。あるとき，同じクラスのアイちゃんが虫の形をした殻を見つけました。それに気づいたクラスメイトは次々に殻の周りに集まってきました。それが何なのかわからず，アイちゃんが「虫博士」に尋ねたところ，セミだということがわかりました。それからカイキくんは，セミの脱皮や羽化の説明をしました。みんなは興味をもち，脱皮はどのくらい時間がかかるのか，何時に羽化するのか等，次々に質問をしていきました。そんな中，タクくんが「セミが幼虫から羽化するところを見てみたい」と言ったのです。みんな興味津々です。そこで担任のエリ先生に相談することにしました。羽化する時間帯は一般的に夕方以降で数時間かかります。ずっと観察しているわけにはいきません。「どうにかして見られないか！」それは園長先生や他のクラスをも巻き込んだ一大プロジェクトへと発展しました。ビデオカメラで全体像を撮影し，タブレットやデジタルカメラでアップにしたり，違う角度にしたりして撮影しました。次の日，大上映会が行われました。しっかりと羽化している様子が映っており，子どもたちからは歓喜の声が上がりました。また，「何回も見せて」「ゆっくり（スロー）にして見せて」「どんな虫も脱皮するのかな」と，さらに関心が高まっているような発言や「早くしたりゆっくりしたり（倍速再生）できてすごいね」とICT機器に興味をもったような声も聞こえてきたのでした。

　このことを通して子どもたちは虫に関する知識を得ましたが，それだけではありません。子ども同士や保育者との関わりの中で，子どもたちで対話しながら解決策を練る，見たいという思いを言葉や行動で表すなどの行動は，幼稚園教育要領等で示す領域「人間関係」のねらいに合致しているといえます。特に内容が改訂された幼稚園教育要領第2章「人間関係」の1「ねらい(2)」を達成する内容となっています。

　次に示す活用の事例は，「得難い体験の補完」を目的としており，それにICTを掛け合わせて，子どもの育ちと学びを支えています。①②の例は，現実的にその空間をつくり出すことが不可能なものを，ICT技術の発展によって，子どもたちには学んでほしい事項を実現化したものです。

### ①　内閣府「防災シミュレーター：震度6強体験シミュレーション」

　震度6強の地震が起こったとき，「どんな予防対策をとらなくてはいけないか」「どんな避難行動をとるべきか」をパソコンやタブレット等で疑似体験できるロールプレイングゲームです（図15-1）。選択肢から答えを選び，間違った場合は「生き残りレベルゲージ」が減っていきます。専門用語の解説が必要なため，大人と一緒に見ながら，必要に応じて同じ場面を何度も見て説明するとよいでしょう。

**プラスα**

「人間関係」の1ねらい(2)
「身近な人と親しみ，関わりを深め，工夫したり，協力したりして一緒に活動する楽しさを味わい，愛情や信頼感をもつ。」

**得難い体験の補完**
⇨第8章第1節参照
幼稚園教育要領第1章の第4の3の(6)

図15-1　震度6強体験シミュレーション

## ② BBメディア「交通安全AR」

　実際には子どもに体験させたくない危険なことをAR上で体験し，交通安全について学べる教材です（図15-2）。AR技術により，スマートフォンやタブレットに現実の空間を映し出せることが特徴で，子どもたちの通学路などの映像に走行する車やバイクなどを出現させ，横断歩道や道路で起こりやすい交通事故の危険性を体験することができます。これにより，ビデオを見るだけでは伝わらなかった事故の危険性を現実のように仮想体験することができます。なお，ARに類似したVRは目への負担が大きいという理由から各メーカーが販売しているゴーグルには年齢制限があり，未就学児への使用は推奨されていません。したがって，仮想（バーチャル）ではなく現実の生活の中で，交通安全を伝えていきましょう。

図15-2　交通安全AR（デモ動画）

　次の活用例は，ICT機器を活用した直接的な体験の例です。

## ③ ドローンを飛ばしてみよう

　ある幼稚園ではドローンスクールを運営している会社のスタッフを招き，ドローン体験会を催しました。実際にドローンが飛ぶ姿を見たり，

自分で飛ばしてみたりする中で，子どもたちは多くの疑問をもつでしょう（写真15-1）。ドローンはなぜ飛ぶの？　誰が上手に飛ばせるか？　上手に飛ばすためのコツはあるのか？　何の力で動かしているのか？　どこでも飛ばしてよいのか？

写真15-1　屋内でのドローン操作

写真が撮れる仕組みを知りたい。撮った写真はどうするのか？　自分専用のドローンがほしいけれど買えるのか？　など，子どもたちの探究心は尽きず，主体的に学びたいと思うようになると考えられます。

　子どもたちの知的好奇心を喚起し，これら一つひとつの疑問を解決していく過程は，3つの柱として示されている資質・能力を育むことにつながっていくでしょう。

　ここまで3つの例をあげましたが，これらを実践するためには場所や用具が必要で，すぐに実現するのは難しいかもしれません。次に示す事例は，普段行っている活動にICTを取り入れた例です。事例15-2をみてみましょう。

 ことば

3つの柱
⇨第8章第1節2参照

**プラスα**

Show & Tell
（ショーアンドテル）
北米やオーストラリアの幼稚園や小学校で行われている教育科目の一つである。説明の仕方や話し方の練習のためにテーマに合ったものを見せながら説明する。

### 事例15-2　Show & Tell（見せながら話す）──好きなもの発表会

　ある幼稚園では，朝の会で子どもたちにお話をしてもらう1分間スピーチを行っています。子どもたちは家族と出かけた思い出や自分の好きなことなどをみんなの前に立って自由に話すようになっています。話すことが得意な子どもは，「今日は○○のお話をするね」と楽しそうに事前に教えてくれることもありますが，話すのが苦手な子どもは不安な顔をしています。

　そこで，担任はあるアイデアを思いつきました。保護者にも協力してもらい，自宅にある子どもが好きなものをスマートフォンやデジタルカメラで写真を撮り，送ってもらいました。そして，その写真を使い，子どもたちは自分でタブレットに取り込んだ写真を配置したり，画用紙に貼ってコメントを書き込んだりして，1枚の作品に仕上げました。担任の先生はその作品をスクリーンに映し出し，子どもたちに見せながらスピーチをしてもらうことにしたのです。

　次に，図15-3をみてみましょう。お母さんの愛情がたっぷり詰まったお母さん作成の手づくり絵本とお弁当の写真が載っています。自分が好きなものをクラスメイトに見てもらいたいと思ったとき，みーちゃんは写真のサイズや配置を真剣に考えたことでしょう。また，1枚1枚の

図15-3　Show & Tell で用いた作品

大事な写真について，自分の言葉で話ができたのでした。

　子ども同士の協働を目標とした ICT 活用のポイントをまとめておきます。

・活動が，「ICT 機器の使い方に慣れる練習＝個別学習」「直接的な体験を表現（発表）する，または ICT を使って経験したことを直接的な体験に生かすための ICT 活用＝一斉学習」「問題解決のためのグループワーク＝協働学習」など，目的を明確にして環境設定を考える。

・幼児期からの情報モラル育成を考慮し，勝手にお友だちの顔を撮影しない，順番を守って使うなど，ルールをしっかり決めておく。

### ■ 2　保護者と保育者のための ICT

　園内の保育活動以外にも，保護者への伝達事項を伝えるため，また保育者と保護者がコミュニケーションをとるために ICT が用いられています。

| 事例15-3　デジタルデバイド |
| --- |
| 　①ある園では，HP の更新を担当していた職員が退職し，HP の内容がそれ以降，何も更新されていません。現在，保育者の採用は行っていませんが，「採用説明会」の案内が掲載されたままになっています。また，「お問い合わせ」欄に保護者から問い合わせがきていましたが，それを確認することはなく，大きなトラブルに発展してしまいました。<br>　②乳幼児の保護者である A さんは，スマートフォンとタブレットを所有していますが，SNS や動画を見る程度しか使用していません。子どもが通う園でもデジタル化が進み，園からのお便りや，さまざまな申し込みはオンラインで行うようになっています。A さんはやり方がわからず，手続きができていませんでした。また，保育参観や担任との面談もオンライン会議システムで行われることを聞いて，操作方法がわからず途方に暮れたのでした。 |

**プラスα**

情報モラル
子ども向けの動画や保育者向けの指導資料は，独立行政法人情報処理推進機構（IPA）の HP が参考になる。https://www.ipa.go.jp/security/imakoso/（2023年8月6日閲覧）

**ことば**

デジタルデバイド（digital divide）
インターネットやパソコン等の情報通信技術（ICT）を利用できる者と利用できない者との間に生じる格差（総務省，2004）のことで「情報格差」といわれている。

図15-4 「秋の自然体験」のドキュメンテーション

これらは，デジタルデバイドのデメリットです。情報化が進む中，2020年初頭から流行った新型コロナウイルスの影響も相まって，急速に保育においてもデジタル化が進みました。デジタル化が進むと，ICT機器を使いこなす人とそうでない人の差が顕著になります。コミュニケーション媒体の一つとなったICTが使えないと，コミュニケーション格差を生むことにつながります。

近年，保育を「見える化」し，子どもの成長や育ちを記録する保育ドキュメンテーションが注目されています。作成，見返すことで，育ちを実感することができます。図15-4は，ある園の「秋の自然活動」をPCで作成したものです。作成したものは園内に掲示したり，保育アプリなどを使ったりして，保護者や他の保育者と共有し，対話や活動の振り返りに生かすことができます。

**ことば**

**保育ドキュメンテーション**
子どもたちの学びのプロセスを残すために，活動内容を写真や動画，音声，文字などで視覚的に記録する方法。

**プラスα**

**保育アプリ**
使用対象者別に，園と保護者のコミュニケーション機能（欠席連絡や連絡帳など），園の情報を管理する機能（報告書類作成や勤怠管理など）のほかに，午睡チェックや各種申し込みなどの機能をもつアプリケーション。

第 **2** 節 多文化共生保育の実現に向けて

### ■1 外国にルーツをもつ子どもと保育者のコミュニケーション──家庭と園での2つの常識，多文化保育のための指導法

　外国にルーツをもつ子どもの家庭は，日本とは別の文化をもっていることが多いのです。そのため，保育施設では日本語や日本文化に触れながら，家庭では保護者の母語や母文化という2つの言語や文化の中で暮らしています（写真15-2）。

🍀**ことば**

バイカルチュラル（Bicultural）
2つの文化を経験し，それぞれの習慣や価値観を身につけていること。

---

**事例15-4　バイカルチュラル**

　ネパール人のアビちゃんは日本で生まれ，日本の保育園に入園しました。園では，日本語を話し，日本人の友だちと一緒にあそんでいます。家庭では両親ともにネパール人であるため，言語や食事，祭事などネパール文化に沿って生活をしています。ネパールの文化と日本の文化の違いは多いのですが，その中の一つが暦です。ネパールでは西暦とは別にビクラム暦という暦が使われています。ビクラム暦では，4月が新年の始まりです。西暦2023年4月14日からビクラム暦2080年になり，この日は新年を祝って家族でパーティーなどが行われます。アビちゃんは日本とネパールの文化の影響を受けながら成長しています。

---

　このような2つの文化の中にいる子どもが入園してきたら，保育者はどのようなことに留意すべきでしょうか。次の事例を読み，あなたが勤務している園（もしくは実習園）に在籍していると仮定して，具体的に考えてみましょう。

## 事例15-5　初めての外国にルーツをもつ双子の転入生

・ブータン王国出身　・3歳6か月　・来日：半年　・外見：日本人と似ている
・使用言語：ゾンカ語と英語少々（日本語は全く話さない）　・宗教：仏教

　双子のニマちゃんとダワちゃんは，幸せの国と呼ばれているブータン王国から両親の仕事の都合で半年前に来日し，日本の園へ通うことになりました。2人はとても仲がよく，自宅ではいつも一緒にいるそうです。

　この園に，3歳児クラスは3つあります。

　また，この園では，これまでに外国にルーツをもつ子どもが在籍していましたが，日本生まれで母親が日本人であったことから，子どもたちは日本語を話し日本文化を理解していました。さらに，この園が所在している地域に外国籍の住民は少なく，ブータン出身の家族は，この家族が初めてでした。入園に際し，双子のニマちゃんとダワちゃんをどのクラスにするか職員会議が開かれたのでした。

**外国にルーツをもつ子どもへの取り組み**
外国にルーツをもつ子どもに対する配慮のポイントや取り組み事例については，三菱UFJリサーチ＆コンサルティング（2020）が参考になる。

　みなさんは，ニマちゃんとダワちゃんのクラス分けをどうすればよいと思いますか。まず，子どもたちに必要なのは安心感です。2人とも日本語を話しませんから，保育者やクラスメイトの話は理解できず不安になるでしょう。そのため，2人を同じクラスにして母語もしくは英語を話す加配保育士をつけるとよいでしょう。

### 2　子ども同士のコミュニケーションと保育者の関わり

　事例15-5を参考にして，子ども同士のコミュニケーションについて考えてみましょう。ニマちゃんやダワちゃんのような外国にルーツをもつ子どもがクラスにいると，その子どものルーツになっている国の代表的な文化を取り入れた活動やあそびをしようと思う人が多いのではないでしょうか。頭文字がFであるために3Fといわれる，お祭り（Festival），食べ物（Food），衣装（Fashion）は，その国のことに関心をもつきっかけになるというよい側面をもっています。しかし，反対に注意しなければならない点があります。たとえばブータンで有名なお祭りであるツェチュのようなことを園でやろうとします。そのお祭り自体は面白かった，

**プラスα**

**加配保育士**
自治体によっては，加配保育者だけではなく，子どもの母語の通訳者を配置しているケースもある。

写真15-2　日本の園に通う子どもたち

第**15**章　保育における現代的課題

169

ブータンの文化に触れられたという感想があがってきそうですが，このことがニマちゃんやダワちゃん個人の理解につながるわけではありません。むしろ，ステレオタイプを刷り込んでしまう可能性さえあります。日本文化の特徴の一例を3Fで表すと，「盆踊り・寿司・着物」がありますが，これが個人の習慣にあてはまるという人はどのくらいいるでしょうか。このような特徴的な文化の側面を取り入れた活動はツーリストアプローチと呼ばれています。個人の理解を目的とするなら，子どもの普段の生活に焦点をあてることが重要です。外国にルーツをもつ子どもは特別なゲストではなく，同じ地域で暮らしている「生活者」であるという認識をもつことが大切です。

そのため，通常の保育活動で子ども同士が互いの差異を認め尊重し合う関係を築くための活動を取り入れるとよいでしょう。活動の一例を紹介します。

> **事例15-6　プログラミングとコミュニケーション**
>
> 幼児向けのプログラミングの目的の一つは，友だち同士で試行錯誤を繰り返しながらコミュニケーションを育むことです。「もう少し右にしよう」といった場合，人によって「もう少し」の感覚は異なります。どのようにいえば伝わるか，話し合いや言葉での説明が難しければ，身振り手振りを駆使するなど課題解決のために工夫を重ねるでしょう。デジタルの場合，何度もやり直せるという利点があります。

## 3　外国にルーツをもつ子どもの保護者とのコミュニケーション

外国にルーツをもつ子どもの背景が個々で違うように，保護者の環境もまた多様です。日本語の学習歴や日本文化に接する機会の多少によって理解の度合いが異なってくるでしょう。中には，日本語で会話することに問題がないどころか流暢に読み書きができる保護者もいます。ここで留意しなければならないのは，日本語を理解できることと日本の習慣を理解することはイコールではないということです。たとえば日本の保育や学校教育では，みんなで何か1つのことを成し遂げたり協調性を大切にしたりした集団行動が重視されています。日本の保育や学校教育を経験していない保護者にしてみれば，たとえば「子どもが前にならえをして並べない」「自分の順番が来るまで体操座りをして静かに待てない」と聞いても，「前にならえって何？　整列して並ぶの？」「座り方にルー

ルがあるの？　全員同じ座り方をさせるのはなぜ？」と日本語の文法上の意味はわかっていても，その必要性を理解することは難しいでしょう。

そこで大切になってくるのが，保育者と保護者，もしくは保護者同士の「対話」です。対話と似た言葉に会話がありますが，意味合いは異なっています。

事例15-5を参考にしながら，次の2つの事例をみてみましょう。

### 事例15-7　保護者と保育者の対話

ある園では，保育活動を保護者が見られるように保育室にカメラを設置しています。双子のニマちゃんとダワちゃんの保護者は，日本語を話すのは得意ですが，書くのは苦手です。そこで保育活動で保育者に聞きたいことがあった場合は，保育活動の様子を見ながら自分のスマートフォンを使って音声入力し，そのデータを保育者にわたすようにしています。保育者は音声データから，どの場面に疑問を感じているのかがわかり，対話によって不安なことを解消するきっかけになっているのでした。

### 事例15-8　保護者とつくる多文化共生保育

年長児のカレンちゃんの父親はブラジル出身で，母親はペルー人です。父親はブラジル出身ですが，ルーツが日本にある日系3世です。そのため，カレンちゃんは母親の母語であるスペイン語と父親の母語であるポルトガル語，そして園では日本語を使いながら，3つの文化の中で暮らしています。母親はとても教育熱心で，子どもたちに日本語を教えながら，トリリンガルを目指してポルトガル語とスペイン語も学んでほしいと考えています。また，園の行事に積極的に参加して子どもたちの様子をしっかり見守っています。そのような様子を保育者や他の保護者が肯定的に受け止め，子どもを育てる同じ立場の大人同士としてコミュニケーションをとっています。カレンちゃんのクラスの子どもたちは，カレンちゃんの保護者を見かけると，「オラ（こんにちは）！」と気軽に，そして自然にあいさつしています。

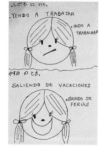

子どもの健やかな成長には，保育者と保護者がコミュニケーションを図りながら，相互理解していくことが必要です。外国にルーツをもつ子どもにあっては，特に連携や協働が求められます。また，外国にルーツをもつ子どもだけでなく，幼少期から異文化や価値観の違いに触れることは，グローバル社会で生きる力を育むために，このうえない貴重な体験となるでしょう。

**演習問題** ●●●●●●●●●●●●●●●●●●●●●●●●●●●●●●●●●●●●●●●●●●●●●●●●●

1．事例15-1と事例15-2を参考にしながら，目的×ICT＝子どもの深い学びにつながるようなICT機器を活用した活動内容を考えてみましょう。その際，必要なICT機器の種類や台数，活動場所，活動時間，使用するソフトウェアやアプリなどを具体的に書き出してみましょう。また，取り扱うデータの保存方法を個人情報保護の観点から検討してみましょう。

2．4歳児クラス16名（男児8名，女児8名）30分程度の多文化共生保育を意識した活動を考えて，指導案を書いてみましょう。活動の内容が思いつかない人は，総務省が発行している「多文化共生 事例集」https://www.soumu.go.jp/main_content/000765992.pdf（2022年10月1日閲覧）を開き，「保育」「未就学」などのキーワードを入れて検索してみましょう。指導案の用紙は，みなさんが普段お使いのものをご使用ください。

**【引用・参考文献】**

BBメディア「交通安全AR」
　　https://techpla.com/techplapark/detail/traffic-safety_ar（2022年10月1日閲覧）
法務省「外国人材の受入れ・共生のための総合的対応策（令和4年度改訂）外国人材の受入れ・共生に関する関係閣僚会議」
　　https://www.moj.go.jp/isa/content/001374803.pdf（2022年10月1日閲覧）
美馬のゆり「学習の共同性および社会性を基軸にした学習環境デザイン研究」電気通信大学大学院情報システム学研究科博士（学術）学位申請論文，2010年
三菱UFJリサーチ＆コンサルティング「令和元年度子ども・子育て支援推進調査研究事業　保育所等における外国籍等の子どもの保育に関する取組事例集」2020年
　　https://www.murc.jp/wp-content/uploads/2020/04/koukai_200427_1_3.pdf（2023年8月7日閲覧）
長江侑紀「文化的に多様な子どもを包摂する保育――『共生』を模索する保育園の50年間の歴史から」『東京大学大学院教育学研究科紀要』第61号，2022年，297-308頁
内閣府「震度6強体験シミュレーション」
　　https://www.bousai.go.jp/simulator/index.html（2022年10月1日閲覧）
総務省「デジタル・ディバイドの解消に向けて」『情報通信白書』2004年

# 新しい時代の保育とは

終　章

## 第 1 節　持続可能な社会を目指す教育

### 1　地球全体のウェルビーイングと SDGs

　本書では全体を通して，保育における人間関係について解説してきました。この章では，地球規模において人類として為すべきことを考えていきましょう。第3章第1節で学んだように，人と人との関係は，赤ちゃんの時期よりも前の胎児の時期から始まります。そしてその関係は保護者をはじめとして，ともに暮らす家族・親戚や地域の人，あるいは同じ園や学校などで出会う人へと広がっていくものです。現代のグローバル化した社会では，そうした人との関係の広がりにおいて，自国だけでなく他国の人々や文化について理解していくことが求められています。

　第1章の第2節で，OECD education 2030という教育プロジェクトが始まっていること，これからの世界を生きる子どもたちに養っていきたい力として「人類のウェルビーイング，単に自分の幸福を追求するというだけでなく，友人や家族・コミュニティや地球全体のウェルビーイング（身体的，精神的，社会的に良好な状態）を考えられる能力」があることを学びました。

　2015年に国連サミットで採択された SDGs は，まさに地球全体のウェルビーイングを考えたものです。国連において地球の気候変動や格差の拡大など，人類が抱える大きな課題が示され，また課題解決のための到達目標が明示されました。そのため日本も含めた多くの国で持続可能な社会を目指そうと，その取り組みが始まっています。

　ところで，みなさんは SDGs に正式名称があることを知っていますか。それは，「Transforming our world（我々の世界を変革する）」です。世界

ことば

SDGs
Sustainable Development Goals の略で，意味は「持続可能な開発目標」。

終章

新しい時代の保育とは

193か国が世界を変革することに同意したのだと考えましょう。それではここで，SDGsの具体的な目標を確認しましょう。「誰一人取り残さない」社会の実現のために考えられた，2030年を期限とする包括的な17の目標です（図終−1）。

図終−1　SDGs17の目標

| 1 | 貧困をなくそう | 9 | 産業と技術革新の基盤をつくろう |
| 2 | 飢餓をゼロに | 10 | 人や国の不平等をなくそう |
| 3 | すべての人に健康と福祉を | 11 | 住み続けられるまちづくりを |
| 4 | 質の高い教育をみんなに | 12 | つくる責任，つかう責任 |
| 5 | ジェンダー平等を実現しよう | 13 | 気候変動に具体的な対策を |
| 6 | 安全な水とトイレを世界中に | 14 | 海の豊かさを守ろう |
| 7 | エネルギー問題をみんなに　そしてクリーンに | 15 | 陸の豊かさも守ろう |
| | | 16 | 平和と公正をすべての人に |
| 8 | 働きがいも経済成長も | 17 | パートナーシップで目標を達成しよう |

出所：ユニセフ HP より
https://www.unicef.or.jp/kodomo/sdgs/17goals/（2023年8月3日閲覧）

　日本ではレジ袋の削減など環境に配慮した取り組みが知られているため，環境保護運動（エコロジー）と結びつけられがちです。しかしSDGs17の目標をみると，環境についての目標ばかりではないことがわかります。
　このSDGsについては，2020年のG20において教育担当大臣が共同で宣言書を出しています。その序文には「今後の世界の持続的発展，特にSDGsの達成に向けた教育の役割の重要性，そして包括的で平等な教育の確保と生涯学習の促進に取り組むこと」と書かれています。このように，SDGsについて多くの人が理解し，一致して地球環境について考え行動していく時代となっているのです。

## 2　保育における ESD

　日本ではSDGsの目標達成にむけた教育として，ESDが始まっています。2020年施行の学習指導要領の前文には，「これからの学校には（中略）持続可能な社会の創り手となることができるようにすることが求められる」と付記され，それらの取り組みが本格化してきていることがわかります。
　図終−2にあるように，ESDにはさまざまな観点が示されています。教師が子どもたちにこれらを伝えていくには，教科横断的アプローチで実践を行い，ESDの観点を踏まえた資質・能力を獲得させていく必要があります。それを通して子どもたちは，環境や経済・社会の総合的な発展を考えながら行動していく態度を身につけていくのです。
　「ESD（持続可能な開発のための教育）推進の手引」によると，ESDで目指すこととして，図終−3の視点を軸にするとしています。

**ことば**

**G20**
アメリカ・イギリス・カナダ・フランス・ドイツ・イタリア・日本のG7に，新興国などを加えた20か国・地域の連合を指す。

**ことば**

**ESD**
ESDは，Education for Sustainable Developmentの略で「持続可能な開発のための教育」と訳される。

図終-2　ESD の基本的な考え方

エネルギー
環境
文化多様性
世界遺産・地域の文化財等
気候変動
減災・防災
海洋
生物多様性
その他関連分野
持続可能な生産・消費
福祉
ジェンダー平等
人権
平和
国際理解

ESD の基本的な考え方
〔知識，価値観，行動等〕
環境，経済，社会
の統合的な発展

出所：文部科学省 HP より
https://www.mext.go.jp/unesco/004/1339970.htm
（2023年8月3日閲覧）

図終-3　ESD 重要ポイント

| ○持続可能な社会づくりの構成概念 | ○ ESD で重視する能力・態度 |
|---|---|
| 1　多様性<br>2　相互性<br>3　有限性<br>4　公平性<br>5　連携性<br>6　責任性 | 1　批判的に考える力<br>2　未来像を予測して計画を立てる力<br>3　多面的・総合的に考える力<br>4　コミュニケーションを行う力<br>5　他者と協力する力<br>6　つながりを尊重する態度<br>7　進んで参加する態度 |

　それでは，保育現場における ESD をみていきましょう。どの目標や構成概念に関わりがあるかも同時に考えていきます。

---

**事例終-1　残菜で堆肥を作り野菜を育て，循環型社会を考える**

【SDGs 目標 7・11・12・15】【ESD 概念 3・5・6】

　明日葉保育園大倉山園では毎日出る給食の残菜を再利用しています。当番の子どもが給食室から給食の残菜をうけとり，コンポストに入れて混ぜ込みます。2か月で堆肥ができるので，それを使ってみんなで野菜を育てます。

　SDGs17の目標を保育室にも掲げており，子どもたち同士で活動を行いながら「これって SDGs の2番かな」「12番かも」と話し合う姿もあります。年長児であれば，こういった活動をしっかりと理解したうえで行っていくことができるでしょう。

COMPOSTING
PROCESS

ことば

**コンポスト**
生ゴミなどを微生物の力を活用して発酵・分解させ堆肥をつくる容器のことを指す。

終章

新しい時代の保育とは

写真終 - 1　収穫した稲穂

出所：筆者撮影（2022年）

🍀ことば

**フードマイレージ**
直訳すれば，食料の輸送距離のこと。その値が少ないほどエネルギーがかかっておらずよいとされている。

**事例終 - 2　子ども自身が米の生産に関わり，つくる責任を考える**

【SDGs 目標 7・11・12・15】【ESD 概念 3・5・6】

　大磯町たかとり幼稚園の園児たちは，稲の苗を植えるところから関わりお米をつくっています。写真終 - 1 は，稲刈り後に稲穂を干しているところです。園の主任によると，このあと近隣の農家から脱穀機を借りて脱穀し，みんなで食べる予定だということです。

　そして残った稲藁については，これから子どもたちと相談して何に使えるか，何をつくるかを考えるそうです。幼少期に自分たち自身で稲を育て，収穫・脱穀し，そしてお米を食べるという経験は，現代では得難いものでしょう。また，地産地消であるためフードマイレージ値が最も低い活動（運賃エネルギーなし）となっています。

**事例終 - 3　発表会で着る衣装について，子ども自身が考える**

【SDGs 目標 5・10・16】【ESD 概念 1・4】

　ある保育園では，子どもたちが発表会で着る衣装について話し合いをしました。これまでは男の子が青の衣装，女の子がピンクの衣装という決まりがありましたが，みんなで話し合った結果，男女ともに好きな色を着て発表会に臨むことになりました。

　子どもたち自身に衣装を考えてもらうことは自己決定の機会であるばかりでなく，子どもたちの自由な発想や意思を尊重する機会にもなります。森口ら（2022）は子どものジェンダーステレオタイプは 4 歳から生じると解明しています。それだけに保育者は，男女別の色の決まりのような，大人の勝手なイメージで物事を進めていくことがないよう気をつけなければなりません。

**事例終 - 4　日頃のニュースについて，子ども自身が考える**

【SDGs 目標 3・4】【ESD 概念 2・5・6】

　みなさんは「送迎バスの中に取り残された子どもがいる」という事件があったのを知っていますか。子どもたちは，そうしたニュースを大人が見ているテレビから見聞きしています。幼稚園の朝の会などで，みんなが知っているだろうトピックスを出して，みんなで考えるという機会をもつとよいでしょう。もちろんそのためには公平・公正な保育者自身の考えをもっていなければなりません。こういった子どもに関わることを子どもたち自身で考える経験を積み重ねることが大切です。

　以上 4 つの事例を紹介しました。SDGs 目標達成のための教育（ESD）について，日本の教育においては環境教育の取り組みが大半であり，17 の目標のすべてを教育（保育）に落とし込んでいくことが現時点ではできていません。しかし，本来は17のすべての目標について同時に達成していくことが求められています。

それらを達成するためには，まずは保育者自身がSDGs17の目標をよく読み日頃から意識したり，どんな活動なら可能なのかを考えたりすることが大切です。みなさんは，17の目標のうち，どの目標を保育に反映させていけそうですか。

## 第2節 自己肯定感を育む保育

### 1 自己肯定感を育む保育とは

2023年4月，こども家庭庁発足とともにこども基本法が施行されました。児童に関する権利条約批准から約30年経ちますが，なかなか子どもが主体という概念が広がらないことから，子どもの権利を守るために生まれた法律です。

今後，保育者は保育を通じて，子ども自身の発信力や自己肯定感を高め，子どもの主体性を育んでいく努力をしていくことが求められています。まず発信力については，子どもがみんなの前に出て，Show & Tell（物を見せながら説明する）をするというものを取り入れてもよいですね。そういった経験を積み重ねることで，堂々と意見を表明する素地をつくっていきます。

以下に，自己肯定感を育むその他の保育アイデアを紹介します。

① **自己肯定感を育む保育**──わたしの身体

ワーク手順

1）模造紙の上に子どもが横たわり，保育者がその姿をかたどる。

2）かたどられた線に沿って切り，ヒトの形を切り出す。

3）ヒト型の紙にクレヨンなどで，それぞれ自分のイメージを描く（自分の顔や髪や衣服など）。

4）描き終わったら，一人ひとり自分の好きな部分について発表する。

5）前もって「美しさ，すばらしさ」を言い表す語彙を列挙する練習を行ったうえで，子どもたちが発表者の作品を講評する。

② **自己肯定感を育む保育**──先生は，誰が一番すき？

ワーク手順

1）箱の中に鏡をいれておきます。

2）「この中に先生が一番好きな人がいるよ」と子どもたちに伝えます。

3）子どもたちが順に箱をのぞきます。

＊鏡には自分が映っていて，とってもうれしそうな顔をします。

プラスα

こども基本法
⇨巻末資料（189-191頁）参照

プラスα

Show & Tell
⇨第15章第1節1参照

終章

新しい時代の保育とは

③　自己肯定感を育む保育——自分をほめる

ワーク手順

　　1）全身が映る鏡を用意する。

　　2）一人ひとり順に鏡の前へ出る。

　　3）鏡に向かって「あなたは素敵よ」「ダンスが得意」と自分自身を
　　　　肯定する言葉をかける。

## ■2　これからの保育で歌いたい曲

　　第1節で学んだようにグローバル社会において，子どもたちは自分たちが「地球」に住んでいること，いろいろな人々が住んでいることや地球にはさまざまな問題があり，それに気がつく力をもつことが求められています。そのため，地球を意識できるような歌詞のある歌を日頃から歌っていくとよいでしょう。以下に2曲紹介します。

楽曲1：♪世界中のこどもたちが　作詞　新沢としひこ　作曲　中川ひろたか
世界中の　こどもたちが　いちどに　笑ったら
空も　笑うだろう　ラララ　海も　笑うだろう

世界中の　こどもたちが　いちどに　泣いたら
空も　泣くだろう　ラララ　海も　泣くだろう

ひろげよう　ぼくらの夢を　とどけよう　ぼくらの声を
さかせよう　ぼくらの花を　世界に　虹を　かけよう

世界中の　こどもたちが　いちどに　歌ったら
空も　歌うだろう　ラララ　海も　歌うだろう

ララララ…
ひろげよう　ぼくらの夢を　とどけよう　ぼくらの声を
さかせよう　ぼくらの花を　世界に　虹を　かけよう
世界中の　こどもたちが　いちどに　歌ったら
空も　歌うだろう　ラララ　海も　歌うだろう

ララララ…
世界中の　こどもたちが　いちどに　歌ったら
空も　歌うだろう　ラララ　海も　歌うだろう

楽曲2：♪ロケットにのって　阪田寛夫（＊こどもさんびか）
①「ロケットにのって，地球を見たら，地球は青い星でしたって，
　　　　　　するとみんなは，みんなは，ほしのくにの子どもたち」
②「目の色が違う，言葉も違う，地球の上の子どもは大勢
　　　　　　そしてみんなが，みんなが，ほしのくにの子どもたち」

日頃から，絵本や歌で楽しく，身の回りのことや世界のことを学ぶ機会をつくっていくとよいでしょう。

## 第 3 節　人間関係の重要性について

### 1　ハーバード成人発達研究

　人生における「人間関係」の重要性を証明した研究があります。それはハーバード成人発達研究です。2009年に雑誌 *The Atlantic* においてジョシュア・ウルフ・シェンクがこの調査をまとめました。それによると，金銭は生活に必要なだけ確保されていれば，それ以上保有していたとしても必ずしも幸せにつながるとは限らず，むしろ愛・思いやり・感謝・希望・信頼・寛容さなどポジティブな感情が，人の幸福に効果をもたらすということです。

**プラスα**

**ハーバード成人発達研究**
85年前にハーバード大学で始まった長期研究で，何が人々の幸せと健康につながるのかを調査。対象者は3世代2,024人に及ぶ。

　雑誌記事の反響を受け，この調査の研究員であるジョージ・ヴァイラントは，1960年代まで遡り研究データを再調査しました。その結果，「温かな人間関係」の測定で高得点だった男性58人の年収は，平均して年間14万1,000ドルで，55〜60歳におけるピーク時の給料は，同測定で点数の低かった男性31人よりも多かったそうです。ここでは幸福度を測る尺度として年収が例示されていますが，この研究の要点は，家族を含めて他者との関係づくりがうまい人が，結果的に人生を善く生きているという点です。

　とはいえ，人との関係を維持するには，そのための時間と労力を割く必要があります。多忙化する毎日の中で，人は手っ取り早く手に入れられる快適なものを求めがちで，そのような地道な努力を怠る傾向にあります。その結果，たとえばですが退職後に気がつけば友人がいないという状況になるわけです。くり返しになりますが，これからの子どもたちが人生を歩むのに必要な力とは，人との関係をあきらめず継続していく力なのです。

　ここで，第1章で紹介したヘックマンの幼児期に非認知能力を育てる必要があるという主張を思い出してください。このハーバード成人発達研究が，人生において大切なのは「人間関係」であると結論づけられる

終章

新しい時代の保育とは

なら，就学前の保育・教育において，いわゆる社会性（協調性や共感する力，思いやり）を育てていく必要があるという，ヘックマンの主張と重なることがわかるでしょう。少子化で地域での仲間との育ちが十分には得られない状況です。今後一層，保育現場における仲間との育ちが大切になってくるといえるでしょう。

**人 物**

**緒方貞子**

(1927-2019)
国際協力機構（JICA）や国連人権委員会の日本政府代表を歴任した女性政治学者。

## ２ これからの子どもたちへ

最後に，国際政治学者の緒方貞子さんの言葉を紹介します。

> 日本のみが孤立して暮らしていけることはありえません。国を開き，多様性をそなえ，高い能力を持って外との関係を築くこと，そして国際的な責務を果たすこと。これなくして，日本に明るい展望は望めません（野林, 2020, p.329）。

この章では，これからの保育の目指すべき方向として SDGs などを示しました。筆者が ESD の取り組みを通じて伝えたいことは，このグローバル化した社会の中で，誰しも閉じこもって生きていくことはできないということ，他者を尊重しつつ自分自身も大切にしながら，他者との関係をつくる力が必要だということです。この力は保育者自身ももっている必要のある力です。

保育者は常に自分を磨きながら，保育を通して，子どもたちが他者とのよりよい人間関係を構築し，今を善く生きることができるように手助けしていくことが求められています。遠い未来を見すえて，つまり大きくなった子どもたちの様子までをも想像しながら保育をしていってほしいと願っています。

**演習問題** ●●●●●●●●●●●●●●●●●●●●●●●●●●●●●●●●●●●●●●●●●●●●●

１．SDGs17の目標の中から１つを選び，そのテーマに沿った保育活動を考えてみましょう。

２．自己肯定感を育む保育内容を考えてみましょう。

**【引用・参考文献】**

明日葉保育園 HP「これって SDGs じゃない？」2021年 8 月11日記事
　https://www.ashita-ba.jp/20210811/（2023年 5 月24日閲覧）
　森口佑介ほか「子どものジェンダーステレオタイプが生じる時期を解明」京都大学 HP，2022年10月12日記事
　https://www.kyoto-u.ac.jp/ja/research-news/2022-10-12-2（2023年 5 月24日閲覧）
野林健編『聞き書　緒方貞子回顧録』岩波現代文庫，2020年

## ●第1章

1. 質の高い ECEC は，子どもや親・社会全体に恩恵をもたらすから。

2. 自主性を重んじた保育を受けた子どもは，追跡調査の結果，IQ や学歴が高く生活保護受給率や逮捕率が低いということがわかったから。

## ●第2章

1. 周囲の人々に温かく見守られているという安定感から生まれる人に対する信頼感をもつこと，さらに，その信頼感に支えられて自分自身の生活を確立していくことができるように働きかけることで人と関わる力の基礎が培われる。

2. それぞれの子どもが所属する集団が一人ひとりの子どもにとって居心地がよく，自己発揮できるよう，集団を形成していく。

## ●第3章

1. 第2章の1「乳児保育に関わるねらい及び内容」より

   乳児期は特定の大人との応答的な関わりを通じて情緒的な絆を形成する大切な時期である。保育者は安心できる環境のもとで乳児が他者と関わることの喜びが得られるような接し方をしていくことが求められる。

2. 省略

## ●第4章

1. 保育者は子どもの気持ちを汲み取り，言葉にして伝えるなど丁寧な関わりを行っていく。

2. 1歳児頃からイメージが共有され，友だちが参加し同じ行動をしたり，言葉を交わしたり，同じ場で過ごすなどの関わりが出てくる。

   2歳児になると，友だちとあそびをともにすることが増え個々のイメージが明確になっており，思いを強く主張するため思いのぶつかり合いやトラブルも多発するが，保育者は，思いを受け止め気持ちを落ち着かせゆったりと関わり，再びあそび出すきっかけをつくっていく。

## ●第5章

1. | **エピソード** | **3歳児12月の姿（例）** |

　　室内の自由あそびの中で，AちゃんとBちゃんが製作あそびをしています。机の上にはドングリ，落ち葉，あき箱，トイレットペーパーの芯，紐，小さいペットボトル，キラキラテープ，セロテープ台，ハサミなど，いろいろなものが置いてあります。そこから2人はキラキラテープをとり，ハサミで切ってペットボトルに入れ，振ってみました。「わぁーきれい！」と顔を見合わせました。さらにそこへドングリ，落ち葉，紐などを入れ，振ってみると，「何か，音がするね」「ゴロゴロ？」「カタカタ？」などと話し，笑い合いました。Aちゃんは「次は何を入れる？」とBちゃんに言うと，Bちゃんは「先生～ほかにも何か入れたい！」と保育者のもとへ行きました。

　(2)自立心　(3)協同性　(5)社会生活との関わり

2. 学習システムの違い，幼保小連携の不足，生活習慣のルールの変化などが考えられる。

## ●第6章

1. 単に子ども同士をどうつないでいくのかということにとどまるのではなく，一人ひとりのニーズを尊重しどの子どもも育ち合う仲間の一員として存在できる視点。

2. 障害のある子どものみを問題視するのではなく，障害のある子どもが所属する集団自体をとらえ，子ども同士の相互作用を重視した働きかけが必要ととらえる。

## ●第7章

1. ・市区町村のHP等を検索し，具体的な支援を書き出してみよう。

　　・取り上げた支援について，何がどのように気になったのかを具体的に発表できるようにしよう。

　　※「面白そうだから」などと一言で終わらせずに，どのようなことが面白いと感じたのかを丁寧に書いてみよう。

2. AはA君のあそびの種類がよくわかる文章である。BはA君がカーテンに隠れてあそぶことを楽しむ様子がよくわかる。「連絡帳」という視点で考えてみると，どちらのほうが園での子どものあそびの様子がよくわかるだろうか。おそらくBのほうが，子どもがどのようなことを楽しんでいたかという具体的な場面が想像できたのではないかと思う。連絡帳は，食事や排泄のことなど，必要事項を伝えるだけのものではない。家庭との連携を考えたとき，このような子どもの姿も伝えていきたい。

## ●第8章

1. iPhoneの場合は，App Storeから，Androidの場合は，Google Playストアからアプリを検索する。「保育」「育児」などと検索ワードを入れてみよう。

2. 参考例：神戸市　こども家庭局幼保振興課　就学前児童施設のための指さしコミュニケー

ションシート　https://www.city.kobe.lg.jp/a36812/kosodate/shien/shinseido/shorui/pamphlet.
html（2022年10月１日閲覧）

　公益財団法人かながわ国際交流財団　外国人住民のための子育て支援サイト　https://
www.kifjp.org/child/supporters/student（2022年10月１日閲覧）学生向け資料あり

## ●第9章

1．保育者効力感とは，保育場面において子どもの発達に望ましい変化をもたらすことができ
　るであろう保育的行為をとることができるという信念である（三木・桜井，1998）。

2．傾聴の具体的技法として，受容，くり返し，支持，質問，明確化がある（西，1992，pp.
　278-279）。

## ●第10章

1．絵本の読み聞かせ

| 保育者の援助・配慮 | 【ワーク】<br>・簡単な単語や知っているものの名前が出てくる絵本を選ぶ。<br>・保育者の膝の上で，１対１で読み聞かせをする。<br>・ゆっくりと，リズミカルな言葉で読む。<br>・子どもが指さしたものに応え，保育者自身も絵本の中のものを指さしながら読む。 |
| --- | --- |

2．発達に合わせた運動あそび

| ねらい | 【ワーク】<br>全身を使ってあそび，保育者とのやりとりを楽しむ。 |
| --- | --- |
| 内　容 | 【ワーク】<br>トンネルくぐり |
| 予想される子どもの姿（活動） | 【ワーク】<br>・トンネル遊具の中に入ったり，出たりをくり返す。<br>・出口のところからの保育者の呼びかけに笑顔になり，喃語で応える。<br>・トンネルの途中で座り込むこともあるが，保育者が「まてまて」と言いながらトンネルに入ってくると，声をあげて喜び動き出す。 |
| 保育者の援助・配慮 | 【ワーク】<br>・他児とぶつからないよう安全に留意しながらあそべるようにする。<br>・子どもの喃語に表情豊かに言葉で返し，丁寧に子どもの心を受け止める。<br>・トンネルに入ることを躊躇しているようであれば，保育者も一緒にトンネルに入ってあそぶ。 |

3．①　安心できる関係の下で，身近な人と共に過ごす喜びを感じる。
　　【目が覚めたとき】子どもが眠りから覚めたら「目が覚めたのね，よく寝たね」とやさし
　　く声をかけ，布団から抱き上げる。目を見て表情豊かに微笑み，保育者がそばにいることを
　　知らせ，子どもが安心できるようにする。

## ● 第11章

1.

表11-1　ジブンデやる

| 保育者の援助・配慮 | 【ワーク】<br>・着替えを自分でやりたいという意欲がもてるようになってきたので，「肌着」「ズボン」「トレーナー」というように着替える順に並べて置く。<br>・トレーナー，肌着など腕を通すことができず，戸惑う子もいるので袖口を，保育者がもつなどして着やすくする。<br>・着られたときには，「着替えができたね」と褒め，自信につなげていく。 |
|---|---|

2.

表11-2　おままごと楽しいね

| 保育者の援助・配慮 | 【ワーク】<br>・机にお皿を並べて，食べ物を並べ，子どもたちが手にとりやすいようにしておく。<br>・興味をもってきた子に「はいどうぞ」と言って，食べ物がのったお皿を渡す。保育者の真似をして，お皿を渡してくる子には「ありがとう」「いただきます」と言って受け止めていく。<br>・「おかわりください」「この，おにぎりください」など具体的な思いを伝えることで，もう一度お皿を渡してくれる子も出てくる。そのようなやりとりをすることであそびが続いていく。 |
|---|---|

3.

表11-3　おもちゃは楽しいね

| ねらい | 【ワーク】<br>・保育者や友だちと好きなあそびを楽しむ。<br>・保育者と安心して過ごす。 |
|---|---|
| 内　容 | 【ワーク】<br>保育者と一緒に電車を並べたりつなげたりしてあそぶ。 |
| 保育者の援助・配慮 | 【ワーク】<br>・好きなあそびがあり，おもちゃを選べるように絵本や積み木，ままごとなど選んであそべるように用意をする。<br>・やりたいあそびが重なってもあそべるよう，同じ玩具も複数用意をしておく。<br>・電車を楽しむ子が増え，両手に一車両ずつ手でもち，並べたりつなげたりしながら部屋を走らせる姿が出てきた。そこで，より楽しめるよう，保育者が線路をつなげ，線路の上を走れるようにすることで，新たなあそびの発見ができるようにする。<br>・「電車が走ったね」「かっこいいね」などと声をかけ，「もっと電車が長くなるかな」「こっちも走れるね」とあそびを発展させられるような声かけをしていく。<br>・電車あそびをしている子に興味を示し，やりたがる子もいる。「こっちにも電車があるよ」と玩具を渡し，取り合いにならないよう配慮をしていく。 |

4. ②　周囲の子ども等への興味や関心が高まり，関わりをもとうとする。

　車のおもちゃであそんでいる子がいる。その様子をじっと見ていた子に他の車のおもちゃをそっと渡すことで，その子も車のおもちゃであそび出した。次第に，2人とも相手のもっている車に関心を示すようになり，一緒の車を走らせる姿につながった。

## ●第12章

1．（例）5歳児

（1）幼稚園生活を楽しみ，自分の力で行動することの充実感を味わう。

【ドッジボールをする】グループづくりをし，保育者や友だちとルールの確認をしたり，役割を決める相談をしたり，友だちと一緒に身体を動かす。また，ボールを投げる，ボールから逃げるなど友だちと協力しながら，自身の感覚を十分に味わう。

2．（例）3歳児

| ねらい | 【ワーク】<br>年長児との関わりを深め，気持ちを伝える喜びを十分に感じる。 |
|---|---|
| 内　容 | 【ワーク】<br>卒園する年長児と一緒に過ごした日々を振り返りながら，思いを込めてメダルをつくることを楽しむ。 |
| 予想される<br>子どもの姿<br>（活動） | 【ワーク】<br>・折り紙を折ったり，紙を貼ったりして，メダルづくりをする。<br>・贈る相手のことを思い，友だちと一緒にイメージを共有しながらつくる。 |
| 保育者の援助<br>・配慮 | 【ワーク】<br>・今まで年長児と一緒に過ごしたことを思い出せるような話し合いの時間をつくる。<br>・年長児に喜んでもらえるか，相手の気持ちも想像しながら楽しんで取り組めるようにする。<br>・一人ひとりの個性が十分に生かされるように，いろいろな素材にふれることができるよう準備をする。 |

## ●第13章

1．保育者は，一人ひとりの発信を取りこぼさず，どんな意見も決して否定はしない。子どもたちがよいことばかりではなく，嫌だと思うこと，やりたくないことも気兼ねなく発信できるよう，子どもの声を大切に取り上げている。「イヤ」という気持ちを出した子どもに対して周囲の子どもが非難したり，否定的な見方をしたりする行為を発生させないためには，どんな思いのときも自分は大切にされているんだ，という実感を得ることができるよう働きかけている。自分が大切にされていることで，自分を肯定でき，他者のことも受け入れることができる。「イヤ」ということが悪いことではなく，正直にいってもいいんだという認識を子どもたちがもてるような集団づくりを行っていると考えられる。そのうえで，子ども同士がどうすればお互いに心地よく過ごせるのか，考え合える場を意識してつくっていることが推測される。

2．たとえば，運動会での取り組みでは1つの競技をみんなができるようにしていく視点をやめ，できてもできなくてもよいから挑戦したら，その印にいろいろな形の小さな折り紙がもらえるルールを取り入れ，サーキットあそびを提供。取り組んだ運動あそびによってもらえる折り紙の形が違うので，自分のやったことが目にみえ，配慮の必要な子どもも意欲的にみんなと一緒に楽しむことができる。どの子どももできることにこだわらず，気に入った形の

折り紙を集めることを楽しんだり，いろいろな形を集めたくて一通りの運動あそびに挑戦したりするなどそれぞれの楽しみ方で参加でき，その結果，達成することにつながっている（〈群れない友だち関係を目指して——"小さい自信"をいっぱいつくる取り組み〉『保育問題研究』第188号，2001年の実践より抜粋・参照）。

　　ゴールを目指してできるようにすることばかりに焦点を当てるのではなく，まずはそれぞれの子どもがどうしたらやってみたいと思うのかに焦点を当て，子ども自身が参加の方法を選択できる活動提供をすることが重要である。うまく表出することができないだけで，重い障害のある子どもも自分の意思をもっている。そのため，保育者は子どもが意思決定し，表出できるよう援助することが求められる。子ども自身が自分で決めて参加することができるように保育を構想することは子どもの主体性を促す。

## ●第14章

1．ポイント
・季節の行事を生かした活動にする
・子どもの実態に合わせた活動を検討する
　ねらい
・自分でつくったものであそぶ楽しさを味わう
・時計づくりを通して時間に興味をもつ
　内容
（例）カエルの時計づくり

2．指導計画案を作成する際は，子どもの興味関心や発達段階，クラスの状況等を考え，「カエルの時計づくり」の何に重点を置くのか，年齢別に検討するとよいでしょう。
（例）
3 歳……カエルの顔を描く
4 歳……カエルの顔と時計を描く
5 歳……カエルの顔と時計を描き，紙コップに取り付ける

## ●第15章

1．個人情報の取り扱いについては，個人情報保護委員会の HP をチェックしてみよう。
https://www.ppc.go.jp/news/kaiseihogohou_checkpoint/（2023年 8 月 7 日閲覧）
2．指導案を書いたら実際に活動を行ってみよう。実践して改善点がみられたら，その点をメモをしておく。PDCA サイクルを意識しながら次の実践に役立てよう。

## ●終　章

1．（例）目標14　海の豊かさを守ろう
　　神奈川県の沿岸にある園では地元漁師さんたちと連携し，地引網漁を子どもたちと行う。

実際に自分で魚を獲るという経験をして，地球の豊かさや大切さを知る。

2．（例）数頁の絵本をつくる。うさぎの絵には「耳が素敵だね」，ぞうの絵には「鼻が素敵だね」という文字をそえる。このように，いくつか頁をつくる。そして最後の頁には鏡（シール状のミラー）を貼り付け「あなたの素敵なところは？」と語りかける。子ども自身に自分のことを考えてもらう絵本である。

## こども基本法

令和 4 年法律第77号

### 第 1 章　総則

**（目的）**

**第 1 条**　この法律は，日本国憲法及び児童の権利に関する条約の精神にのっとり，次代の社会を担う全てのこどもが，生涯にわたる人格形成の基礎を築き，自立した個人としてひとしく健やかに成長することができ，心身の状況，置かれている環境等にかかわらず，その権利の擁護が図られ，将来にわたって幸福な生活を送ることができる社会の実現を目指して，社会全体としてこども施策に取り組むことができるよう，こども施策に関し，基本理念を定め，国の責務等を明らかにし，及びこども施策の基本となる事項を定めるとともに，こども政策推進会議を設置すること等により，こども施策を総合的に推進することを目的とする。

**（定義）**

**第 2 条**　この法律において「こども」とは，心身の発達の過程にある者をいう。

2　この法律において「こども施策」とは，次に掲げる施策その他のこどもに関する施策及びこれと一体的に講ずべき施策をいう。

　一　新生児期，乳幼児期，学童期及び思春期の各段階を経て，おとなになるまでの心身の発達の過程を通じて切れ目なく行われるこどもの健やかな成長に対する支援

　二　子育てに伴う喜びを実感できる社会の実現に資するため，就労，結婚，妊娠，出産，育児等の各段階に応じて行われる支援

　三　家庭における養育環境その他のこどもの養育環境の整備

**（基本理念）**

**第 3 条**　こども施策は，次に掲げる事項を基本理念として行われなければならない。

　一　全てのこどもについて，個人として尊重され，その基本的人権が保障されるとともに，差別的取扱いを受けることがないようにすること。

　二　全てのこどもについて，適切に養育されること，その生活を保障されること，愛され保護されること，その健やかな成長及び発達並びにその自立が図られることその他の福祉に係る権利が等しく保障されるとともに，教育基本法（平成18年法律第120号）の精神にのっとり教育を受ける機会が等しく与えられること。

　三　全てのこどもについて，その年齢及び発達の程度に応じて，自己に直接関係する全ての事項に関して意見を表明する機会及び多様な社会的活動に参画する機会が確保されること。

　四　全てのこどもについて，その年齢及び発達の程度に応じて，その意見が尊重され，その最善の利益が優先して考慮されること。

　五　こどもの養育については，家庭を基本として行われ，父母その他の保護者が第一義的責任を有するとの認識の下，これらの者に対してこどもの養育に関し十分な支援を行うとともに，家庭での養育が困難なこどもにはできる限り家庭と同様の養育環境を確保することにより，こどもが心身ともに健やかに育成されるようにすること。

　六　家庭や子育てに夢を持ち，子育てに伴う喜びを実感できる社会環境を整備すること。

**（国の責務）**

**第 4 条**　国は，前条の基本理念（以下単に「基本理念」という。）にのっとり，こども施策を総合的に策定し，及び実施する責務を有する。

**（地方公共団体の責務）**

**第 5 条**　地方公共団体は，基本理念にのっとり，こども施策に関し，国及び他の地方公共団体との連携を図りつつ，その区域内におけるこどもの状況に応じた施策を策定し，及び実施する責務を有する。

**（事業主の努力）**

**第 6 条**　事業主は，基本理念にのっとり，その雇用する労働者の職業生活及び家庭生活の充実が図られるよう，必要な雇用環境の整備に努めるものとする。

**（国民の努力）**

**第 7 条**　国民は，基本理念にのっとり，こども施策について関心と理解を深めるとともに，国又は地方公共団体が実施するこども施策に協力するよう努めるものとする。

**（年次報告）**

**第 8 条**　政府は，毎年，国会に，我が国におけるこどもをめぐる状況及び政府が講じたこども施策の実施の状況に関する報告を提出するとともに，これを公表しなければならない。

2　前項の報告は，次に掲げる事項を含むものでなければならない。

　一　少子化社会対策基本法（平成15年法律第133号）第 9 条第 1 項に規定する少子化の状況及び少子化に対処するために講じた施策の概況

　二　子ども・若者育成支援推進法（平成21年法律第71号）第 6 条第 1 項に規定する我が国における子ども・若者の状況及び政府が講じた子ども・若者育成支援施策の実施の状況

　三　子どもの貧困対策の推進に関する法律（平成25年法律第64号）第 7 条第 1 項に規定する子どもの貧困の状況及び子どもの貧困対策の実施の状況

### 第 2 章　基本的施策

**（こども施策に関する大綱）**

**第 9 条**　政府は，こども施策を総合的に推進するため，こども施策に関する大綱（以下「こども大綱」という。）を定めなければならない。

2　こども大綱は，次に掲げる事項について定めるものとする。

　一　こども施策に関する基本的な方針

　二　こども施策に関する重要事項

　三　前二号に掲げるもののほか，こども施策を推進するために必要な事項

3　こども大綱は，次に掲げる事項を含むものでなければならない。

一　少子化社会対策基本法第7条第1項に規定する総合的かつ長期的な少子化に対処するための施策

二　子ども・若者育成支援推進法第8条第2項各号に掲げる事項

三　子どもの貧困対策の推進に関する法律第8条第2項各号に掲げる事項

4　こども大綱に定めるこども施策については，原則として，当該こども施策の具体的な目標及びその達成の期間を定めるものとする。

5　内閣総理大臣は，こども大綱の案につき閣議の決定を求めなければならない。

6　内閣総理大臣は，前項の規定による閣議の決定があったときは，遅滞なく，こども大綱を公表しなければならない。

7　前2項の規定は，こども大綱の変更について準用する。

**(都道府県こども計画等)**

**第10条**　都道府県は，こども大綱を勘案して，当該都道府県におけるこども施策についての計画（以下この条において「都道府県こども計画」という。）を定めるよう努めるものとする。

2　市町村は，こども大綱（都道府県こども計画が定められているときは，こども大綱及び都道府県こども計画）を勘案して，当該市町村におけるこども施策についての計画（以下この条において「市町村こども計画」という。）を定めるよう努めるものとする。

3　都道府県又は市町村は，都道府県こども計画又は市町村こども計画を定め，又は変更したときは，遅滞なく，これを公表しなければならない。

4　都道府県こども計画は，子ども・若者育成支援推進法第9条第1項に規定する都道府県子ども・若者計画，子どもの貧困対策の推進に関する法律第9条第1項に規定する都道府県計画その他法令の規定により都道府県が作成する計画であってこども施策に関する事項を定めるものと一体のものとして作成することができる。

5　市町村こども計画は，子ども・若者育成支援推進法第9条第2項に規定する市町村子ども・若者計画，子どもの貧困対策の推進に関する法律第9条第2項に規定する市町村計画その他法令の規定により市町村が作成する計画であってこども施策に関する事項を定めるものと一体のものとして作成することができる。

**(こども施策に対するこども等の意見の反映)**

**第11条**　国及び地方公共団体は，こども施策を策定し，実施し，及び評価するに当たっては，当該こども施策の対象となるこども又はこどもを養育する者その他の関係者の意見を反映させるために必要な措置を講ずるものとする。

**(こども施策に係る支援の総合的かつ一体的な提供のための体制の整備等)**

**第12条**　国は，こども施策に係る支援が，支援を必要とする事由，支援を行う関係機関，支援の対象となる者の年齢又は居住する地域等にかかわらず，切れ目なく行われるようにするため，当該支援を総合的かつ一体的に行う体制の整備その他の必要な措置を講ずるものとする。

**(関係者相互の有機的な連携の確保等)**

**第13条**　国は，こども施策が適正かつ円滑に行われるよう，医療，保健，福祉，教育，療育等に関する業務を行う関係機関相互の有機的な連携の確保に努めなければならない。

2　都道府県及び市町村は，こども施策が適正かつ円滑に行われるよう，前項に規定する業務を行う関係機関及び地域においてこどもに関する支援を行う民間団体相互の有機的な連携の確保に努めなければならない。

3　都道府県又は市町村は，前項の有機的な連携の確保に資するため，こども施策に係る事務の実施に係る協議及び連絡調整を行うための協議会を組織することができる。

4　前項の協議会は，第2項の関係機関及び民間団体その他の都道府県又は市町村が必要と認める者をもって構成する。

**第14条**　国は，前条第1項の有機的な連携の確保に資するため，個人情報の適正な取扱いを確保しつつ，同項の関係機関が行うこどもに関する支援に資する情報の共有を促進するための情報通信技術の活用その他の必要な措置を講ずるものとする。

2　都道府県及び市町村は，前条第2項の有機的な連携の確保に資するため，個人情報の適正な取扱いを確保しつつ，同項の関係機関及び民間団体が行うこどもに関する支援に資する情報の共有を促進するための情報通信技術の活用その他の必要な措置を講ずるよう努めるものとする。

**(この法律及び児童の権利に関する条約の趣旨及び内容についての周知)**

**第15条**　国は，この法律及び児童の権利に関する条約の趣旨及び内容について，広報活動等を通じて国民に周知を図り，その理解を得るよう努めるものとする。

**(こども施策の充実及び財政上の措置等)**

**第16条**　政府は，こども大綱の定めるところにより，こども施策の幅広い展開その他のこども施策の一層の充実を図るとともに，その実施に必要な財政上の措置その他の措置を講ずるよう努めなければならない。

**第3章　こども政策推進会議**

**(設置及び所掌事務等)**

**第17条**　こども家庭庁に，特別の機関として，こども政策推進会議（以下「会議」という。）を置く。

2　会議は，次に掲げる事務をつかさどる。

一　こども大綱の案を作成すること。

二　前号に掲げるもののほか，こども施策に関する重要事項について審議し，及びこども施策の実施を推進すること。

三　こども施策について必要な関係行政機関相互の調整をすること。

四　前三号に掲げるもののほか，他の法令の規定により会議に属させられた事務

3　会議は，前項の規定によりこども大綱の案を作成するに当たり，こども及びこどもを養育する者，学識経験者，地域においてこどもに関する支援を行う民間団体その他の関係者の意見を反映させるために必要な措置を講ずるものとする。

**(組織等)**

**第18条**　会議は，会長及び委員をもって組織する。

2　会長は，内閣総理大臣をもって充てる。

3　委員は，次に掲げる者をもって充てる。

一　内閣府設置法（平成11年法律第89号）第9条第1項に規定する特命担当大臣であって，同項の規定により命を受けて同法第11条の3に規定する事務を掌理するもの

二　会長及び前号に掲げる者以外の国務大臣のうちから，内閣総理大臣が指定する者

**（資料提出の要求等）**

**第19条**　会議は，その所掌事務を遂行するために必要があると認めるときは，関係行政機関の長に対し，資料の提出，意見の開陳，説明その他必要な協力を求めることができる。

2　会議は，その所掌事務を遂行するために特に必要があると認めるときは，前項に規定する者以外の者に対しても，必要な協力を依頼することができる。

**（政令への委任）**

**第20条**　前3条に定めるもののほか，会議の組織及び運営に関し必要な事項は，政令で定める。

**附則**（抄）

**（施行期日）**

**第1条**　この法律は，令和5年4月1日から施行する。

〔後略〕

# さくいん

## 編著者・著者紹介

● 編著者
**山本陽子** （やまもと・ようこ）

三幸学園小田原短期大学保育学科通信教育課程准教授
修士（教育学）
保育士，幼稚園教諭免許
［執筆担当］はじめに，第1章，終章

**大浦賢治** （おおうら・けんじ）

三幸学園小田原短期大学保育学科通信教育課程准教授
修士（教育学）
保育士
［執筆担当］第Ⅰ部扉，第3章，第Ⅱ部扉

● 著者（執筆順）
**鬼頭弥生** （きとう・やよい）

名古屋短期大学保育科准教授
修士（人間発達学）
保育士，幼稚園教諭免許
［執筆担当］第2章，第6章，第13章

**後藤由美** （ごとう・ゆみ）

名古屋柳城短期大学保育科専任講師
修士（教育学）
保育士，幼稚園教諭免許
［執筆担当］第4章，第11章

**森田麗子** （もりた・れいこ）

頌栄短期大学保育科助教
修士（教育学）
保育士，幼稚園教諭免許
［執筆担当］第5章，第12章

**竹内あゆみ** （たけうち・あゆみ）

三幸学園小田原短期大学保育学科専任講師
修士（家政学）
保育士，幼稚園教諭免許
［執筆担当］第7章，第14章

谷口征子（たにぐち・ゆきこ）
三幸学園小田原短期大学保育学科通信教育課程准教授
修士（教育学）
幼稚園教諭免許，小学校教諭免許
［執筆担当］第8章，第15章

伊藤朋子（いとう・ともこ）
早稲田大学・明星大学・東北文教大学短期大学部・羽陽学園短期大学・山形歯科専門学校非常勤講師，
山形大学客員研究員・研究支援者
博士（教育学）
保育士
［執筆担当］第9章

冨永由佳（とみなが・ゆか）
元聖セシリア女子短期大学准教授，学研アカデミー保育士養成コース所長
聖徳大学兼任講師
修士（児童学）
保育士，幼稚園教諭免許
［執筆担当］第10章

実践につながる 新しい保育内容「人間関係」
──共生を育む保育をめざして──

2024年1月20日　初版第1刷発行　　　　　　　　〈検印省略〉

定価はカバーに
表示しています

編著者　山　本　陽　子
　　　　大　浦　賢　治
発行者　杉　田　啓　三
印刷者　中　村　勝　弘

発行所　株式会社　ミネルヴァ書房
607-8494　京都市山科区日ノ岡堤谷町1
電話代表　(075) 581 - 5191
振替口座　01020 - 0 - 8076

# 実践につながる 新しい保育の心理学

**大浦賢治 編著**　　　　　　　　　　　　B5判美装カバー　**本体2200円＋税**

保育実践のなかの発達理解，援助の基本である子ども理解，乳幼児期の学びの過程などを実践
例を素材に学び，確かな理解につなげるテキスト。

# 実践につながる 新しい幼児教育の方法と技術

**大浦賢治／野津直樹 編著**　　　　　　　　B5判美装カバー　**本体2500円＋税**

育みたい資質や能力を身につけるためにはどうすればよいのかを豊富な実践例から学ぶ。新し
い時代を生きる子どもたちを見据え，多彩な角度からの指導法を網羅した。

# 実践につながる 新しい子どもの理解と援助
## ——いま、ここに生きる子どもの育ちをみつめて

**大浦賢治 編著**　　　　　　　　　　　　B5判美装カバー　**本体2500円＋税**

就学前の子どもが抱えるさまざまな課題を視野に，最善の利益となるかかわり方や効果的な支
援法を解説。発達障害児や外国にルーツをもつ子どもや家族に対する援助についても網羅した。

# 実践につながる 新しい教養の心理学

**大浦賢治 編著**　　　　　　　　　　　　B5判美装カバー　**本体2800円＋税**

さまざまな領域での心理学的技法を取り上げ，日常生活でいかに心理学が活用されているかを
身近な事例を用いて解説する。対人援助職などが実践で役立つよう構成したテキスト。

# 実践につながる 新しい教育・保育実習
## ——自ら学ぶ実習を目指して

**谷口征子／大浦賢治 編著**　　　　　　　　B5判美装カバー　**本体2200円＋税**

実習とは何かから始まり，実習全体の流れを理解できるようわかりやすく解説。実習で役立つ
あそび，日誌の書き方，ICT，子どもと向き合うためのコツなどを実践的に学べる1冊。

# 実践につながる 新しい乳児保育
## ——ともに育ち合う保育の原点がここに

**大浦賢治 編著**　　　　　　　　　　　　B5判美装カバー　**本体2400円＋税**

各年齢段階の発達過程をふまえながら，保育内容の理解を促し保育者の援助の実際を解説する。
各章末に保育実践につながるテーマを演習課題として設けた。

# 実践につながる 新しい保育内容「人間関係」
## ——共生を育む保育をめざして

**山本陽子／大浦賢治 編著**　　　　　　　　B5判美装カバー　**本体2400円＋税**

「幼児と人間関係」「保育内容の指導法（人間関係）」の二つの授業を一冊で網羅・連携。指導案
作成や模擬保育などアクティブラーニング形式の授業で活用できる。

──────── ミネルヴァ書房 ────────
https://www.minervashobo.co.jp/